PRESTEL STÄDTE FÜHRER

# Berlin

West-Berlin
Ost-Berlin
und
Potsdam

von
Michael Stone

Prestel-Verlag

# Inhalt



## West-Berlin

## Ost-Berlin



*Streckennetz der U- und S-Bahn auf rückwärtiger Umschlag-Innenseite*

Rechts:
Blick vom Reichstag
auf das Brandenburger Tor
und die geteilte Stadt

Dieser Führer enthält 276 Abbildungen,
davon 150 in Farbe und 14 mehrfarbige Karten und Pläne.

*Umschlag-Vorderseite:*
›Viktoria‹ (Goldene Else) auf der Siegessäule im Tiergarten
(siehe auch Nr. 29, Seite 52 f.)

*Umschlag-Rückseite:*
Platz der Akademie, vormals Gendarmenmarkt,
mit dem Französischen Dom und den Säulen am Portikus des
ehemaligen Schauspielhauses (siehe auch Nr. 1, Seite 160 f.)

*Frontispiz:*
Kaiser-Wilhelm-Gedächtniskirche;
Ruine des Westturmes und Neubau von E. Eiermann
(siehe auch Seite 17 und Seite 20, Nr. 2)



Bildnachweis siehe Seite 197

Printed in Germany
Reproduktion: Karl Dörfel Repro GmbH, München
Die Karten und Pläne zeichnete Rolf Opitz, A-Innsbruck
Satz, Druck und Bindung: Passavia Druckerei GmbH Passau

ISBN 3-7913-0863-7

## Pro und contra …

Berlin ist keine Stadt, in der man selig werden kann … Hat Gott den Menschen geschaffen, damit er sein halbes Leben auf der Stadtbahn sitzt?
FRANK WEDEKIND

Berlin wird immer mehr Berlin.
Humorgemüt ins Große.
Das wär mein Wunsch: Es anzuziehn
Wie ein schöne Hose.
Und wär Berlin dann stets um mich
Auf meinen Wanderwegen.
Berlin, ich sehne mich in dich.
Ach, kommt mir doch entgegen!
JOACHIM RINGELNATZ

Es ist dort eine große persönliche Freiheit und eine Ungezwungenheit im bürgerlichen Leben.
FRIEDRICH VON SCHILLER

Es lebt aber, wie ich an allem merke, dort ein so verwegener Menschenschlag beisammen, daß man mit der Delikatesse nicht weit reicht, sondern daß man Haare auf den Zähnen haben und mitunter etwas grob sein muß, um sich über Wasser zu halten.
JOHANN WOLFGANG VON GOETHE

Es gibt einen Grund, warum man Berlin anderen Städten vorziehen kann: weil es sich ständig verändert.
BERTOLT BRECHT

Du bist verrückt, mein Kind, / du mußt nach Berlin! / Wo die Verrückten sind, / da gehörst du hin!
VOLKSMUND

Überall, wo nicht gepflastert ist, watet man bis zu den Knöcheln in Sand; der Sand macht die ganze Umgebung zur Wüste … Wie konnte bloß jemand auf die Idee kommen, mitten in all dem Sand eine Stadt zu gründen!
STENDHAL

Berlin ist mehr ein Weltteil als eine Stadt.
JEAN PAUL

Es kommen Anverwandte / Zu Krauses nach Berlin, / Sie gehn in die Museen, / in alle Galerien. / Sie sag'n zu Krause: »Du hast's fein, / Du sahst schon alles?« / Der sagt: »Nein. / Berlin ist ja so groß – so groß – so groß – die Wege sind so weit – / Ick wohn erst zwanzig Jahre hier / und hatt' noch keene Zeit.«
OTTO REUTER

Was sind das für Straßen, für Plätze und Gebäude; man fühlt sich an Paris, sogar an Rom erinnert. Aber freilich, man darf nicht näher hinsehen, man darf nur blinzeln, wenn man den Eindruck nicht wieder verlieren soll.
FRIEDRICH HEBBEL

Dies ist vielleicht die einzige Stadt, wo die sogenannten genialen Menschen nicht für Narren gehalten werden.
CLEMENS BRENTANO

Der Kurfürstendamm ist das größte Kaffeehaus Europas.
THOMAS WOLFE

Diese Stadt hat für mich die Bedeutung der nicht heilenden, das heißt in Permanenz offenen Wunde. Ihr Zustand weist auf die Brüche im Verlauf deutscher Geschichte hin. Alle weltweiten Krisen, die uns woanders in ihrer Vielfalt verwirren, finden sich in Berlin konzentriert und auf den Punkt gebracht, als wolle die Stadt mit dieser Anhäufung von Problemen beweisen, wie beispielhaft sie ist.
GÜNTER GRASS

Das ist ›Die Berlinerin‹, wenn man es wirklich wissen will – (denn die elegante, schöne, bezaubernde, hinreißende Frau ist zeitlos und übernational) –, das ist sie: die Frau, die arbeitet, schafft, kämpft, marschiert, vorwärts drängt, still, tapfer, zäh, voll Kraft, voll Zukunft.
CARL ZUCKMAYER

Warum ... Berlin? Weil Berlin wie keine andere deutsche Stadt bewegt, verstört ... weil hier der Balkan beginnt: Griechen, Türken, Jugoslawen, Italiener und Ungarn sind meine Freunde, weil es ein bißchen Chicago ist und ein bißchen Macao, ein bißchen Paris und ein bißchen Istanbul ...
WIELAND SCHMIED

Ich empfinde Berlin als eine magische Stadt. Magisch, weil sich in ihr Träume, Sehnsüchte, Erfolg, Versagung, Beglückung und Verzweiflung mischen, weil sie Erfolge zaubert.
HERMINE KÖRNER

Ein Berliner Witz ist mehr wert als eine schöne Gegend.
FRIEDRICH HEGEL

# Geschichte im Überblick

9. Jh. Älteste slawische *Burganlage* von Köpenick.

1134-70 **Albrecht der Bär,** erster Markgraf von Brandenburg aus dem Haus der *Askanier.*

1197 *Spandau* zum ersten Mal urkundlich erwähnt.

Um 1210 Niederlassungen der Templer auf dem Teltow: *Tempelhof, Mariendorf, Marienfelde.*

1237 Cölln zum ersten Mal urkundlich erwähnt.

*Frühestes Stadtsiegel von Berlin (1253, links) und Cölln (1334, rechts)*

1244 Erste urkundliche Erwähnung *Berlins.*

1251 *Der Wedding* zum ersten Mal urkundlich erwähnt. *Zollfreiheit* für Berlin.

1254 *Schöneberg* zum ersten Mal urkundlich erwähnt.

1307 Vereinigung von *Cölln* und *Berlin.* Bau eines gemeinsamen Rathauses auf der Langen Brücke.

1308-19 **Markgraf Waldemar der Große.** Ende der brandenburgischen Askanier.

1323 **Ludwig I. d. Ä.** erhält von seinem Vater, Kaiser Ludwig IV. der Bayer aus dem Hause *Wittelsbach,* die Mark Brandenburg als *Reichslehen.*

1325 Der Kampf zwischen Papst und Kaiser schlägt sich in der Mark in Kämpfen zwischen der alten sächsisch-askanischen Partei und den Anhängern der Wittelsbacher nieder. Der Propst von Bernau wird erschlagen. Berlin wird mit dem *päpstlichen Bann* belegt.

1344 Nach jahrelangen Verhandlungen in Avignon und Rom wird der Bann aufgehoben. Berlin wird eine schwere Geldbuße auferlegt. Errichtung eines *Sühnekreuzes* am Tatort, vor der Westfront der Marienkirche.

1359 Berlin wird Mitglied der *Hanse.*

1373 Kaiser Karl IV. weilt in Berlin.

1376/80 Große Brände in Cölln-Berlin.

1415-40 **Friedrich I.** wird als Burggraf von Nürnberg aus dem Hause *Hohenzollern* mit der Mark belehnt und zum Kurfürsten erhoben.

*Das barocke Berlin 1688 aus der Vogelschau nach einem kolorierten Kupferstich von etwa 1700: Im Bastionsgürtel der 1658-83 angelegten Befestigung nördlich der Spree Berlin, südlich davon Cölln*

*Der Große Kurfürst Friedrich Wilhelm (1640-88) von Schlüters Reiterdenkmal*

1432 Zusammenschluß von Berlin und Cölln zu einer Stadt.

1442-70 **Friedrich II.**, der Eiserne, trennt die beiden Städte wieder und besetzt das Rathaus auf der Langen Brücke.

1448 *»Berliner Unwille«:* Aufruhr der Berliner und Cöllner Patrizier gegen den Kurfürsten. Erster Sieg des Fürstentums über städtische Selbstverwaltung.

1486 Berlin wird ständige *Residenz* des Kurfürsten.

1539 Übertritt **Joachims II.** zur Reformation.

1576 Die Chronik der Cöllner Stadtschreiber registriert für das Jahr 1576 4000 an der *Pest* Gestorbene, für das Jahr 1598 3000 und für das Jahr 1611 2000. Um 1600 hat Berlin noch 10000-12000 Einwohner.

1618-48 Berlin leidet unter dem Dreißigjährigen Krieg. 1628 und 1630 ist Wallenstein in Berlin, 1631 Gustav Adolf. 1630/31 3000 Pesttote. Bei Kriegsende nur noch rund 6000 Einwohner.

1640-88 **Friedrich Wilhelm,** nach dem Sieg über die Schweden bei Fehrbellin (1675) **Großer Kurfürst** genannt, schafft die Grundlage für den Aufstieg Brandenburg-Preußens.

1647 Der erste Baum einer Allee vom Berliner Schloß zum Tiergarten wird gepflanzt, die spätere Straße Unter den Linden.

1658 Berlin wird zur *Festung* ausgebaut. Der Wall mit 13 Bastionen umfaßt auch einen Vorort von Cölln, der ab 1662 Friedrichswerder heißt. Ein Jahr später entsteht längs der ›Linden‹ die *Dorotheenstadt.*

1662-69 Bau des *Friedrich-Wilhelm-Kanals* zwischen Spree und Oder als direkte Verbindung zwischen Breslau und Hamburg, mit Berlin als Umschlaghafen.

1685 *Potsdamer Edikt:* Aufnahme und Ansiedlung der aus Frankreich vertriebenen Hugenotten. Sie erhalten wichtige Positionen im Staat, in der Verwaltung und im Militär.

1688-1713 **Friedrich III.**; 1701 krönt er sich in Königsberg eigenhändig zum König der Preußen und nennt sich **König Friedrich I.**

1688 Gründung der *Friedrichsstadt.*

1696 Gründung der *Akademie der Künste.*

*mit Neucölln und der 1688 gegründeten Vorstadt Friedrichswerder. Links die ab 1647 entstandene Allee ›Unter den Linden‹ mit der 1663 begonnenen Dorotheenstadt.*

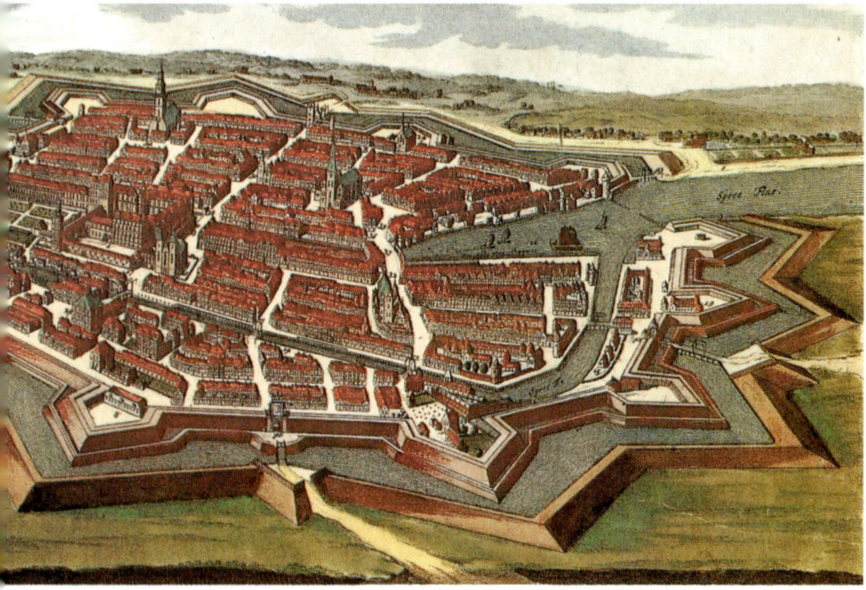

*Soldatenkönig Friedrich Wilhelm I. (1713-40)*

*Wappen der Residenzhauptstadt Berlin von 1710: Unter dem roten Adler Brandenburgs und dem Schwarzen Adler Preußens der Berliner Bär*

1700 Gründung der *Akademie der Wissenschaften.* Leibniz wird ihr erster Präsident.

1709 Die fünf königlichen Residenzen *Berlin, Cölln, Friedrichswerder, Dorotheenstadt* und *Friedrichsstadt* werden zur *Königstadt Berlin* vereinigt. Der Magistrat hat seinen Sitz im neuen Cöllnischen Rathaus.

*König Friedrich II. der Große (1740-86)*

1710 56000 Einwohner, darunter 6000 Franzosen, 500 Schweizer und 500 Pfälzer.

1713-40 **König Friedrich Wilhelm I.,** der Soldatenkönig.

1717 Einführung der *allgemeinen Schulpflicht.*

1722 Gründung der ›Berlinischen Privilegierten Zeitung‹, später nach ihrem Verleger die ›Vossische‹ genannt.

1726 Gründung der *Charité.*

1735 Bau der *Stadtmauer.*

1740-86 **Friedrich II.,** der Große, macht Berlin zu einer Hauptstadt von europäischem Rang.

*Gottfried Wilhelm Leibniz, Gründer der Akademie der Wissenschaften in Berlin (1700)*

1740 Abschaffung der Folter.

1753-60 *Siebenjähriger Krieg:* Österreichische und Russische Truppen besetzen Berlin.

1786-97 **Friedrich Wilhelm II.;** Berlin wird zur Stadt der Aufklärung.

1788 Ernennung von Johann Gottfried Schadow zum Hofbildhauer.

1797-1840 **Friedrich Wilhelm III.**

1806-08 Besetzung Berlins durch die Franzosen.

1809 Wahl einer *Stadtverordnetenversammlung* nach der Steinschen Städteordnung.

1810 Wilhelm von Humboldt gründet die *Friedrich-Wilhelm-Universität,* Kleist die ›Berliner Abendblätter‹.

1812 Erneute französische Besetzung.

1816 Schinkel, Rauch und Lenné gestalten nach den Befreiungskriegen das neue Berlin.

1816 Das erste in Deutschland gebaute Dampfschiff auf der Spree.

*27. Oktober 1806: Einzug Napoleons. Gottfried Schadow hielt ihn in seiner Reithaltung fest.*

1821 P. Beuth gründet das *Gewerbeinstitut,* das 1879 den Rang einer Technischen Universität erhielt.

1826 Die erste (englische) Gasanstalt, *Gasbeleuchtung* Unter den Linden.

1834 Gründung des *deutschen Zollvereins.*

1838 Eröffnung der *Eisenbahnstrecke* Berlin–Potsdam.

1839 Erste Berliner Pferdeomnibuslinie.

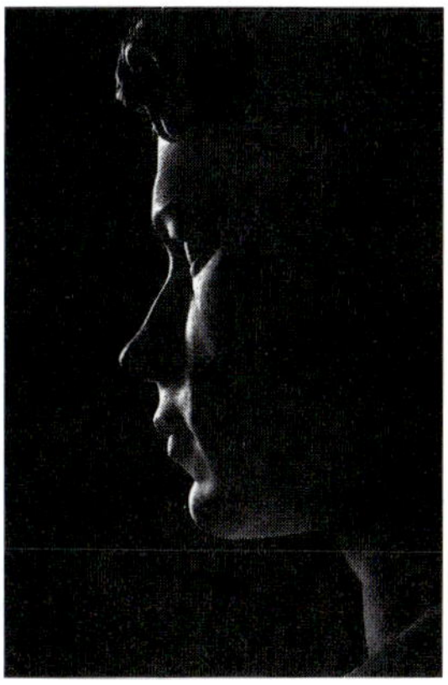

*K. F. Schinkel (1781-1841), Schöpfer des klassizistischen Berlin, nach der Porträtbüste von C. F. Tieck*

1840-61 **Friedrich Wilhelm IV.;** Berlins wirtschaftlicher Aufschwung zu einer der bedeutendsten Industriestädte Europas.

1847 Der erste (vereinigte) Landtag Preußens in Berlin.

1848 18. März: Ausbruch der *Märzrevolution.* Die Einwohnerzahl beträgt 400 000.
22. Mai: *Preußische Nationalversammlung,* am 5. Dezember aufgelöst.
23. August: Erster deutscher *Arbeiterkongreß.*

*Humboldt-Universität (bis 1945: Friedrich-Wilhelm-Universität), 1809 gegründet und im Palais des Prinzen Heinrich untergebracht*

*Wilhelm von Humboldt (1767-1835) in seinem Arbeitszimmer in Schloß Tegel*

*Barrikadenkampf zu Beginn der Revolution in der Nacht vom 18. auf 19. März 1848*

*Berlin 1903: Panorama-Photographie mit (von links nach rechts) vorne Schloßbrücke, dahinter das Alte Museum, der Dom und im Hintergrund die Marienkirche; dann die heutige Karl-Liebknecht-*

1850 Fertigstellung des *Landwehrkanals.*

1861-88 **Wilhelm I.,** ab 1871 **Kaiser Wilhelm I.**

1861 Eingemeindung von *Wedding, Moabit, Tempelhof* und *Schöneberg.*

1862 **Bismarck** wird preußischer Ministerpräsident (1862-90).

1866 Berlin wird Hauptstadt des Norddeutschen Bundes.

1868 Aufhebung der Zollmauer von 1715.

1871 König Wilhelm I. wird **Deutscher Kaiser,** Berlin (823000 Einwohner) wird Hauptstadt des Deutschen Reiches.

1872 *Dreikaisertreffen* in Berlin.

1879 Auf der Berliner Gewerbeausstellung in Moabit führt Siemens die erste elektrische Eisenbahn der Welt vor.

*Reichskanzler Fürst Otto v. Bismarck (1815-98)*

*Wilhelm I., Deutscher Kaiser (1871-88) und König von Preußen (1861-88)*

*Kaiser Wilhelm II. (1888-1918)*

*Straße (früher Kaiser-Wilhelm-Straße mit Brücke), das 1950/51 abgetragene Schloß und das ehem. Nationaldenkmal für Kaiser Wilhelm I.*

1881 Erster Telefonbetrieb mit 45 Teilnehmern. In Lichterfelde fährt die erste elektrische Straßenbahn der Welt.

1882 Die Stadtbahn in Betrieb.

1888-1918 **Kaiser Wilhelm II.** folgt auf die 99-Tage-Regierung seines Vaters, **Kaiser Friedrich III.**

*Industriestadt Berlin: Motorenbau bei AEG um 1900*

*Bahnhof Bülowstraße an der 1902 eröffneten ersten U-Bahn-Linie*

1890 Bismarcks Entlassung. Nichtverlängerung des Sozialistengesetzes von 1878. Es erscheint der ›Vorwärts‹.

1900 Berlin hat 1,9 Mio. Einwohner.

1902 Erste *Hoch- und Untergrundbahn* von der Warschauer Brücke zum Zoo.

1905 Die ersten Autobusse.

1917 Gründung der Ufa (Universum-Film AG).

1918 9. November: Scheidemann ruft vom Fenster des Reichstagsgebäudes die Republik aus.

*Seit 1871 war Berlin Hauptstadt des neuen deutschen Nationalstaats. Das erst 1894 vollendete Reichstagsgebäude von Paul Wallot ging nach nur 39 Jahren im Reichstagsbrand 1933 und dann 1945 in Flammen auf. 1961-72 wurde es ohne Kuppel vereinfacht wiederhergestellt.*

1919 *Spartacus-Aufstand.* 15. Januar: Ermordung von K. Liebknecht und R. Luxemburg.

1920 Eingemeindung von 8 Städten, 59 Landgemeinden und 27 Gutsbezirken nach Groß-Berlin (3 858 000 Einwohner).

1924 Erste Funkausstellung.

1930 Erster Raketenflug in Tegel.

1933 30. Januar: Machtergreifung Hitlers. – 27./28. Februar: *Reichstagsbrand.* – 1. April: Erster Boykott jüdischer Geschäfte. – 10. Mai: *Bücherverbrennung* auf dem Opernplatz.

1934 Volksgerichtshof eingerichtet. *Dahlemer Synode* der Bekennenden Kirche.

1936 *XI. Olympische Sommerspiele* in Berlin.

1937 *700-Jahr-Feier.* A. Speer wird Generalinspektor für die Neugestaltung der Reichshauptstadt.

1938 9./10. November: *Reichskristallnacht.* Zerstörung der rund 80 Synagogen.

1939 4 300 000 Einwohner zu Beginn des Zweiten Weltkrieges.

*Olympiade 1936: Offizielles Werbeplakat*

1942 20. Januar: *Wannseekonferenz,* auf der die »Endlösung der Judenfrage« beschlossen wurde.

1943 Goebbels ruft im Sportpalast (ehem. Ecke Potsdamer Straße/Pallasstraße) den ›totalen Krieg‹ aus. – 1. März: Erster schwerer Luftangriff auf Berlin.

1944 20. Juli: Mißglücktes Attentat auf Hitler.

*1945: Die Rote Fahne auf dem Reichstagsgebäude*

1945 30. April: Selbstmord Hitlers und Eva Brauns. – 2. Mai: Einmarsch der Roten Armee. – 8. Mai: Unterzeichnung der Kapitulation der deutschen Wehrmacht in Berlin-Karlshorst. Bei Kriegsende 2,8 Mio. Einwohner. 32 Prozent des gesamten Wohnungsbestandes zerstört. Der Trümmerschutt wird auf 80 Millionen Kubikmeter geschätzt. – 11. Juli: Erste Sitzung der *Alliierten Kommandantura.*

1947 Der Preußische Staat wird per Kontrollratsgesetz von den Alliierten aufgelöst.

1948 *Währungsreform* in den drei Westsektoren von Berlin. 26. Juni: Beginn der

*Potsdamer Konferenz 1945: Churchill, Truman und Stalin*

*Die Luftbrücke der Alliierten überwindet die Blockade 1948/49*

Blockade West-Berlins und der *Luftbrücke*.

1949 12. Mai: Ende der Blockade.

1950 Neue *Verfassung* von West-Berlin tritt in Kraft. E. Reuter wird erster Regierender Bürgermeister.

1951 Eröffnung der ersten internationalen Filmfestspiele.

1953 17. Juni: Volksaufstand in Ost-Berlin und in anderen Städten der DDR.

1958 Ausbruch der Berlin-Krise: Chruschtschows Forderung nach einer ›Freien Stadt West-Berlin‹ wurde von den westlichen Alliierten abgelehnt.

1961 13. August: Beginn mit dem Bau der **Mauer,** die insgesamt 161 km lang ist, davon 45 km quer durch Berlin. – 16. August: Über eine halbe Million Menschen demonstrieren vor dem Schöneberger Rathaus gegen die Absperrung West-Berlins. Rund 60000 Ost-Berliner sind von ihrem Arbeitsplatz im Westen der Stadt abgeschnitten. – Erste große Funkausstellung nach dem Krieg.

1963 Besuch von John F. Kennedy in Berlin. – 17. Dezember: Erstes *Passierscheinabkommen.* Nach zwei Jahren völliger Trennung können Westberliner erstmals wieder ihre Verwandten in Ost-Berlin besuchen.

1967 Studentenunruhen. – 2. Juni: Benno Ohnesorge wird während einer Demonstration gegen den Besuch des Schahs erschossen.

1968 11. April: Attentat auf Rudi Dutschke, der dabei am Kopf schwer verletzt wird.

1971 Der innerstädtische Telefonverkehr zwischen West- und Ost-Berlin, seit 1952 unterbrochen, wird wieder aufgenommen. – Eröffnung der ersten internationalen Funk- und Fernsehausstellung. – 20. Dezember: **Viermächte-Abkommen** über Berlin abgeschlossen.

1972 Unterzeichnung des Viermächte-Abkommens, damit tritt auch das Transit-Abkommen in Kraft.

1975 Der neue Flughafen Tegel eröffnet.

1979 Eröffnung des Internationalen Congress Centrums (ICC).

1984 Die S-Bahn in West-Berlin, bisher unter der DDR-Reichsbahnverwaltung, wird der BVG übergeben.

1985 Bundesgartenschau in Berlin.

1987 *750-Jahr-Feier.*

1988 West-Berlin ›Kulturstadt Europas‹.

*Ernst Reuter, erster Regierender Bürgermeister*

*Kennedy 1963: »Ich bin ein Berliner.«*

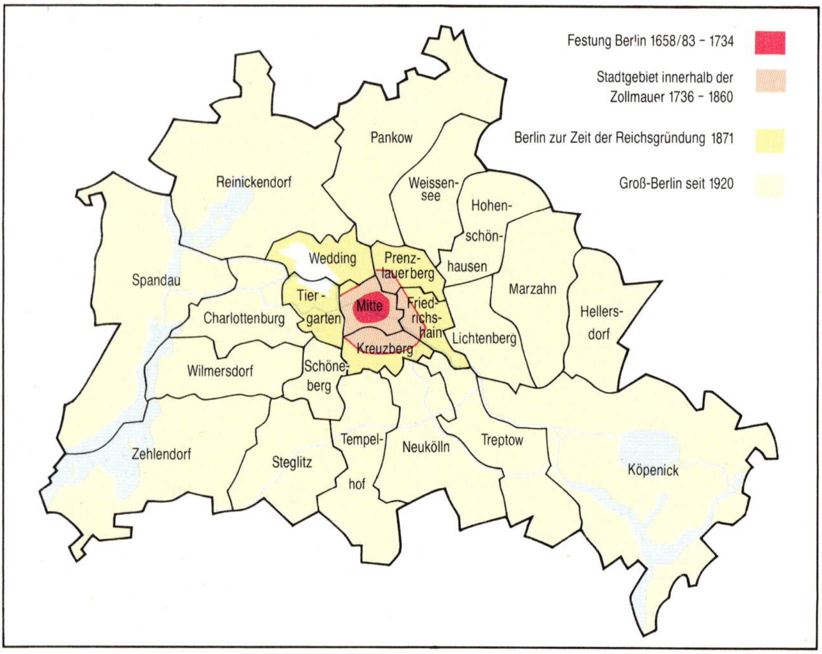


## Berlin, statistisch

**Bedeutung:** Die ehemalige Hauptstadt und größte Stadt des Deutschen Reiches, seit dem Zweiten Weltkrieg durch die Teilung in Ost und West Symbol der Teilung Deutschlands, besitzt einen Sonderstatus und wird nach den Vorgaben des *Viermächteabkommens* regiert.

*West-Berlin,* Sitz des Bundesverwaltungsgerichts, des Bundesdisziplinargerichts, der Bundesversicherungsanstalt und des Bundesgesundheitsamtes, ist in Bundestag und -rat ohne Stimmrecht vertreten. Obwohl staatsrechtlich nicht zur Bundesrepublik Deutschland gehörig, wird durch Übernahme der Bundesgesetze Rechtsgleichheit mit der Bundesrepublik angestrebt. Eine der größten und bedeutendsten deutschen Universitätsstädte.

*Ost-Berlin,* Hauptstadt der DDR, gehört dieser jedoch verwaltungsmäßig nicht an. Sitz des Staatsrates und der Regierung der DDR. Universitätsstadt.

**Lage:** 52°31′12″ nördlicher Breite und 13°24′36″ östlicher Länge. Durchschnittliche Höhe 34 m über N.N., höchster Punkt Teufelsberg mit 120 m (West) und Müggelberge mit 115 m (Ost).

**Fläche** des Gesamt-Berliner Stadtgebietes: 883 qkm, davon 480 qkm West- und 403 qkm Ost-Berlin.

**Umfang** der Gesamt-Berliner Stadtgrenzen: 233 km, davon 162 km West-Berlin und 45 km Ost-/West-Grenze.

**Ortszeit:** 6 Minuten und 22 Sekunden hinter der Mitteleuropäischen Zeit.

**Einwohnerzahl** (Stand 1988)
West-Berlin: 2186854, davon 279382 Ausländer = 13,8% der Bevölkerung; Ost-Berlin: 1236000.

**Verkehrsnetz** von West-Berlin: Straßen 2767,2 km, davon 46,4 km Bundesautobahn, Omnibusse 692,5 km, U-Bahn 108,2 km, S-Bahn 71,5 km. Brücken: 609.

**Gebäude** in West-Berlin: 185000 Wohnhäuser mit 1149000 Wohnungen; in Ost-Berlin: 589000 Wohnungen.

**Wirtschaft:** Haushaltsausgaben der Stadt West-Berlin 22953 Mio. DM, davon Verwaltungsausgaben 1468 Mio. DM. Bundeshilfe 11956 Mio. DM. Anzahl der Erwerbstätigen in West-Berlin: 890000, davon 90490 Gastarbeiter; in Ost-Berlin: 706000.

**Stadtverwaltung** von *West-Berlin:* Abgeordnetenhaus mit 200 Abgeordneten, Senat unter dem Regierenden und einem weiteren Bürgermeister mit Regierungssitz Schöneberger Rathaus. 12 Verwaltungsbezirke.
*Ost-Berlin:* Oberbürgermeister und Magistrat als oberstes Verwaltungsorgan mit Sitz ›Rotes Rathaus‹. 9 Verwaltungsbezirke.

**Stadtwappen:** Schreitender schwarzer Bär nach (heraldisch) rechts auf silbernem Grund; über dem Schild fünfzackige goldene Krone.

**Partnerstädte:** Los Angeles (1968), Paris (1987), Madrid (1988), Istanbul (geplant 1989).

**Postleitzahl:** 1000 (West-Berlin), für Ost-Berlin 1000 + Stadtbezirksnummer.

**Telefonvorwahl** nach West-Berlin: 030; nach Ost-Berlin: 00372.



*Rechts: Blick auf die Gedächtniskirche, im Vordergrund der Neubau von E. Eiermann*

# West-Berlin

**100**

Sehenswürdigkeiten

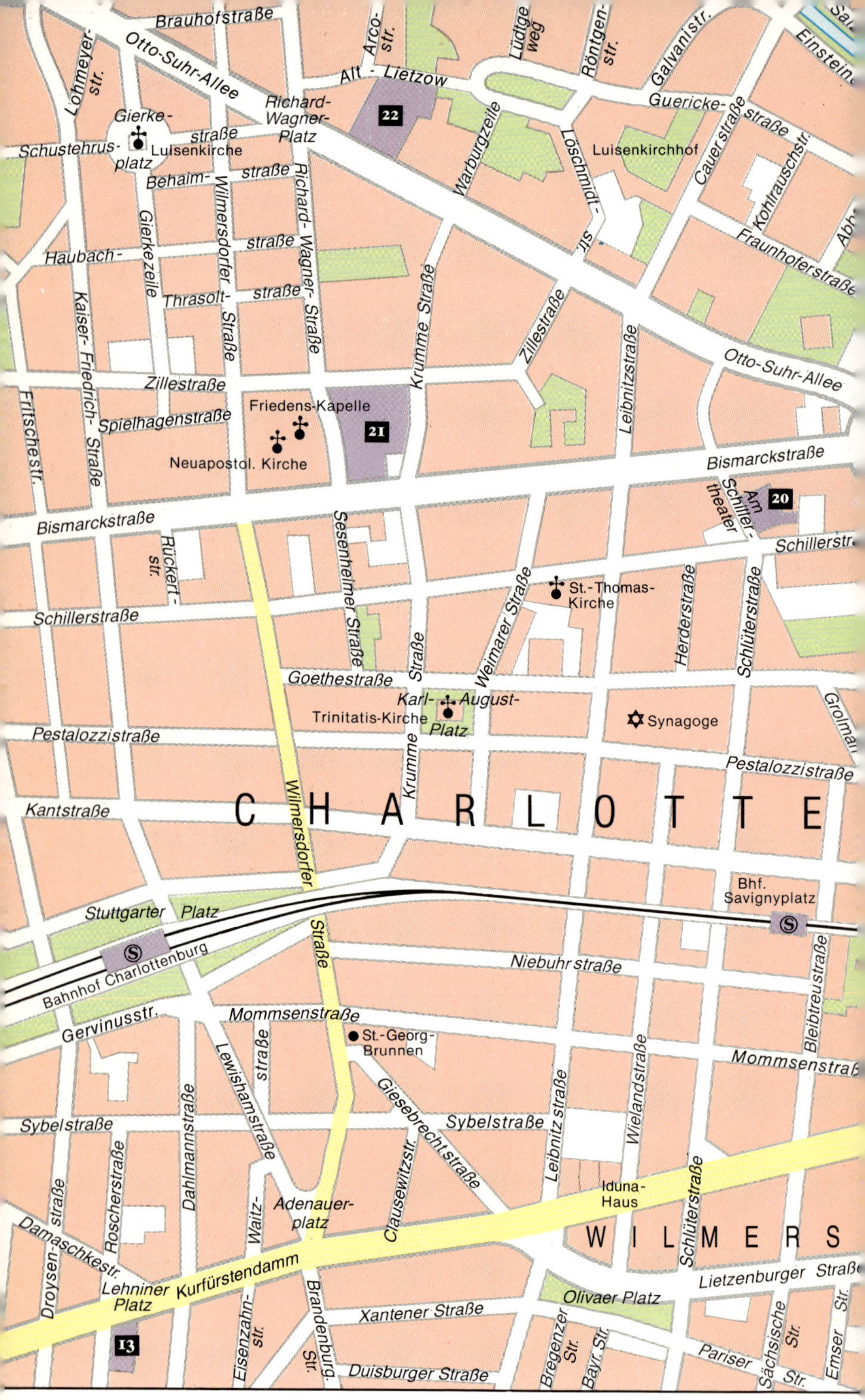


# Zentrum West-Berlin

1 Breitscheidplatz mit Weltkugelbrunnen *Seite 20*
2 Kaiser-Wilhelm-Gedächtniskirche *20*
3 Europa-Center *21*
4 Zoologischer Garten und Aquarium *22*
5 Bahnhof Zoo(logischer Garten) *23*
6 Kaufhaus des Westens *24*
7 Ku'damm Eck *24*

8 Café Kranzler *24*
9 Bristol Hotel Kempinski *26*
10 Käthe-Kollwitz-Museum *26*
11 Freie Volksbühne *26*
12 Ku'damm Karree *27*
13 Schaubühne am Lehniner Platz *27*
14 Theater des Westens / Vaganten *29*
15 Jüdisches Gemeindehaus *29*
16 Savignyplatz *29*
17 Technische Universität *30*
18 Staatliche Porzellanmanufaktur KPM *31*
19 Hochschule der Künste *32*
20 Schiller-Theater *32*
21 Deutsche Oper Berlin *32*
22 Rathaus Charlottenburg *34*

# Zentrum West-Berlin

*Der Weltkugelbrunnen von J. Schmettau, seit 1983 am Breitscheidplatz*

## *Rund um den Breitscheidplatz*

### 1 Breitscheidplatz mit Weltkugelbrunnen

30 (Charlottenburg)

*Piccadilly Circus und Hyde Park Corner in einem: West-Berlins prominentester Platz. Ein Ort zum Atemholen im Herzen des Sturms.*

An der Westseite die Kaiser-Wilhelm-Gedächtniskirche, an der Ostseite das Europa-Center; entlang der Nord- und Südflanke ein unaufhörlicher Strom von Autos, Bussen und Fußgängern. Seit seiner Umgestaltung 1983 ein beliebter Treffpunkt.

Der **Weltkugelbrunnen,** im Sommer 1983 eingeweiht und von den Berlinern auch ›Wasserklops‹ genannt, ist das Werk des Bildhauers J. Schmettau. Die 5 m hohe granitene Brunnenplastik symbolisiert die gespaltene Weltkugel (gespalten wie auch die Stadt selbst), besetzt mit Figuren aus der Werkstatt von H. Noak. In der spannungsreichen Verbindung von stereometrischem Körper und fließendem Wasser drückt sich die übergeordnete Einheit der Elemente aus. Das spielerisch-erfrischende Moment wird durch die kaskadenartige Wasserführung unterstrichen. Die architektonische Gesamtgestaltung des Platzes, einschließlich der Wasser- und Lichttechnik, wurde von I. Krusnik und O. Reith besorgt.

Im Norden stoßen Hardenbergstraße und Budapester Straße aufeinander, im Süden Kurfürstendamm und Tauentzienstraße. In der Budapester Straße 38-50 der Flachbau des **Zentrums am Zoo** mit seinen Kolonnaden. Im Übergeschoß Nr. 44-48 die **Staatliche Kunsthalle** für wechselnde Ausstellungen zur Kunst des 20. Jahrhunderts. Während der alljährlichen ›Berlinale‹, der internationalen Filmfestspiele, dient sie als Presse- und Informationszentrum.

### 2 Kaiser-Wilhelm-Gedächtniskirche

30, Breitscheidplatz (Charlottenburg)

*Neben der Mauer das wohl bekannteste Wahrzeichen der Stadt: in der einmaligen Verbindung von Turmruine und Neubau ein eindruckvolles Kriegsmahnmal.*

*Gedächtniskirche: Fürstenfries mit Hohenzollernherrschern (vgl. auch Abb. S. 2 und 17)*

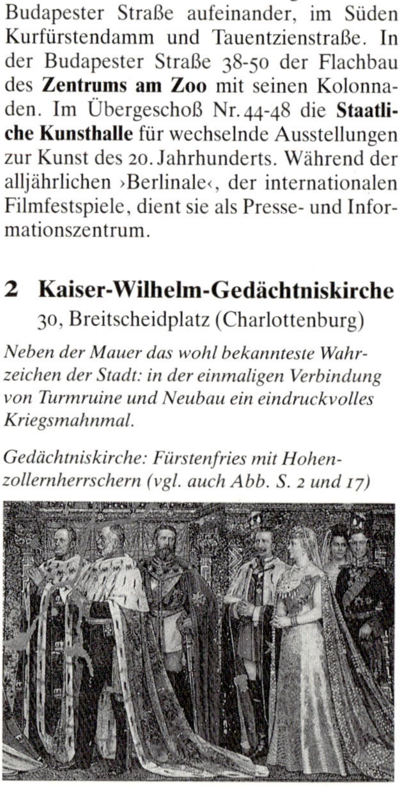

Am 22. November 1943 wurde die 1891-95 von F. Schwechten im neuromanischen Stil erbaute Kirche bei einem Luftangriff stark beschädigt. Artilleriebeschuß in den letzten Kriegstagen vollendete das Werk der Zerstörung. In den Nachkriegsjahren wurde über den Bau heftig diskutiert. Völliger Abriß? Neubau? Wiederaufbau, vielleicht an einem anderen Ort? Schließlich einigte man sich auf einen Neubau unter Beibehaltung der 63 m hohen Ruine des ursprünglich 113 m hohen Westturms. Nach einem Wettbewerb erhielt E. Eiermann, Karlsruhe, den Auftrag. Seine Lösung: ein flachgedecktes **Oktogon** aus verglasten Betonplatten, ein 53 m hoher, sechseckiger **Kirchturm** mit einem Geläut von sechs Glocken, eine sechseckige, um einen Innenhof gebaute Sakristei und ein Foyer mit einer Bibliothek. Die *Gläser* stammen aus Chartres. Ein gedeckter Gang verbindet die als Gedächtnishalle ausgestattete Turmruine mit der Kapelle und dem neuen Kirchturm. Jede volle Stunde ertönt das *Glockenspiel* im alten Turm mit einer Melodie von Prinz Louis Ferdinand, dem Urenkel des letzten Kaisers.
Die Ausstattung der **Gedächtnishalle** läßt ahnen, wie hier ganz im Geiste Kaiser Wilhelms II. (1888-1918) Religion und Monarchie quasi auf eine Stufe gestellt worden sind. Neben einer beschädigten großen *Christus-Statue* von F. Schaper, etlichen *Mosaiken* und *Marmorreliefs* ist der herausragende Schmuck ein *Fürstenfries*, auf dem die Hohenzollernherrscher von Kurfürst Friedrich I. (1415-1440) bis zum letzten deutschen Kronprinzen Friedrich Wilhelm (gest. 1951) und seiner Frau Cäcilie abgebildet sind.
Der *Auferstandene Christus* über dem einfachen Kirchenaltar ist von K. Hemmeter in Metalltreibarbeit geschaffen worden. Die 8,5 m hohe *Karl-Schuke-Orgel* hat 5100 Pfeifen und 63 Register; sie wurde 1962 eingebaut.
Einmal im Jahr, im Oktober, versammeln sich Hunderte von Rockern und anderen Motorradfahrern mit ihren Maschinen um die Gedächtniskirche, um einem Gottesdienst beizuwohnen, der extra für sie abgehalten wird. Schräg gegenüber der Kirche, in der Hardenbergstr. 29a, steht der **Zoo-Palast,** Berlins größtes Kino, in dem u. a. der Filmwettbewerb der ›Berlinale‹ abgehalten wird.

## 3 Europa-Center

30, Breitscheidplatz (Charlottenburg)

*Höchstes Gebäude in der City (85 m hoch), bedeutendes Einkaufszentrum (mehr als 100 Geschäfte unter einem Dach). Von der zweithöchstgelegenen Aussichtsplattform Berlins: großartiger Blick auf die Stadt.*

Hier stand einst das in den zwanziger Jahren berühmte ›Romanische Café‹. Erbaut wurde das Europa-Center 1963-65 von H. Hentrich und H. Petschnigg unter künstlerischer und städtebaulicher Beratung von W. Düttmann und E. Eiermann. Die schwarze Stahlkonstruktion nimmt architektonisch Bezug auf die benachbarte Kaiser-Wilhelm-Gedächtniskirche. Im Sockelbau und dem Untergeschoß mit überdachten Innenhöfen gibt es zahlreiche Geschäfte, Restaurants und Bars. Im Kellergeschoß das Kabarett **Die Stachelschweine,** im zweiten Stock (Eingang Budapester Straße) die **Spielbank Berlin** und im 22geschossigen Hauptgebäude (Eingang an Tauentzienstraße) das **Verkehrsamt Berlin.**

*›Uhr der fließenden Zeit‹ von B. Gitton im Europa-Center*

*Zoologischer Garten, Elefantentor, eine Rekonstruktion des zerstörten Originals*

*Aquarium*

*Aquarium, Blick in die Krokodilhalle*

Auf dem Dach dreht sich, weithin sichtbar, ein Mercedes-Stern. Hauptattraktion im **Blumenhof** ist die 13 m hohe *Uhr der fließenden Zeit* von B. Gitton (1982). In den obersten zwei Etagen befindet sich der *I-Punkt,* ein Restaurant und Café mit Dachterrasse, und eine **Aussichtsplattform** (Zutritt gegen Gebühr täglich von 10-24 Uhr, Abb. S. 139).

## 4 Zoologischer Garten und Aquarium

12, Hardenbergplatz 8 (Charlottenburg), Nebeneingang: Budapester Straße (Elefantentor)

*Oase der Natur inmitten der Großstadt und Zoo der Superlative in einem: der erste und heute meistbesuchte Tierpark in Deutschland und der artenreichste in der Welt mit weltgrößter Voliere und faszinierendem Nachttierhaus. Zudem eines der bedeutendsten Aquarien mit der größten europäischen Panzerechsensammlung.*

Von fast 10000 Tieren hatten den Zweiten Weltkrieg nur 91 überlebt, darunter der 1943 im **Zoo**★ geborene Flußpferdbulle ›Knautschke‹ und ein Elefant. Heute leben auf dem 35 ha großen Gelände nahezu 11000 Tiere in 1575 Arten. Auch das **Vogelhaus** ist mit über

3300 qm das größte der Welt. Es enthält die meisten der 750 Vogelarten des Zoos. Daneben gibt es noch eine *Greifvogelanlage* und eine *Fasanerie* mit seltenen Hühnervögeln, Tauben und Trappen. Der Zoologische Garten wurde 1841 von dem Naturforscher M. H. Lichtenstein zusammen mit Alexander von Humboldt und dem Gartenarchitekten P. J. Lenné gegründet und 1844 eröffnet.
Eingang von der Budapester Straße ist durch das *Elefantentor,* eine Rekonstruktion des 1899 errichteten und im Krieg zerstörten Originals. Es besteht aus zwei Steinelefanten, die ein Pagodendach tragen. In der Nähe F. Behns *Bobby-Denkmal,* ein riesiger Gorilla, der erste, der in einem Zoo geboren wurde. Der Liebling der Berliner starb 1935. Ein Publikumsliebling heutzutage ist der große *Panda Bao Bao,* der im **Raubtierhaus** zu sehen ist. Zum Zoo gehören eine *Gaststätte,* ein *Konzertgarten,* ein *Reitstall* und ein **Kindertierpark.** Der Zoo ist täglich von 9 Uhr bis zum Einbruch der Dunkelheit, spätestens bis 19 Uhr geöffnet.
Das **Aquarium** kann durch den Haupteingang des Zoos, aber schneller noch durch das Elefantentor erreicht werden. Vor dem Eingang auf der Zoo-Seite steht ein lebensgroßer, steinerner *Iguanodon,* die naturgetreue Nachbildung eines Sauriers von H. Harder.
Das Aquarium gibt es hier, am Rande des Zoos, seit 1913. Von 1869 bis 1910 stand es an der Ecke Unter den Linden/Schadowstraße, im Bezirk Mitte. Gründer und jahrelanger Leiter war der berühmte Zoologe A. Brehm. Heute umfaßt es einen Bestand an Fischen, Reptilien, Amphibien, Spinnen, Schnecken, Skorpionen und Insekten von rund 1300 Arten und ist damit eines der größten der Welt.
Bemerkenswert auch die tropische **Krokodilhalle,** die von einer Brücke überspannt wird. Die Fassade des Gebäudes an der Budapester Straße wurde 1983 mit Mosaiken und Reliefs von Sauriern versehen.

## 5 Bahnhof Zoo(logischer Garten)

12, Jebensstraße 8 / Hardenbergplatz (Charlottenburg)

*Der einzige Fernbahnhof in West-Berlin, der diese Bezeichnung verdient. Traurige Berühmtheit als Schauplatz des Buches ›Wir Kinder vom Bahnhof Zoo‹.*

Der Fernbahnhof, der die Eisenbahnverbindung West-Berlins nach allen Richtungen hin ins Bundesgebiet und ins westliche Ausland herstellt, aber über den Bahnhof Friedrichstraße in Ost-Berlin auch nach Warschau und Moskau, steht unter der Kontrolle der Reichsbahndirektion in Ost-Berlin. Das trifft auf die Stadtbahn-Station, die dem Bahnhof angegliedert ist, seit 1984 nicht mehr zu. In jenem Jahr übernahm die West-Berliner Verkehrsgesellschaft (BVG) alle im westlichen Teil der Stadt liegenden Anlagen der bis dahin auch von Ost-Berlin kontrollierten S-Bahn,

*Der Bahnhof Zoo, Bahnhofshalle*

mit der man ebenfalls bis zum Bahnhof Friedrichstraße oder, in südwestlicher Richtung, bis nach Wannsee fahren kann. Am Bahnhof Zoo überschneiden sich überdies die Linie 1 (Ruhleben–Schlesisches Tor), die inzwischen Gegenstand eines Berlin-Musicals von V. Ludwig und B. Heymann geworden ist, und die Linie 9 (Osloer Straße–Rathaus Steglitz) der Berliner Untergrundbahn.
Der Bahnhof wurde 1934-36 nach Entwürfen von F. Hane anstelle eines kleineren, 50 Jahre älteren Bahnhofs erbaut. Die *Restaurantterrasse* am Hardenbergplatz wurde 1957 von H. Engel hinzugefügt.
Die große Eingangshalle des heruntergekommenen Gebäudekomplexes ist Treffpunkt der Rauschgift- und Prostitutionsszene.

*Kaufhaus des Westens (KaDeWe)*

## 6 Kaufhaus des Westens

30, Tauentzienstraße 21 (Schöneberg)

*Das größte Warenhaus des Kontinents (mit einer Verkaufsfläche von 43 000 qm und einem Tagesumsatz von über 1 Million DM bei ca. 80 000 Kunden). Die Lebensmittelabteilung – ein Gourmet-Paradies: Es gibt nichts, was es nicht gibt.*

Als das KaDeWe 1906-07 im Auftrag des Kaufhausunternehmers A. Jandorf von J. E. Schaudt errichtet wurde, war die Umgebung um den Wittenbergplatz noch eine reine Wohngegend. Mit dem KaDeWe, das 1927 von H. Tietz übernommen und mehrmals umgebaut wurde (zum letztenmal 1978), begann die Entwicklung eines neuen Geschäftszentrums im ›Alten Westen‹. Allein die Nahrungsmittelabteilung im 6. Stock ist einen Besuch wert. Es gibt kaum etwas Eßbares in der Welt, das man dort nicht bekommen oder zumindest bestellen könnte, einschließlich eingemachter Ameisen aus China oder Bärentatzen aus der Sowjetunion.

## Den Kurfürstendamm hoch

*Berlins Bummel-Boulevard in einer Länge von 3,5 km. Schon im 16. Jh. bestand hier ein Reitweg zum Jagdschloß Grunewald. Der Ausbau des Ku'damms, wie die Berliner ihn nennen, erfolgte 1883-86 auf Veranlassung Otto von Bismarcks. Von den ursprünglichen, um die Jahrhundertwende errichteten Prachtbauten haben nur einige wenige den Zweiten Weltkrieg überstanden oder sind originalgetreu restauriert worden. So zum Beispiel die Häuser Nr. 14-15, Nr. 48-50 und das* ***Iduna-Haus,*** *Nr. 59-60, mit seinen Kuppelaufbauten an der Ecke Leibnizstraße sowie die Gebäude Nr. 201, Nr. 213-16 und 218.*

## 7 Ku'damm Eck

15, Kurfürstendamm 227-228 / Ecke Joachimsthaler Straße (Charlottenburg)

*Ein großzügiges Einkaufszentrum mit elegantem Weltstadtflair auf Berlinerisch und als Kuriosum das Panoptikum.*

Direkt neben dem **Kaufhaus Wertheim.** Mit seinen 80 Läden, Restaurants, Kinos sowie einer Kegel- und Bowlingbahn wurde das Geschäftshaus und Vergnügungszentrum nach Plänen von W. Düttmann 1969-72 errichtet. Im 3. Stock befindet sich das **Berliner Panoptikum,** ein Wachsfigurenkabinett, wo Sie 400 interessanten Persönlichkeiten aus Adel, Politik, Sport und Film einen Besuch abstatten können. Angegliedert ist auch ein *Medizinisches Kabinett* mit anatomischen Modellen von ca. 1890.

## 8 Café Kranzler

15, Kurfürstendamm 18-19 (Charlottenburg)

*Das weltberühmte, traditionsreichste Café Berlins; ein Muß für jeden Berlin-Besuch. Eine Kaffeepause auf der Sonnenterrasse läßt das hektische Treiben an Berlins belebtester Ecke in Ruhe genießen.*

*Café Kranzler*

*Blick vom Kurfürstendamm auf die Kaiser-Wilhelm-Gedächtniskirche und das Europa-Center*

Als der aus Österreich stammende Zuckerbäcker und preußische Hofkonditor Johann G. Kranzler seine 1825 gegründete Konditorei nach neun Jahren von der Straße Unter den Linden 25 ein paar Häuser weiter nach Nr. 22, Ecke Friedrichstraße, verlegte, gab er das mit folgender Anzeige bekannt: »Einem Hohen Adel und werthen Bürgerpublikum thuen wir kund und zu wissen, daß unter den Linden, wo die große Friedrichstraße solche kreuzet (Erster Saal, links) der Hofkonditor Kranzler ein Kaffee eröffnet hat.

*Das Grandhotel Kempinski*

Alle Art Getränke und diverse Leckereien werden feylgehalten. Bedienung von zarter Hand. Für Divertissement des verehrten Publikums sorgt eine Musikbande aus dem schönen Italien importiret und bittet um geneigten Zuspruch. Die Direktion.« 1931 eröffnete das Kranzler ein zweites Café im damaligen Berliner Westen, wo es sich auch heute noch befindet.

## 9 Bristol Hotel Kempinski

15, Kurfürstendamm 27 / Ecke Fasanenstraße (Charlottenburg)

*Berlins prominentestes Grand-Hotel – ein Begriff für internationale Hotelkultur.*

Auch das Bristol stand vor dem Krieg Unter den Linden und galt damals schon als eines der elegantesten Hotels der Stadt. Das neue Haus wurde von 1951 an in mehreren Etappen von P. Schwebes erbaut. Bemerkenswert die Fassadenverkleidung in gelblichem Opakglas, das in der Erdgeschoßzone schwarz abgesetzt ist. Der Name der ursprünglichen Besitzer, Kempinski, hat in Berlin seit über hundert Jahren Tradition.

*Käthe-Kollwitz-Museum, Literaturhaus*

## 10 Käthe-Kollwitz-Museum

15, Fasanenstraße 24 (Charlottenburg)

*Ein großartiger Überblick über das Lebenswerk von Deutschlands berühmtester Bildhauerin des 20. Jh. in baugeschichtlich bedeutendem Stadtpalais.*

1897 wurde das Haus in ein spätklassizistisches Palais verwandelt. Heute ziert es ein neues Kuppeldach. Direktor des Museums ist der Berliner Maler und Kunsthändler Prof. H. Pels-Leusden, der seine Sammlung von 100 *Druckgraphiken*, 70 *Zeichnungen* und Originalplakaten sowie etlichen *Skulpturen* der 1867 in Königsberg geborenen Künstlerin dem Museum gestiftet hat. Die von ihm geleitete Galerie befindet sich im Nachbarhaus, Fasanenstraße 25, in der nach dem Architekten H. Grisebach genannten **Grisebach-Villa** (1891-95). Nebenan, Fasanenstraße 23, ein bürgerliches Wohnhaus der Gründerzeit, in dem seit 1986 das **Literaturhaus** untergebracht ist, gedacht als ein Treffpunkt der Berliner Literaturszene. Das *Tucholsky-Zimmer* ist mit den Möbeln des Schriftstellers aus seinem Haus im schwedischen Hindas ausgestattet.

## 11 Freie Volksbühne

15, Schaperstraße 24 (Wilmersdorf)

*Ein Theater mit ungewöhnlicher Vergangenheit: aus der Arbeiterbewegung erwachsen und lange mit der politischen Avantgarde verbunden. Die Uraufführung von ›Der Stellvertreter‹ von R. Hochhut unter der Regie von E. Piscator (1963) machte Theatergeschichte.*

1890 wurde der ›Verein der Freien Volksbühne‹ mit dem Ziel gegründet, ein Theater zu schaffen, das den Interessen der Arbeiterschaft Rechnung trägt. Die Mitglieder des Vereins brachten das Geld auf, mit dem 1913/14 nach Plänen von O. Kaufmann die Volksbühne am ehem. Bülowplatz, heute Rosa-Luxemburg-Platz [siehe Bezirk Mitte, Nr. 32], gebaut wurde. Der Verein wurde 1933 zwangsweise aufgelöst und 1947 in West-Berlin neu gegründet.
F. Bornemann baute das neue Haus 1962/63 nach ähnlichen Prinzipien, wie er sie zuvor bei der Deutschen Oper Berlin [siehe Nr. 21] entwickelt hatte: Ein glatter, kubischer Baukörper in Stahlbetonskelettkonstruktion, dessen verglaste Vorderfront in eine Grünanlage am Fasanenplatz hineinragt.

*Die Freie Volksbühne*

## 12 Ku'damm Karree

15, Kurfürstendamm 206-208
(Charlottenburg)

*Mit 20000 qm Ladenfläche das zweitgrößte Geschäfts- und Vergnügungszentrum im Herzen der City mit Einkaufspassagen und zahlreichen Kneipen.*

Berlins zwei Boulevard-Theater, das **Theater am Kurfürstendamm** und **Die Komödie**, beide nicht zuletzt als Wirkungsstätten des großen Theatermannes Max Reinhardt bekannt, standen hier schon früher; der Gebäudekomplex wurde 1971 bis 1974 von S. Kreßmann-Zschach ergänzt. Als Besonderheit findet hier jeden Sonntag ein *Trödelmarkt* statt. Die Haupteinkaufspassage führt vom Kurfürstendamm bis zur sog. **Sperlingsgasse,** einem Teilstück der Lietzenburger Straße (Nr. 82-84), in dem 13 Kneipen und Gaststätten von 19 Uhr bis morgens früh geöffnet haben.

## 13 Schaubühne am Lehniner Platz

31, Kurfürstendamm 153
(Wilmersdorf)

*Glanzlicht in der deutschen Theaterszene: die experimentierfreudigste und international bekannteste Bühne Berlins, ehemals am Halleschen Ufer. Hochburg der Avantgarde, Wirkungsstätte berühmter Regisseure und Schauspieler.*

Die Geschichte der Schaubühne ist unlöslich mit dem Namen ihres langjährigen künstlerischen Leiters und Chefregisseurs Peter Stein verbunden. Ursprung des Theaters war eine

*Käthe-Kollwitz-Museum: ›Die Freiwilligen‹, Kohlezeichnung von Käthe Kollwitz aus dem Jahre 1920*

*Das Theater des Westens, Stätte des modernen Musicals*

Studentengruppe um K. Weiffenbach (gest. 1987), L. Langenscheidt und J. Schitthelm, die sich 1962 im Haus der Arbeiterwohlfahrt in Kreuzberg, Hallesches Ufer 32, niederließ und sich gegenüber den Staatlichen Bühnen als oppositionelles Theater verstand. Man spielte v. Horvath, Fleisser, Sperr, Hacks, Lange, Weiß und vor allem den damals im Westen verfemten Brecht.
Im August 1970 kam Stein zur Schaubühne, wo er schon einmal 1969 Regie geführt hatte, und brachte seine eigene Truppe mit, darunter viele, die inzwischen selber berühmt geworden sind wie Jutta Lampe, Edith Clever, Elke Petri, Angela Winkler, Elfriede Irrall, Bruno Ganz, Werner Rehm, Otto Sander, Peter Fitz, Dieter Laser, Otto Mächtlinger, Claus Theo Gärtner und Tilo Prückner. Es stellte sich jedoch bald heraus, daß das Haus für bestimmte Projekte zu klein und technisch nicht gerüstet war. Also suchte man zusätzlich andere Spielräume: die Halle 5 auf dem Messegelände am Funkturm für Steins zweiteilige Inszenierung von Ibsens ›Peer Gynt‹; ebenfalls auf dem Messegelände der Philipps-Pavillon für das ›Antikenprojekt‹, und die ccc-Film-Studios in Spandau für ›Shakespeare's Memory‹, ein Versuch, mit theatralischen Mitteln die Welt von Shakespeare, die Geisteskultur des 16. Jahrhunderts, wieder aufleben zu lassen, gefolgt – neun Monate später – von Steins Inszenierung von Shakespeares ›Wie es euch gefällt‹.
Schon 1975 beschwerte sich Stein über die unerträglichen Arbeitsbedingungen im alten Haus der Schaubühne und kündigte an, Berlin zu verlassen, wenn nicht Abhilfe geschaf-

*Schaubühne am Lehniner Platz*

fen würde. Nach längeren Verhandlungen erklärte sich der zuständige Senator bereit, das ehemals berühmte ›Universum-Kino‹ am Lehniner Platz von E. Mendelsohn (1926-28) bei Beibehaltung der äußeren Form nach den Vorstellungen der Schaubühne in ein modernes Theater umbauen zu lassen. J. Sawade erhielt den Auftrag. Er ließ sich vom Container-Hafen in Bremen inspirieren und konzipierte einen tief unterkellerten Großraum, der in drei Theaterräume unterteilt werden kann. Die ca. 2000 qm Bodenfläche ist aus mehreren Plattformen (76 × 3 m) zusammengesetzt, von denen jede bis zu 3 m gesenkt oder bis zu 3,5 m angehoben werden kann. Auf diese Weise hat die Schaubühne jetzt Gestaltungsmöglichkeiten in bezug auf die jeweilige Bühne und den Zuschauerraum wie kaum ein anderes Theater in der Welt. Gesamtkosten des Umbaus: 81,5 Millionen DM. Aber auch das neue Haus konnte Stein schließlich nicht halten. 1985 kündigte er seinen Vertrag und zog nach Paris, allerdings mit dem Versprechen, der Schaubühne auch weiterhin von Zeit zu Zeit als Regisseur zur Verfügung zu stehen.

## *Kantstraße*

### 14 Theater des Westens / Vaganten

12, Kantstraße 9-12 (Charlottenburg)

*Modernes Musical und Superentertainment in alten Mauern aus wilhelminischer Zeit. Berlins berühmte Operettenhochburg.*

Dreiviertelsäulen, Rundbogenfenster, Giebel, Erker, Zinnen, Türmchen und eine mit Skulpturen geschmückte Attika, kurz ein stilistisches Durcheinander des Berliner Historismus, also genau der geeignete Ort für die klassische Operette.
Zu diesem Zwecke hatte B. Sehring 1896 das Haus auch erbaut. In den Jahren 1945-61 diente es allerdings als Ausweichquartier für die im Krieg zerstörte Städtische Oper, bis diese als Deutsche Oper Berlin (siehe dort) in der Bismarckstraße wiedererstand.
Seit die Deutsche Oper Berlin auch die Leitung des Theaters übernommen und H. Baumann als künstlerischen Leiter eingesetzt hat, ist es als Stätte des modernen Musicals zu neuem Leben erwacht. In einem kleinen Nebengebäude befindet sich die **Vaganten-Bühne,** die sich selbst als ›Berliner Kellertheater‹ bezeichnet und knapp 100 Zuschauern Platz bietet.

### 15 Jüdisches Gemeindehaus

12, Fasanenstraße 79-80 (Charlottenburg)

*Ein Ort der Begegnung und des schmerzlichen Erinnerns. Kulturelles Zentrum der größten Jüdischen Gemeinde Deutschlands.*

Bis 1958 stand hier die Ruine der am 9. November 1938 von einem Nazi-Kommando entweihten und in Brand gesteckten liberalen Synagoge, die E. Hessel 1911/12 im byzantinischen Stil erbaut hatte. Das **Portal der alten Synagoge** ist als Haupteingang in den Neubau des Gemeindehauses miteinbezogen worden, das von den Bochumer Architekten D. Knoblauch und H. Heise 1957-59 errichtet wurde.
Ein Säulenpaar aus der Eingangsfassade der abgebrochenen Ruine steht als Mahnmal etwas seitlich vor dem zweigeschossigen Gebäude. Eine Wand im hinteren Säulenhof dient als *Gedenkstätte* für die Berliner Juden, die sich vor den Verfolgungen im Dritten Reich nicht hatten retten können.

*Portal der alten Synagoge, Haupteingang des Jüdischen Gemeindehauses*

### 16 Savignyplatz

12 (Charlottenburg)

*Paradies für Bücherfreunde und gastronomischer Treffpunkt für hungrige Nachtschwärmer in einem Viertel mit Altberliner Flair: schönes Beispiel großbürgerlicher Wohnhauskultur.*

Auf der Nordseite steht die Bronzegruppe *Knabe mit Ziegenbock* von A. Kraus (1928). An dem Haus Savignyplatz 5 erinnert eine *Gedenktafel* an den Maler und Graphiker *G. Grosz,* der hier 1959, ein paar Tage nach seiner Rückkehr aus Amerika, starb. In der näheren Umgebung des Platzes, der von der Kantstraße durchschnitten wird, gibt es rund 50 Gaststätten verschiedener Nationalitäten. Einige davon, so *Diener* in der Grolmanstraße 47, die *Paris Bar* in der Kantstraße 152, der *Zwiebelfisch* am Savignyplatz 7 und *Florian* in der Grolmanstraße 52 werden häufig von Theaterleuten, Filmemachern, Malern, Journalisten und Literaten frequentiert.

*Bronzeplastik ›Flamme‹ von B. Heiliger, 1961*

## *Rund um den Ernst-Reuter-Platz*

*Der Ernst-Reuter-Platz wird von alten Berlinern noch immer gerne bei seinem Vorkriegsnamen ›Knie‹ genannt: Einer der größten und verkehrsreichsten Plätze der Stadt, von dem strahlenförmig fünf Hauptverkehrsstraßen ausgehen. Auf der Mittelinsel ein Wasserbecken mit 41 Fontänen. Auf dem freien Platz vor der* **Architektur-Fakultät** *von B. Hermkes (1968) und dem anschließenden* **Städtebauinstitut** *von H. Scharoun (1970) steht zum Gedenken an E. Reuter die Bronzeplastik* **Flamme**, *die B. Heiliger 1961 schuf. Beide Gebäude wie auch das* **Institut für Bergbau und Hüttenwesen** *(1955-59) von W. Kreuer gehören zur Technischen Universität. Daran anschließend das* **Physikalische Institut** *(Hardenbergstr. 35) und ihm gegenüber das* **Renaissance-Theater** *(Nr. 6), in dem 19 Tage nach Kriegsende am 27. März 1945 die erste Theateraufführung stattfand. Vor der Raiffeisenbank, an der südwestlichen Seite des Platzes, steht die Tierplastik* **Spielende Hengste** *von G. Marcks (1975). Im* **Ernst-Reuter-Haus** *(Straße des 17. Juni 110), 1939-42 als ›Haus des Deutschen Gemeindetages‹ errichtet, sind heute die Senatsbibliothek und das Deutsche Institut für Urbanistik untergebracht. Jeden Samstag und Sonntag von 8-15.30 Uhr findet vor dem Gebäude der große* **Berliner Trödelmarkt** *statt.*

## 17 Technische Universität

12, Straße des 17. Juni 135
(Charlottenburg)

*Einst die renommierteste und größte deutsche Technische Hochschule, heute die älteste Hochschule West-Berlins mit bedeutender Plansammlung zur preußischen und Berliner Architekturgeschichte des 19. und 20. Jh.*

Die Anfänge der TU gehen zurück auf den 1879 erfolgten Zusammenschluß der von Schinkel 1832-36 erbauten Bauakademie und des Gewerbeinstituts (1821). 1916 kam noch die 1770 gegründete Bergakademie hinzu, die älteste Akademie Preußens. 1950 wurde eine Humanistische Fakultät eingerichtet, 1951 die Fakultät für Landbau und 1955 die für Elektrotechnik.

Das **Hauptgebäude,** 1878-84 von R. Lucae, F. Hitzig und R. Raschdorff im Stil der Hochrenaissance erbaut, wurde im Krieg schwer beschädigt. Ein zehngeschossiges

*Technische Universität: Hochhausbau von Dübbers und Schwennicke mit Auditorium Maximum*

**Hochhaus** von K. Dübbers und C.H. Schwennicke, das mit Aluminiumplatten verkleidet ist, ersetzt jetzt den Nordflügel. Ihm vorgelagert ist das flache, fensterlose **Auditorium Maximum** mit 1200 Plätzen.
In dem an das Hauptgebäude angeschlossenen **Erweiterungsbau,** der 1900-02 von Eggert und Leibnitz errichtet und 1913-16 erneut vergrößert wurde, steht im westlichen Treppenaufgang die bronzene Monumentalstatue *Alfred Krupps* von E. Herter (1899). Krupp, im Arbeitsrock und mit hohen Stiefeln, hält in der linken Hand eine Planzeichnung und stützt sich auf das Rohr eines Mörsers. Das Gegenstück, die bronzene Statue *Werner von Siemens'* von W. Wandschneider (1899) steht heute vor dem **Institut für allgemeine Elektrotechnik** auf dem nördlichen TU-Areal.
Vom Stammgelände gelangt man am **Studentenhaus** vorbei zur Hardenbergstraße durch die **Mensa.** Sie wurde 1965-66 von W. Düttmann in Form eines Betonkubus gebaut und mutet an manchen Tagen wie ein orientalischer Basar an. Die TU umfaßt 22 Fachbereiche und hat rund 25000 Studenten, darunter 4600 ausländische Studenten. Damit hat die TU in Berlin den höchsten Ausländeranteil aller deutschen Hochschulen.

*Technische Universität: Hauptgebäude, Innenansicht. Im Vordergrund das Modell des zerstörten Berliner Stadtschlosses*

## 18 Staatliche Porzellanmanufaktur KPM

12, Wegelystraße 1 (Charlottenburg)

*Feinstes Porzellan aus einer der berühmtesten, traditionsreichen deutschen Porzellanmanufakturen. Das blaue Zepter – noch heute ein Zeichen für auserlesenen Geschmack und höchste Qualität.*

Die Berliner Porzellanmanufaktur geht auf eine private Gründung des Kaufmanns W.C. Wegely aus dem Jahre 1750 zurück. Durch den Meißner Modellmeister F.E. Meyer sowie weitere aus Meißen stammende Maler gelang nach anfänglichen Schwierigkeiten bald der Ausbau zu einer der führenden deutschen Porzellanwerkstätten. Seit 1763 nennt sie sich ›Königliche Porzellan-Manufaktur Berlin‹ (KPM). Friedrich der Große verlieh ihr das kurbrandenburgische Zepter als Schutzmarke, das sie heute noch führt. Seit 1918 ist sie staatlich. Im Zweiten Weltkrieg schwer zerstört, nahm die Manufaktur 1954 wieder ihre Arbeit auf. Noch heute wird hier Gebrauchs- und Zierporzellan erster Güte hergestellt. Weit über die Grenzen Preußens hinaus erlangte die KPM durch die Porzellanschöpfungen des Klassizismus Berühmtheit.
Großen Ruf hat sie sich auch durch ihre bedeutenden technischen Erfindungen erworben. Als wichtiges Beispiel sei hier das ›Segerporzellan‹ angeführt, das eine größere Farbigkeit unter der Glasur ermöglichte und damit einen entscheidenden Beitrag zur Porzellanherstellung im Jugendstil leistete.

Die KPM unterhält Verkaufsräume in der Wegelystraße 1 und auf dem Kurfürstendamm 26a. Eine ständige *Ausstellung* von 500 Exponaten, die in reizvoller Weise die Chronik der Manufaktur veranschaulicht, findet sich im Schloß Belvedere [Schloßpark Charlottenburg, Nr. 24; Di bis So von 9-17 Uhr, Mo geschlossen].

*KPM-Porzellan, ›Zeit und Ruhm‹, um 1765*

*Hochschule der Künste*

## 19 Hochschule der Künste

12, Hardenbergstraße 33
(Charlottenburg)

*Prunkvolles Palais in wilhelminischem Neubarock mit '68er-Vergangenheit; Berlins zweitgrößter Konzertsaal.*

In der Zeit der Studentenunruhen Ende der sechziger Jahre war die Hochschule der Künste, damals noch ›Hochschule der Bildenden Künste‹, zusammen mit der benachbarten Mensa der TU und dem gegenüberliegenden Steinplatz mit dem *Mahnmal für die Opfer des Nationalsozialismus und des Stalinismus* eines der Zentren der Studentenbewegung.
Die *Hochschule der Bildenden Künste* wurde gleichzeitig mit der ehem. *Hochschule für Musik und darstellende Kunst* nebenan (Eingang Fasanenstraße 1) von H. Kayser und K. v. Großheim nach einem preisgekrönten Wettbewerbsentwurf 1898-1902 erbaut. 1975 wurden die beiden Hochschulen vereinigt, zusammen mit dem *Institut für Kirchenmusik* (Hardenbergstraße 44) und der *Pädagogischen Hochschule* (bis dahin in Lankwitz).
An die ehemalige Musikhochschule sind seitlich der **Konzertsaal** (Haupteingang: Hardenbergstraße) und die **Studiobühne** angeschlossen. Beide Flügelbauten wurden im Krieg zerstört und von P. Baumgarten zum Teil auf den alten Fundamenten wiederaufgebaut: 1955 der Konzertsaal, mit 1360 Plätzen nach der Philharmonie [Nr. 35] der größte Musiksaal Berlins; 1975 die Studiobühne.

## 20 Schiller-Theater

12, Bismarckstraße 110
(Charlottenburg)

*Das führende Haus der Staatlichen Schauspielbühnen Berlins mit großer Klassiker-Tradition, aber auch berühmt für seine Inszenierungen der Moderne; Uraufführung von P. Weiss' ›Die Verfolgung und Ermordung Jean Paul Marats ...‹ (1964).*

Seit 1907 gibt es hier das Schiller-Theater, das ursprünglich als Volkstheater gedacht war. Letzter Intendant vor seiner Zerstörung im Zweiten Weltkrieg war H. George. 1950-51 haben H. Völker und R. Grosse das Haus unter Beibehaltung vorhandener Bauteile neu aufgebaut und ihm eine Fassade aus Werkstein verliehen, die nur von einer gewölbt vorspringenden Glaswand über den Eingängen durchbrochen ist. Die *Figurenreliefs* im **Foyer** sind von B. Heiliger. *Wandbilder* von H. Kuhn aus farbig eingelegtem Gips auf den Treppen zum **Rangfoyer.** L.P. Kowalski entwarf die 25 m lange und 5,20 m hohe geschliffene *Glaswand* im Rangfoyer.
In einem Seitenflügel die **Schiller-Theater Werkstatt,** eine Studiobühne mit 197 Plätzen, die am 28. September 1959 mit E. Albees ›Zoogeschichte‹ eröffnet wurde. Die Werkstatt ist vorrangig als Experimentiertheater gedacht. Zu den Staatlichen Schauspielbühnen gehört auch noch das **Schloßpark-Theater** in Steglitz [siehe Nr. 63]. Von 1951-72 herrschte B. Barlog über dieses Theater-Imperium wie ein gütiger Landesvater. Seinen bisherigen Nachfolgern – H. Litzau, B. Gobert und H. Sasse – ist es nicht gelungen, den riesigen, hoch subventionierten Betrieb so in den Griff zu bekommen, daß das Berliner Publikum, die Kritik oder auch der Senat darüber hätten glücklich sein können.

## 21 Deutsche Oper Berlin

12, Bismarckstraße 34-37
(Charlottenburg)

*Glanzvolle Abende in einem traditionsreichen Haus in neuem Gewand – Wirkungsstätte berühmter Dirigenten wie Walter, Karajan und Sinopoli: Eines der führenden Opernhäuser der Welt.*

*Schiller-Theater*

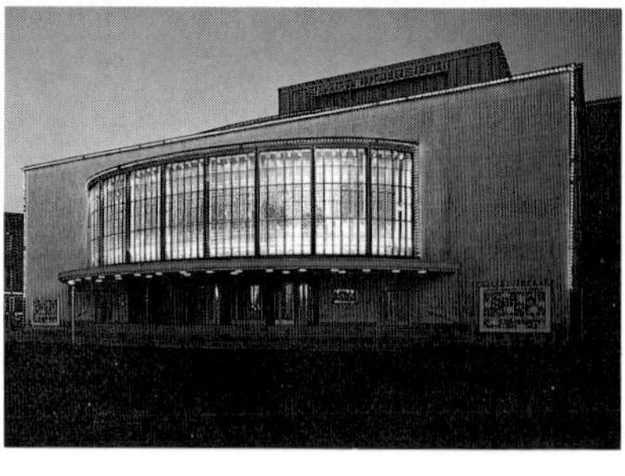

*Deutsche Oper, Blick ins Innere durch die verglasten Seitenfronten. Im Vordergrund die Stahlskulptur von H. Uhlmann, genannt ›Schaschlik‹*

Und auch eines der teuersten – mit rund 65 Millionen DM jährlichen Subventionen. Das ›Deutsche Opernhaus‹, das hier 1912 eröffnet wurde, war die Antwort Charlottenburgs, damals noch eine eigenständige Stadt, auf die Preußische Staatsoper Unter den Linden [siehe Ost-Berlin, Nr. 13]. 1924 wurde das Haus von Berlin übernommen und hieß fortan ›Städtische Oper‹. Erster Intendant der Charlottenburger Oper war B. Walter; ihm folgte 1925 H. Tietjen und 1931-1933 C. Ebert. 1943 wurde das Haus durch Bomben fast völlig zerstört.

Nach dem Krieg mußte die neu gegründete Städtische Oper den Betrieb erst im Theater des Westens aufnehmen, bis 1961 das neue Haus an alter Stelle eröffnet werden konnte. F. Bornemann entwarf einen neuen **Zuschauerraum** mit 1903 Plätzen, und auch das Bühnenhaus, das unzerstört geblieben war, wurde von Grund auf erneuert. Vor der etwa 70 m langen **Hauptfront,** die zum Schutz gegen den Straßenlärm mit Waschbetonplatten verkleidet ist, steht eine abstrakte, 20 m hohe, schwarz getönte *Stahlskulptur* von H. Uhlmann (1961), von den Berlinern wenig respektvoll ›Schaschlik‹ getauft.

Die **Seitenfronten** sind voll verglast und geben den Blick auf die Stahlbetonskelettkonstruktion frei.

Im Inneren, an der mit Holz verkleideten Wand des **Parkettfoyers,** eine große *Abstrakte Komposition* von E.W. Nay (1961). Im **Foyer** eine Skulptur von K. Armitage mit dem Titel *Hierarchie,* und F. Wotrubas *Sitzende Figur.*

## 22 Rathaus Charlottenburg

10, Otto-Suhr-Allee 96-102
(Charlottenburg)

*Eindrucksvolles Beispiel des Berliner Historismus mit Elementen aus Barock, Klassizismus und Jugendstil.*

Vom Ernst-Reuter-Platz führt der Weg zum Rathaus an der **Tribüne,** Otto-Suhr-Allee 18, vorbei, ein kleines Privattheater mit 375 Plätzen. Das **Rathaus**, von H. Reinhardt und G. Süßenguth 1899-1905 an Stelle des alten (von 1791) errichtet und 1911-13 von H. Seeling erweitert, wurde im Zweiten Weltkrieg zur Hälfte zerstört und nach dem Krieg restauriert. Der 88 m hohe, an seiner Spitze mit Kupferplatten verkleidete Turm ist weithin sichtbar. Der **Bürgersaal** wurde 1957 von W. Düttmann neu gestaltet.
Gegenüber dem Rathaus, Otto-Suhr-Allee 89, das um 1820 erbaute älteste Haus der Straße. Die Inschrift »Privilegierte Hof-Apotheke Anno 1799« soll an die früher neben dem Rathaus gelegene Hofapotheke erinnern. Auf derselben Straßenseite weiter in nordwestlicher Richtung befindet sich die **Luisenkirche** (1716), die Pfarrkirche der ehem. Stadt Charlottenburg. Der ursprünglich barocke, mehrfach veränderte Bau wurde von Schinkel umgestaltet, im Krieg schwer beschädigt und später restauriert. Dabei erhielt der Turm ein niedriges Pyramidendach.

*Rathaus Charlottenburg mit markantem Turm an der Otto-Suhr-Allee*

# Charlottenburg: Schloß, Park, Museen

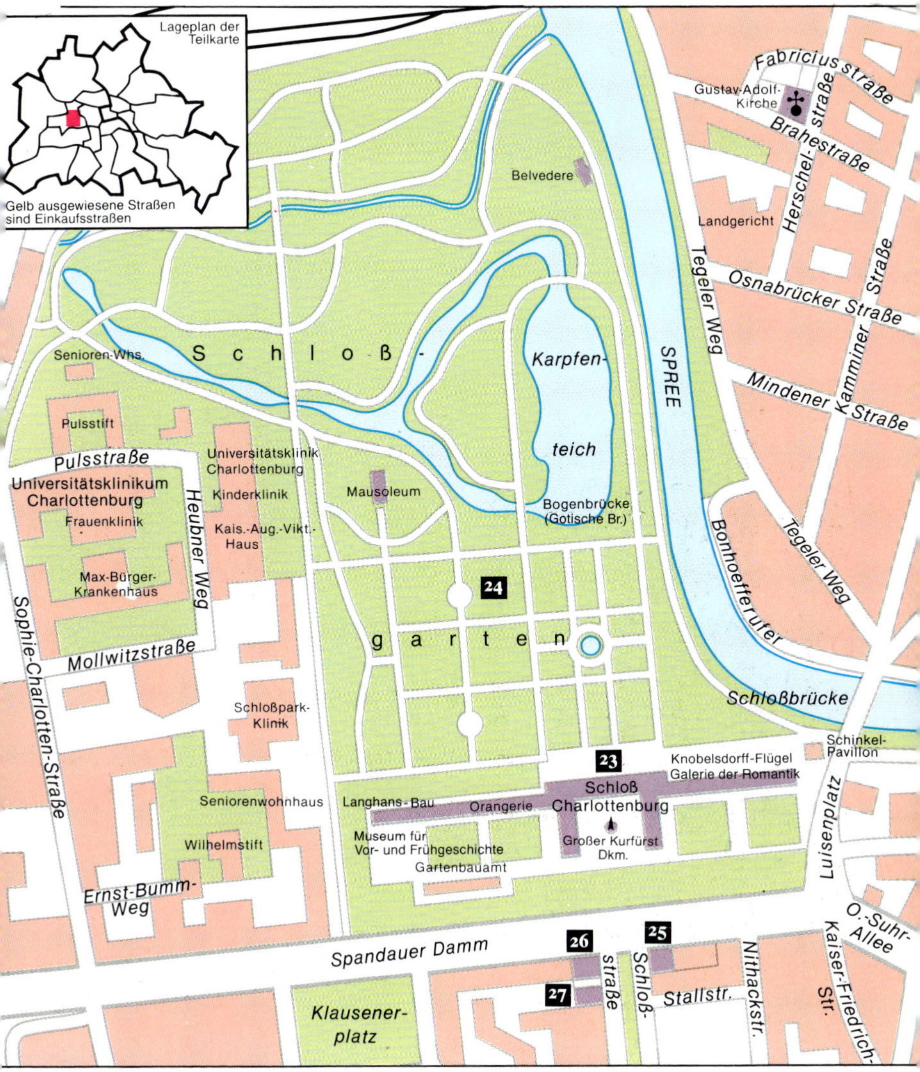




## 23 Schloß Charlottenburg

19, Luisenplatz (Charlottenburg)

*Trotz Rekonstruktion: Das historisch bedeutendste Bauwerk in West-Berlin. Glanzvolles Beispiel barocker Baukunst des Hauses Hohenzollern. Heimstätte erlesener Spezialsammlungen und einmaliger Gemäldegalerien mit Werken u. a. von Watteau, Friedrich, Schwind, Runge und Spitzweg. Prunkvolle Innengestaltung im friderizianischen Rokoko. Im Ehrenhof das wichtigste barocke Reiterdenkmal Deutschlands.*

Schön so ein Schloß, besonders schön in Berlin, weil es hier doch nicht mehr viele Bauten gibt, die uns den Glanz des preußischen Hofes vor Augen führen. Ja wenn man in Ost-Berlin das Stadtschloß und Schloß Monbijou nach dem Krieg nicht abgerissen hätte! So aber bleibt Schloß Charlottenburg eines der wenigen Beispiele höfischer Baukunst in West-Berlin.

Der **Mittelbau*** wurde 1695 von J. A. Nering als Sommerschloß für die Kurfürstin Sophie Charlotte in damals ländlicher und bewaldeter Umgebung begonnen und 1699 von M. Grünberg fertiggestellt. Insgesamt dauerte es fast hundert Jahre, bis das Schloß seine heutige Ausdehnung und Gestalt erhielt.

Die ersten Anbauten erfolgten, bald nachdem Kurfürst Friedrich III. sich selber 1701 in

Königsberg zum König Friedrich I. von Preußen gekrönt hatte. 1702 wurde das Schloß von dem in Paris ausgebildeten Schweden J.F. Eosander v. Göthe nach beiden Seiten erweitert und mit einem **Ehrenhof** versehen. Ursprünglich hieß das Schloß ›Lietzenburg‹ nach dem nahe gelegenen Dorf Lietzow. Nach dem Tode der Königin 1705 wurde es auf ihren Namen umgetauft und bis 1713 noch einmal erweitert: hinzu kamen der 48 m hohe **Kuppelturm*** über dem Mittelbau, auf dem eine vergoldete *Fortuna* als Windfahne dient, und die an den westlichen Flügel anschließende **Orangerie,** in der heute größere Kunstausstellungen stattfinden. Erst unter Friedrich dem Großen entstand 1740-47 auf der östlichen Seite der neue Flügel, der nach seinem Erbauer als **Knobelsdorff-Flügel*** bekannt ist. Unter Friedrich Wilhelm II. baute C.G. Langhans, Schöpfer auch des Brandenburger Tores (siehe Bezirk Mitte), in den Jahren 1788-91 anschließend an die Orangerie das **Schloßtheater,** wodurch das Schloß schließlich zu einer Länge von 505 m anwuchs.
Nach einem Bombenangriff brannte das Schloß 1943 fast völlig aus. Über 20 Jahre dauerten die Restaurationsarbeiten, bis der gesamte Komplex innen und außen weitgehend wiederhergestellt war. Die vergoldete *Fortuna,* die sich jetzt über der Kuppel im Wind dreht, ist eine Nachschöpfung von R. Scheibe.

Das **Reiterdenkmal des Großen Kurfürsten*** im *Ehrenhof* stand ursprünglich auf der Langen Brücke, der heutigen Rathausbrücke im Bezirk Mitte. Während des Zweiten Weltkriegs wurde es auf einen Lastkahn gehievt, um es in Sicherheit zu bringen, und versank mitsamt dem Kahn im Tegeler Hafen. 1949 wurde es geborgen und 1952 vor dem Charlottenburger Schloß aufgestellt. Der Sockel ist eine Kopie. Das Original befindet sich schon seit 1896 im Bode-Museum [siehe Ost-Berlin, Nr. 23].
Das Denkmal, eines der imposantesten seiner Art, ist das Werk von Schlüter, der es im Auftrag von Kurfürst Friedrich III. 1696/97 modellierte. Ein Jahr später wurde es von J. Jacobi in einem Stück gegossen und 1703 an der Seite des Stadtschlosses aufgestellt. Auch das **Denkmal des Kurfürsten Friedrich III.,** von dem ein Bronzeabguß vor dem Knobelsdorff-Flügel steht, stammt von Schlüter. Nachdem sich der Kurfürst 1701 selber in Königsberg zum König Friedrich I. von Preußen gekrönt hatte, erhielt die Statue zusätzlich ein Zepter zum Zeichen der Königswürde. Das Original stand von 1802 bis zum Ende des Zweiten Weltkriegs vor dem Königsberger Schloß und ist seitdem verschollen.

*Links: Schloß Charlottenburg, Blick auf den Kuppelbau mit Ehrenhof*
*Rechts: der Knobelsdorff-Flügel*

*Reiterdenkmal des Großen Kurfürsten von A. Schlüter im Ehrenhof*

Die rekonstruierten **Historischen Räume** des Schlosses sind einen Besuch wert. Wir wollen hier nur einige nennen: die *Eichengalerie* im Erdgeschoß des Mittelbaus, in der auch gelegentlich Kammerkonzerte stattfinden; das *Porzellankabinett,* der letzte Raum im Erdgeschoß des von Göthe besorgten Anbaus im Westen, in dem Porzellan aus China und Japan aus dem 17. und 18. Jahrhundert ausgestellt ist, und von dem eine verspiegelte Tür in die prunkvolle *Kapelle* führt.
Im Obergeschoß des Knobelsdorff-Flügels befinden sich die *Gemächer* Friedrichs des Großen, eine Wohnung direkt neben der großen *Freitreppe* mit Blick auf den Park und eine zweite am östlichen Ende. Dazwischen

liegen die von Knobelsdorff und Nahl 1740-46 ausgestatteten Festsäle: der *Weiße Saal,* der dem König als Speise- und Thronsaal diente, und die 42 m lange *Goldene Galerie*★, die zum *Konzertzimmer* führt. Dieser Teil des Schlosses war 1943 fast völlig ausgebrannt und wurde, soweit es ging, originalgetreu wiederhergestellt. Jetzt leuchten die Räume in den alten Farben und repräsentieren prachtvolle Beispiele des friderizianischen Rokoko.

Die Wände des *Weißen Saals* sind aus rosa Stuckmarmor. Ein neues Deckengemälde von H. Trier (1972/73) ersetzt das von A. Pesne 1742 gemalte Bild *Hochzeit von Peleus und Thetis.* Friedrichs Vorliebe für die Malerei des französischen Rokoko ist es zu verdanken, daß in seinen Gemächern acht Gemälde von **Watteau**★, die vielleicht bedeutendste Sammlung von diesem Maler, zu sehen sind, darunter Frühwerke wie *Jahrmarkt* (um 1705) und der *Brautzug* (etwa 1709), sowie *Das Konzert* (um 1715) und vorallem das *Firmenschild des Kunsthändlers Gersaint* (1720) als auch die zweite Fassung seines Bildes *Einschiffung nach Cythera* von 1718, von der Kenner behaupten, sie wäre noch großartiger als die erste Fassung, die sich im Louvre befindet. Dazu Bilder von Lancret, Chardin, Pesne und vielen anderen.

Bis die Neue Nationalgalerie (siehe dort) einen Erweiterungsbau für die Kunst des 19. Jahrhunderts erhält, hat man im Knobelsdorff-Flügel die **Galerie der Romantik**★ eingerichtet. Dort finden wir die mit 23 Gemälden umfassendste Sammlung der Werke C.D. Friedrichs (1774-1840), darunter so meisterliche Beispiele seiner Kunst wie *Der Mönch am Meer* (1808-10), *Der einsame Baum* (1822) und das einzige Interieur, das Friedrich je malte, *Frau am Fenster* (1822),

*Schloß Charlottenburg: Anton Graff, ›Friedrich der Große‹, 1781*

auf dem seine Frau, Caroline Bommer, zu sehen ist, wie sie aus dem dunklen Atelier in Dresden auf die Elbe blickt. Es folgen 15 Landschaften und architektonische Phantasien von K.F. Schinkel (1781-1841). Typisch für ihn das Bild *Gotische Kirche auf einem Felsen am Meer* (1815). Auch C. Blechen (1798-1840) ist mit 23 Gemälden vertreten, darunter das farbenprächtige *Innere des Palmenhauses,* das er 1832 im Auftrag des Königs auf der Pfaueninsel gemalt hat. Sein *Walzwerk Neustadt-Eberswalde* (1834) ist eine der frühesten Darstellungen einer Industrieanlage in der Malerei. Zu den Romantikern zu rechnen sind auch noch Runge (1777-1810), Rottmann (1797-1850) und Dahl (1788-1857).

*Schloß Charlottenburg: Antoine Watteau, ›Einschiffung nach Cythera‹, um 1720*

*Links: Interieur in der ›Goldenen Galerie‹ im Knobelsdorff-Flügel*

*Galerie der Romantik: Caspar David Friedrich, ›Der einsame Baum‹, 1822*

Außerdem enthält die Galerie Bilder von Schick (1776-1812), Fohr (1795-1818), Overbeck (1789-1869), Koch (1768-1839), Schnorr von Carolsfeld (1794-1872), Schwind (1804-1871), Richter (1803-1884), Hummel (1769-1852) und Gaertner (1801-1877), mit dessen großformatigen Ansicht der Straße *Unter den Linden* (1853) die dem Biedermeier gewidmete Abteilung beginnt. Dazu zählen natürlich die Arbeiten von Spitzweg (1808-1885), besonders *Der arme Poet* und *Der Liebesbrief,* und die Bilder von Kersting (1785-1847), der Friedrich in dessen Atelier gemalt hatte, Carus (1789-1869), Olivier (1785-1841) und Kobell (1766-1853). Den Abschluß bilden Gemälde von Waldmüller (1793-1865).

*Galerie der Romantik: Carl Spitzweg, ›Der arme Poet‹, 1839*

Im Langhans-Bau, dem ehem. Schloßtheater, ist heute das **Museum für Vor- und Frühgeschichte*** untergebracht, das auf die Kunst- und Altertumssammlungen der Hohenzollern zurückgeht. 1829 hatte man im Schloß Monbijou das ›Museum Vaterländischer Alterthümer‹ eingerichtet. Daraus entstand um die Mitte des 19. Jahrhunderts die ›Sammlung der Nordischen Alterthümer‹, heute Bestand des Völkerkunde-Museums im Neuen Museum [siehe Ost-Berlin, Nr. 23]. Von 1921-45 befand sich die Sammlung im ehem. Kunstgewerbemuseum [siehe Nr. 43].

Leider sind im Krieg äußerst wertvolle Teile verlorengegangen, darunter der sogenannte Schatz des Priamos, den Schliemann an der Stelle gefunden hatte, wo er glaubte, daß Troja gestanden haben müßte, und auch der Goldschatz von Eberswalde in der Mark Brandenburg, der größte deutsche Goldfund aus der Bronzezeit.

Inzwischen sind jedoch viele Neuerwerbungen hinzugekommen, besonders viele Funde bei Ausgrabungen in Berlin, sowie Fundstükke aus Vorderasien, vor allem aus Syrien.

Die **Sammlung** ist in vier Abteilungen gegliedert: In Saal 1 zeigen Werkzeuge aus Stein und Knochen sowie Kopien von paläolithischen Höhlenmalereien die Entwicklung der Jäger- und Sammlerkulturen der Alt- und Mittelsteinzeit (2500-5000 v Chr.).

Saal 2 ist den Bauern- und Stadtkulturen der jüngeren Stein- und Kupferzeit (5000 bis ca. 2000 v. Chr.) gewidmet. Hier befinden sich neben Schliemanns berühmter *Sammlung trojanischer Altertümer** auch Bronzen aus Zentralanatolien (ca. 2600-2200 v. Chr.) und Gefäße aus Südwest-Iran (ca. 2500 v. Chr.).

In Saal 3 werden Fundstücke aus der frühen bis späten Bronzezeit in Mitteleuropa (1700-700 v. Chr.) gezeigt.

Saal 4 ist schließlich den Kulturen der Eisenzeit vom 1. Jahrtausend v. Chr. bis zum frühen Mittelalter gewidmet. In allen Sälen sind auch Bodenfunde aus Berlin ausgestellt, so zum Beispiel das Skelett eines Elches (800

*Galerie der Romantik: Carl Blechen, ›Das Innere des Palmenhauses‹, 1832*

*Museum für Vor- und Frühgeschichte: Gewandspange, vergoldete Bronze, 5. Jh. n. Chr.*

v. Chr.), das beim Bau der U-Bahn im Hansaviertel gefunden wurde, oder die Bronzestatuette eines Rindes (3. Jh. n. Chr.), eine Ausgrabung aus Schöneberg.

*Mausoleum von H. Gentz und K. F. Schinkel, 1810-12 (oben), mit Liegefigur der Königin Luise von C. D. Rauch, 1811-14 (unten)*

## 24 Schloßpark Charlottenburg

19 (Charlottenburg)

*Juwel europäischer Gartenbaukunst: Barockpark französischer Prägung und englischer Landschaftsgarten in einem. Das Mausoleum der Königin Luise – eine wichtige Gedenkstätte preußischer Vergangenheit.*

Der **Garten** direkt hinter dem Schloß wurde nach dem Zweiten Weltkrieg in seiner ursprünglichen Form im Stil des französischen Barock mit *Broderieparterre, Heckenquartier* und einem achteckigen *Brunnenbecken* mit Fontäne wiederhergestellt. Vor der Gartenfront der Orangerie und des Knobelsdorff-Flügels stehen auf Hermensockeln 24 *Marmorbüsten** von römischen Kaisern und ihren Gemahlinnen, die K. Günther um 1663 für Schloß Oranienburg geschaffen hatte.
Vom Langhausbau führt eine Tannenallee zum **Mausoleum** der Königin Luise, das Schinkel kurz nach dem Tode der Königin, sie starb am 19. Juli 1810, in Form eines dorischen Tempels entwarf. Die Säulenfront, ursprünglich aus Sandstein, ist aus rötlichem Granit. H. Gentz war maßgeblich an der Gestaltung des Inneren beteiligt. 1841 wurde das Mausoleum von L. F. Hesse mit einer Art Kapelle versehen und 1890/91 von A. Geyer noch einmal erweitert. Der *Marmorsarkophag** der Königin Luise, ein Hauptwerk der deutschen Skulptur des 19. Jahrhunderts, wurde von C. D. Rauch 1811-14 in Italien geformt, der die Königin wie schlafend darstellte. Königin Luise ist bis zum heutigen Tage nicht vergessen. Viele Berliner gedenken ihrer und legen jedes Jahr an ihrem Todestag Blumen zu Füßen des Sarkophags nieder. Sie ruht in der gewölbten Gruft neben König Friedrich Wilhelm III. (gest. 1840), Prinz Albrecht (gest. 1872) und Fürstin Liegnitz, der zweiten Gemahlin des Königs (gest. 1873). Das Herz König Friedrich Wilhelms IV. (gest. 1861) ist in einer Steinkapsel zwischen seinen Eltern beigesetzt.

*Rechts: Charlottenburg. Blick auf Schloßpark und Schloß von Norden*

*Parkseite des Schlosses Charlottenburg*

Die *Marmorsarkophage* von Kaiser Wilhelm I. (gest. 1888) und Kaiserin Augusta (gest. 1890) schuf E. Encke. Die Gruft kann nicht besichtigt werden.

Nordöstlich vom Schloß, nahe der Spree, an die der Park im Osten grenzt, ließ sich Friedrich Wilhelm III. nach den Plänen von Schinkel 1824/25 ein zweistöckiges Sommerhaus errichten, heute **Schinkel-Pavillon*** genannt. Die Bauausführung oblag Albert Dietrich Schadow. Vorbild war die Villa Chiatamone in Neapel, die der König 1822 bewohnt hatte. Eine Galerie führt außen rund um das Obergeschoß, in das auf allen vier Seiten Loggien eingebaut sind. Der anmutige Pavillon mit

*Schinkel-Pavillon, 1824/25*

einer Grundfläche von 18 x 16,4 m enthält Gemälde, Skulpturen und kunstgewerbliche Gegenstände aus der Schinkel-Zeit.
Geht man der Spree entlang durch den Park, am Karpfenteich vorbei, hinter dem die älteste Eisenbrücke Berlins, die *Bogenbrücke* (1800) den Hauptgraben überspannt, gelangt man zum **Belvedere***, einem dreistöckigen Teehaus, von C. G. Langhans im selben Jahr (1788) erbaut wie das Schloßtheater. Der über ovalem Grundriß mit geschweiftem *Kuppeldach* und *Vorbauten* an jeder Seite errichtete Bau ist ein reizvolles Beispiel frühklassizistischer Architektur, in der barockes Formengut nachwirkt. Seit 1970 dient er als **Museum Berliner Porzellans*** aus dem 18. und 19. Jahrhundert [siehe Staatliche Porzellanmanufaktur, Nr. 18].

*›Belvedere‹ von C. G. Langhans, 1788-90*

## 25 Ägyptisches Museum

19, Schloßstraße 70 (Charlottenburg)

*Faszinierende Begegnung mit Ägypten. Weltweit eine der bedeutendsten Sammlungen dieser Hochkultur mit der berühmtesten ›Wahl-Berlinerin‹: der Königin Nofretete.*

Direkt gegenüber dem Mittelbau von Schloß Charlottenburg beginnt die Schloßstraße mit zwei imposanten, einander gegenüberliegenden, dabei völlig gleichartigen Gebäuden, den 1851-59 von F. A. Stüler erbauten ehemaligen *Gardekasernen*.
Sie unterscheiden sich von den benachbarten Häusern schon durch das in Quadern gegliederte Sockelgeschoß und den auf Säulen gestützten Kuppelbau. Im Mittelstreifen der Straße, mit Blick auf das Schloß, das *Denkmal für Prinz Albrecht von Preußen* (1809-1872), der Prinz als Reitergeneral, von E. Boermel und C. Freyberg (1901).
Im *östlichen Stülerbau* ist seit 1967 das **Ägyptische Museum*** untergebracht, das wie alle staatlichen Museen in West-Berlin von der Stiftung Preußischer Kulturbesitz verwaltet wird. 1976 kam noch der ehemalige *Marstall* hinzu und 1980 die alte *Remise* (Wagenhalle), die aber nur als Vortragssaal und Konferenzraum genutzt wird.
Die Geschichte dieses Museums wie die vieler anderer in der geteilten Stadt spiegelt gleichzeitig die Geschichte Berlins wider – bis in unsere Zeit. Seine Anfänge gehen zurück auf die kurfürstlich-brandenburgische Kunstkammer Ende des 17. Jahrhunderts. 1823 kam zu den dortigen Beständen die Sammlung von A. Minutoli hinzu, einem Offizier und Gelehrten, der mehrere Expeditionen nach Ägypten unternommen hatte, und 1827 die Sammlung von J. Passalacqua, die Friedrich Wilhelm III. auf Anraten Alexander von Humboldts kaufte. Passalacqua war dann auch gleich der erste Direktor der neuen Ägyptischen Abteilung der Preußischen Kunstsammlungen, die zuerst im Schloß Monbijou ausgestellt wurde. 1850 wurde die gesamte Abteilung ins Erdgeschoß des Neuen Museums [siehe Ost-Berlin, Nr. 23] verlagert und erwarb sich bald den Ruf, eine der bedeutendsten ägyptischen Sammlungen der Welt zu sein.
Das West-Berliner Ägyptische Museum besteht demnach aus den Teilen der ursprünglichen Sammlung, die nach dem Zweiten Weltkrieg von den Alliierten in verschiedenen Auslagerungsdepots in Westdeutschland gefunden wurden, nebst mehreren bedeutenden Neuankäufen. Während das Ost-Berliner Ägyptische Museum, das heute im West-Flügel des Bode-Museums [siehe Ost-Berlin, Nr. 23] untergebracht ist, nach wie vor chronologisch geordnet ist, hat man in West-Ber-

*Interieur im Schinkel-Pavillon*

*Das Ägyptische Museum, seit 1967 im östlichen Stülerbau*

*›Königin Nofretete‹, Neues Reich, 18. Dynastie, um 1340 v. Chr.*

lin einen anderen Ausstellungsmodus gefunden. Hier sind im Erd- und Mittelgeschoß des Stülerbaus die hervorragendsten Kunstwerke der Sammlung zusammengefaßt, ohne Rücksicht auf ihr Alter. Dadurch gewinnt der Besucher einen grandiosen Eindruck von der Kultur und künstlerischen Mannigfaltigkeit des alten Ägypten. Am bekanntesten und fast wie ein zweites Wahrzeichen der Stadt die aus Kalkstein geformte *Büste der Königin Nofretete*★, die 1912 von deutschen Ägyptologen in Tell el-Amarna ausgegraben wurde. Aus derselben Gegend der Stuckkopf ihres Gemahls, des *Königs Echnaton* (beide um 1340 v. Chr.).

Aus derselben Periode stammen *Der Gartenspaziergang,* das Bild eines jungen Königspaars, sowie die *Noas-Stele des Oberbildhauers Bak und seiner Frau.* Die *Statuen eines sitzenden Ehepaares* werden der fünften Dynastie zugerechnet (um 2400 v. Chr.) und die *Sitzstatue des Hetepni* der sechsten Dynastie (um 2150 v. Chr.). Ganz außerordentlich in seiner Plastizität ist der sogenannte *Berliner Grüne Kopf* (um 500 v. Chr.). Großartig auch die vielen Tierplastiken, wie zum Beispiel der *Löwenkopf* vom Tempel des Königs Niuserre (um 2450 v. Chr.).

Ein Geschenk Ägyptens an die Bundesrepublik für die gewährte Hilfe bei der Versetzung der nubischen Tempel, die durch den Bau des Assuan-Staudamms bedroht waren, ist das *Kalabsha-Tor*★, das im Durchgang zum Marstall aufgestellt wurde. Das Tor ist aus mehreren Reliefblöcken zusammengesetzt, die im Fundament des Kalabsha-Tempels gefunden wurden. Sie zeigen den Kaiser Augustus als Pharao, den ägyptischen Göttern Isis, Osiris und Mandulis Opfergaben darbietend.

Im **Marstall** ist die Sammlung nach kulturhistorischen Gesichtspunkten gegliedert, d. h. die Objekte werden in einem sachlichen Zusammenhang gezeigt wie z. B. *Schreibwerkzeuge* und *Schriften.* Der Vierschäftesaal ist dem ägyptischen Totenkult gewidmet. Man findet dort u. a. einen *Doppelsarg mit Mumie, Eingeweidekrüge* und die *Mumienmaske einer Tochter des Horus* aus dem 2. vorchristlichen Jahrhundert.

*›Das Tempeltor von Kalabsha‹, um 20 v. Chr., im Ägyptischen Museum*

*Antikenmuseum: Griechischer Goldkranz aus Ölzweigen, 4. Jh. v. Chr.*

## 26 Antikenmuseum

19, Schloßstraße 1 (Charlottenburg)

*Ein attraktiv dargebotener Überblick über die klassische Antike mit Schwerpunkt Kleinkunst von außergewöhnlichem Rang. Der im Westen verbliebene Teil der Sammlung der Museumsinsel. Reichster Bestand an skythischen Goldschätzen außerhalb der Sowjetunion.*

Für das **Antikenmuseum*** gilt im gleichen Maße, was über das Ägyptische Museum gesagt wurde, sowohl in bezug auf die Lokalität, den *westlichen Stülerbau,* als auch was die Herkunft der heutigen Bestände anlangt: Sie umfassen die im Zweiten Weltkrieg nach Westdeutschland ausgelagerten Objekte des früheren Antiquariums, einer Sammlung antiker Kleinkunst, die ursprünglich 1830 im Alten Museum [siehe Ost-Berlin, Museumsinsel, Nr. 23] eine selbständige Abteilung bildete und heute zum größten Teil im Pergamon-Museum [siehe Ost-Berlin, Nr. 23] zu finden ist.

Von der ursprünglichen Sammlung von über

*›Lanzenkämpfer‹, Dodona, um 500 v. Chr., im Antikenmuseum*

*Amphora des Andokides: ›Ringkampf in einer Palästra‹, um 525 v. Chr.*

4000 *Vasen* befinden sich etwa die Hälfte in West-Berlin, auch etwa die Hälfte der *Bronzen* und ein geringerer Teil der rund 14000 *Gemmen* und *Kameen.* Der größte Teil der Kollektion antiker *Gläser* ging während des Krieges verloren und mußte durch Neuerwerbungen ersetzt werden. Das Antikenmuseum in West-Berlin enthält darüber hinaus mehrere Skulpturen und antike Waffen. In der **Schatzkammer*** im Kellergeschoß sind der *Skythische Goldfund* aus Vettersfelde, der *Hildesheimer Silberfund* und Schmuck aus der römischen und byzantinischen Zeit sowie römische Münzen und Mumienporträts ausgestellt. Die ältesten Funde – aus Kreta und dem frühen Griechenland – sind Zeugnisse der minoischen Kultur (um 2200 v. Chr.).

*Rechts: Tonstatuette eines Negerknaben, ›Dornauszieher‹, 2. Jh. v. Chr., im Antikenmuseum*

*Bröhan-Museum: Teeservice aus Steingut mit gelber Mattglasur (Margarete Marks/Haël-Werkstätten), um 1930 (oben), und ›Odaliske mit Tukan‹ (Paul Börner/Porzellanmanufaktur Meißen), 1912 (rechts)*

## 27 Bröhan-Museum

19, Schloßstraße 1 a (Charlottenburg)

*Art déco und Jugendstil in außergewöhnlicher Dichte und Qualität, präsentiert in einem ehem. Kasernenbau aus der Gründerzeit.*

Das Gebäude, in dem das Museum 1983 eröffnet wurde, ist neunzig Jahre früher (1893) als Infanteriekaserne erbaut worden. Es wird von verschiedenen Instituten genutzt. Die Sammlung ist ein Geschenk von Prof. K. H. Bröhan an das Land Berlin. Erstaunlich ist, daß Prof. Bröhan in kaum neun Jahren, von 1966-75, eine so umfassende Kollektion von Kunstgegenständen, Porzellanen, Gemälden, Möbeln und industriellen Entwürfen aus der Zeit des Jugendstils und des Art déco zusammengetragen hat. Die **Sammlung*** – Gemälde, Zeichnungen und Druckgraphiken – ist auf die Maler der *Berliner Secession* beschränkt: Baluschek, Hagemeister, Jaeckels, aber auch Corinth, Leistikow und Ury.

# Alt-Moabit, Tiergarten, Kulturforum

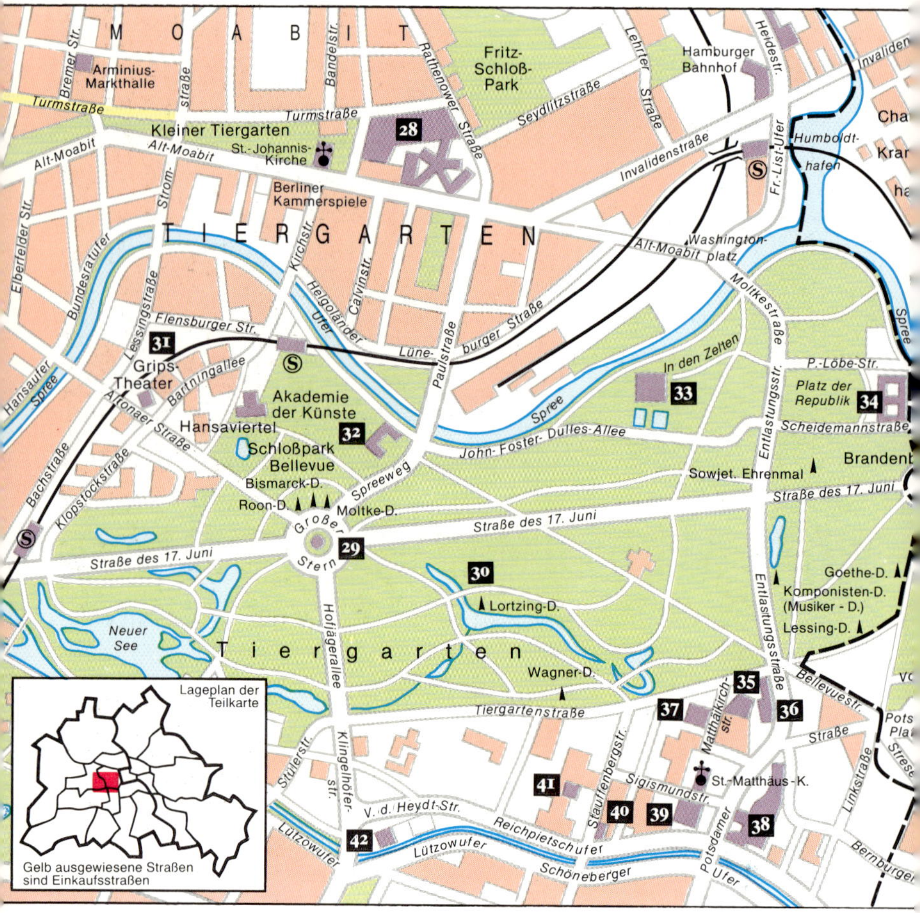




## *Moabit*

*1527 erwarb Kurfürst Joachim I. das Waldgebiet, dessen Umgestaltung als Park und Wildgehege 1657-59 unter dem Großen Kurfürsten erfolgte. Eine stärkere Besiedlung setzte erst Anfang des 18. Jh. ein, nachdem Friedrich Wilhelm I. den Hugenotten hier Land zugewiesen hatte. Sie nannten ihre Niederlassung nach dem biblischen Land Moab ›Terre de Moab‹ bzw. ›Terre des Moabites‹. 1861 wurde Moabit eingemeindet, 1920 dem* **Bezirk Tiergarten** *unterstellt.*
*Im alten Ortskern von* **Moabit** *liegt die* **St.-Johannis-Kirche,** *eine der vier von Schinkel 1832 entworfenen Vorstadtkirchen. Auf einem abgegrenzten Teil des Kirchenareals ein Massengrab mit fast 550 von der Gestapo Ermordeten, darunter auch A. Haushofer, bekannt durch seine ›Moabiter Sonette‹. In der Straße Alt-Moabit 48 befindet sich das von P. Esser als Berliner Volkstheater gegründete* **Schauspielhaus Hansa.**
*Etwas weiter, Alt-Moabit 100, ist die Zentrale der* **Meierei Bolle,** *die der Maurermeister Bolle 1881 gegründet hatte. Bis Anfang der dreißiger Jahre waren die weißen ›Bimmel-Bolle-Pferdewagen‹, die in alle Bezirke Milch lieferten, jedem Kind in der Stadt bekannt. Ein beliebter Trick der Berliner Steppkes war es, sich ungesehen vom Kutscher auf die zwei meist unbesetzten Sitze am hinteren Wagenende zu schwingen und sich eine Strecke mitnehmen zu lassen. Heute hat Bolle mit 87 Filialen die größte Supermarktkette in Berlin. Direkt nebenan die* **Berliner Kammerspiele,** *ein Kinder- und Jugendtheater.*

*Kriminalgericht Moabit, Blick auf die Schöpfung der Treppenhalle*

## 28 Kriminalgericht Moabit

21, Turmstraße 91 (Tiergarten)

*Späte Realisierung barocker Architekturphantasien. Mit verschwenderischer Fassade und pompösem Treppenhaus eine eigenwillige Schöpfung des Historismus in der Nachahmung europäischer Feudalbauten.*

Hier wurde der Schuster Wilhelm Voigt zu vier Jahren Gefängnis verdonnert, weil er 1906 in der Uniform eines Hauptmanns des preußischen Garderegiments die Stadtkasse von Köpenick beschlagnahmt, den Bürgermeister in Haft genommen und unter militärischer Begleitung nach Berlin geschickt hatte. Als ›Hauptmann von Köpenick‹ ist er in die Theater- und Filmgeschichte eingegangen.

Das *alte Kriminalgericht* wurde 1877-82 nach einem Entwurf des damaligen Oberbaudirektors Herrmann unter Mitwirkung von A. Busse errichtet, erwies sich aber bald als zu klein, so daß 1902-06 ein mächtiger **Erweiterungsbau** in wilhelminischem Barock von R.

*Kriminalgericht Moabit: Längsschnitt durch das Treppenhaus*

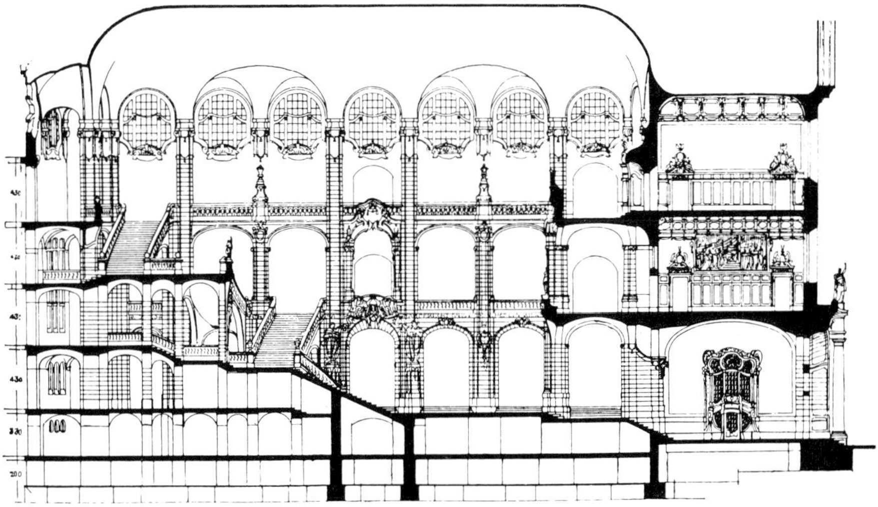

Großer Stern

Mönnich und C. Vohl hinzugefügt wurde. Das alte Kriminalgericht wurde im Kriege zerstört und, was davon übrig geblieben war, 1953 abgerissen.
Der Erweiterungsbau, also das neue Kriminalgericht, hat eine gewaltige, imperial wirkende **Treppenhalle***, die schon den Normalbürger einschüchtern kann. Äußerst virtuos sind hier barocke und spätgotische Architekturzitate zu einer monumentalen Repräsentationsarchitektur vereint, in welcher der hohe staatstragende Anspruch der Justiz im Kaiserreich besonders zum Ausdruck kommt. Die außerordentlichen räumlichen Effekte dieser phantastischen Raumschöpfung von P. Thoemer und C. Vohl offenbaren sich einem erst, wenn man die imposante Treppe hinaufsteigt. 1903 wurde die Halle fertiggestellt. Hinter dem K. liegt die sternförmige *Untersuchungshaftanstalt* mit einem Hochsicherheitstrakt.

## *Rund um den Großen Stern*

### 29 Die Siegessäule

30, Großer Stern (Tiergarten)

*Symbol des siegreichen Preußen vergangener glanzvoller Zeiten. ›Gold-Else‹ nennen heute die Berliner nicht gerade respektvoll ihre Viktoria. Von der Aussichtsplattform: Herrlicher Rundblick über den gesamten Tiergarten und nach Ost-Berlin.*

An der Nordseite des großen Platzes, von dem fünf Durchfahrtsstraßen und mehrere Gehwege ausstrahlen, liegt das **Nationaldenkmal für Fürst Otto von Bismarck***, der auf das Denkmal seiner militärischen Triumphe blickt: gegen die Dänen 1864, gegen die Österreicher 1866 und gegen die Franzosen 1870/71. Auf dem hohen Sockel (8,40 m) der ›Eiserne Kanzler‹ von R. Begas (1901), darunter vier *Bronzegruppen:* vorn Atlas, links die Allegorie der Staatsweisheit auf der Sphinx, rechts die Staatsgewalt, den Panther des Aufruhrs bezwingend, hinten Siegfried als Schmied des Reichsschwertes. Neben Bismarck stehen, ebenfalls in luftiger Höhe, der *Generalfeldmarschall Helmuth von Moltke* von J. Uphues (1904) und der *Kriegsminister Albrecht von Roon*; letzterer, von H. Magnussen 1904 geschaffen, befand sich ursprünglich neben dem Generalstabsgebäude auf dem Alsenplatz. Bis 1938 standen das Nationaldenkmal und der marmorne Generalfeldmarschall noch auf dem damaligen Königsplatz vor dem Reichstagsgebäude, dem heutigen Platz der Republik.
Ebendort war 1873 auch die **Siegessäule*** nach einem Entwurf von J. H. Strack errichtet worden. Die vergoldete Bronzefigur der *Siegesgöttin* mit Lorbeerkranz und Speer, den Blick nach Westen gerichtet, stammt von F. Drake. 1939 ließ Hitler die mächtige Viktoria (mit 700 Zentnern Berlins schwerste Dame) samt Unterbau auf den Großen Stern versetzen und dabei um 6,5 m erhöhen, wodurch sie gefälligere Proportionen zur Säule gewann.
Kaiser Wilhelm I. bestand auf der Verwendung von Kriegsbeute bei der Errichtung des Siegesdenkmals, deshalb schmückte J. H. Strack die vier (ursprünglich drei) kannelierten Trommeln des Säulenschaftes mit eroberten Geschützrohren, die er vergolden ließ. Der Unterbau: ein quadratischer Sockel aus rotem Granit, darauf eine runde **Säulenhalle**. An der Innenwand ein *Glasmosaik* nach einem Entwurf von A. v. Werner, das die Geschichte der deutschen Einheit nach dem Sieg von 1870/71 darstellt. Die vier *Bronzereliefs* am Sockel mit Szenen aus den Befreiungskriegen wurden nach 1945 entfernt. Heute sind davon wieder drei an ihrem ursprünglichen Platz angebracht; das vierte gilt als verschollen. Die beiden Reliefs, die den Preußisch-französischen Krieg illustrieren, wurden von Frankreich anläßlich der 750-Jahr-Feier Berlins rückerstattet. Wer die Mühe nicht scheut, kann über eine Wendeltreppe mit 285 Stufen im Innern der Säule die Aussichtsplattform in 48 m Höhe erklimmen, muß allerdings für dieses anstrengende Vergnügen eine kleine Gebühr bezahlen.

*Links: Die Siegessäule mit Siegesgöttin und Säulenhalle*

*Bismarck-Denkmal von R. Begas, 1901*

## 30 Tiergarten

21 und 30 (Tiergarten)

*Berlins beliebteste Parkanlage: mit 200 ha Grünfläche das größte Erholungsgebiet in der Stadt.*

In den Jahren 1943-45 hagelte es Bomben auf den Tiergarten. Nach dem Kriege machten die Berliner aus den restlichen Bäumen Kleinholz und bauten auf den kahlen Flächen, wo schon im 16. Jahrhundert ein kurfürstliches Wildgehege bestanden hatte, Kartoffeln und Rüben an. Mit der symbolischen Anpflanzung einer Linde gab E. Reuter, der erste Regierende Bürgermeister, den Auftakt zur Wiederaufforstung des Parks (1949). Daraufhin begann eine große Baumspendenaktion westdeutscher Städte, so daß über eine Million junger Bäume und Sträucher neu gepflanzt werden konnte. Dabei wurde auf die frühere Gestaltung des Tiergartens, dem P.J. Lenné im 19. Jahrhundert das Gepräge eines englischen Landschaftsparks verliehen hatte, wenig Rücksicht genommen. Heute gibt es immerhin wieder idyllische Wasserläufe, Teiche und Wiesen, den weitverzweigten *Neuen See* mit einem Café und Bootsverleih und viele Spazierwege durch den Park in einer Gesamtlänge von 25 km.

Im Tiergarten stehen verstreut mehrere Denkmäler bedeutender Vertreter der deutschen Kultur- und Geistesgeschichte: das **Goethedenkmal** von F. Schaper (1880), das **Lessingdenkmal** von O. Lessing (1890), einem Urgroßneffen des Dichters; das **Komponistendenkmal** für Haydn, Mozart und Beethoven von R. Siemering (1904). G. Eberlein schuf das **Wagnerdenkmal** (1903) und das des in Berlin geborenen Komponisten **Albert Lortzing.** Die alte *Siegesallee,* von Kaiser Wilhelm II. als Prachtstraße zum Ruhme des Hauses Hohenzollern angelegt, führte einst vom Kemperplatz auf die Siegessäule am Königsplatz. Dort, wo sie auf das Brandenburger Tor traf, steht seit 1945 das aus dem Marmor von Hitlers Reichskanzlei erbaute **Sowjetische Ehrenmal,** ein breites Portal, das die Bronzestatue eines russischen Soldaten trägt. Eine sowjetische Ehrengarde hält dort Tag und Nacht Wache.

*Das Hansa-Viertel, eine Mustersiedlung aus den fünfziger Jahren*

*Idyllische Teichstimmung im Tiergarten, Berlins größtem Park*

## 31 Hansa-Viertel

21 (Tiergarten)

*Musterbeispiel für Siedlungsarchitektur und Wohnungsbau der fünfziger Jahre unter Mitwirkung namhafter Architekten wie Aalto, W. Gropius, Niemeyer, Taut und Vago. Das Grips-Theater – beste deutsche Kinderbühne, international beachtetes Vorbild für progressives Kinder- und Jugendtheater.*

Am Nordrand des Tiergartens, südlich des großen Spreebogens, zwischen den S-Bahnhöfen Tiergarten und Bellevue, entstand in den Jahren 1955-57 das **Hansa-Viertel** als Mittelpunkt der ›Internationalen Bauausstellung 1957‹ (›Interbau‹), an der 48 berühmte ausländische und deutsche Architekten aus 13 Ländern teilnahmen. Charakteristisch für diese Siedlung ist die lockere Mischung aus Flachbauten, 4-6stöckigen Wohngebäuden und Hochhäusern unter direkter Einbeziehung der Grünanlage des Tiergartens als ein die Baukörper unmittelbar umgebender Garten-Freiraum. An allen Häusern sind Tafeln mit den Namen der Architekten angebracht. Das Viertel beginnt beim **Berlin-Pavillon** am S-Bahnhof Tiergarten, in der Nähe der Straße des 17. Juni; er wurde von H. Fehling, D. Gogel und P. Pfankuch erbaut. Die Berliner Bauverwaltung veranstaltet dort kleinere *Ausstellungen,* meist zu Themen der Stadtplanung. Insgesamt gruppieren sich 36 Bauobjekte um den U-Bahnhof Hansaplatz, darunter zwei Kirchen, ein Kindergarten, ein Ladenzentrum, das Grips-Theater (Altonaer Straße 22), eine städtische Volksbücherei und die Akademie der Künste; die beiden letztgenannten Gebäude wurden von W. Düttmann entworfen.

Das **Grips-Theater,** das erst 1974 die Räume des ›Bellevue-Kinos‹ übernehmen konnte, ist unter der Leitung von V. Ludwig zu einem der bekanntesten Kinder- und Jugendtheater in der Welt geworden, nicht zuletzt weil es

*Ausstellung in der Akademie der Künste*

*Schloß Bellevue, der Berliner Sitz des Bundespräsidenten*

einen völlig neuen Stil kreierte, um zeitgenössische Themen auf unterhaltsame und die jungen Zuschauer nicht überfordernde Weise darzustellen. Besonders solche, die auch junge Menschen etwas angehen, wie zum Beispiel das Verhältnis zwischen Kindern und Erwachsenen, zwischen Mädchen und Jungen, aber auch über das Rollenverhalten von Müttern und Vätern und sogar über Probleme in den unterentwickelten Ländern.

Nicht zu verwechseln mit der Hochschule der Künste ist die **Akademie der Künste:** keine Lehrstätte, sondern entsprechend den Stiftungsstatuten zur Wiedergründung (1954) »eine Gemeinschaft von hervorragenden Künstlern«. Seither hat sie sich zu einem wichtigen kulturellen Zentrum Berlins entwickelt. Die Akademie, die die Bereiche Architektur, Bildende Kunst, Musik, Literatur und Darstellende Kunst umfaßt, blickt auf eine lange Tradition zurück. Kurfürst Friedrich III. gründete sie ursprünglich 1696 als dritte europäische Kunstakademie nach Rom und Paris. 1960 wurde mit Mitteln des aus Berlin stammenden amerikanischen Industriellen Henry H. Reichhold das Architekturensemble (Hanseatenweg 10) errichtet, das aus drei, durch Foyers und Galerien miteinander verbundenen Baukörpern besteht: dem *›Blauen Haus‹,* ein viergeschossiger Putzbau mit Konferenzräumen, Büros, Gastateliers und der Bibliothek. Daneben, um einen bepflanzten Innenhof, das *Ausstellungsgebäude* und im rechten Winkel dazu das *Studio,* ein Theatersaal mit Zuschauerräumen auf beiden Seiten der Bühne. Das geräumige *Foyer* wird auch des öfteren für kleinere Ausstellungen, zumeist literarischer Art, genutzt. Davor Moores große Bronzefigur *Die Liegende* (1956).

## 32 Schloß Bellevue

21, Spreeweg (Tiergarten)

*Berlins erste frühklassizistische Schloßanlage aus der Zeit Friedrichs des Großen; heute Berliner Sitz des Bundespräsidenten.*

Wo heute das Schloß steht, wuchsen einst Maulbeerbäume für die Seidenraupenzucht. Zunächst erwarb Knobelsdorff 1743 das Gelände und erbaute an der Stelle der späteren Stallungen und Wirtschaftsgebäude sein Wohnhaus. 1785 errichtete dann P.D. Boumann die frühklassizistische **Schloßanlage*** im Stil des französischen Barock für August Ferdinand von Preußen, dem jüngsten Bruder Friedrichs des Großen. Im Zweiten Weltkrieg schwer beschädigt, konnte von den ursprünglichen Innenräumen nur der ovale *Festsaal* 1791 von C.G. Langhans nach altem

Vorbild restauriert werden, die anderen Räume wurden neu gestaltet. 1959 war der Wiederaufbau abgeschlossen.

Im westlichen Teil des **Schloßparks** wurde 1952 der **Englische Garten** mit Hilfe der ›Shropshire Horticultural Society‹ durch Spenden u.a. vom englischen Königshaus aufgeforstet. Im strohgedeckten *Parkcafé* finden auch Ausstellungen und Konzerte statt. Der gesamte Park umfaßt eine Fläche von rund 20 ha und galt im Vorkriegs-Berlin als einer der schönsten der Stadt. Er enthielt mehrere kleine Bauten, darunter ein Gartenhaus von Schinkel, die alle im Krieg zerstört und nicht wieder aufgebaut wurden. Doch ist die Anlage auch heute wieder sehr reizvoll.

## 33 Kongreßhalle

21, John-Foster-Dulles-Allee (Tiergarten)

*Die ›Schwangere Auster‹, eines der Wahrzeichen West-Berlins.*

Rost an den in den Beton eingelassenen Stahlstreben führte 1980 zum Einsturz des freihängenden Teils des Daches. Rechtzeitig zum Stadtjubiläum konnte die Halle 1987 wiedereröffnet werden. Als Beitrag der USA zur ›Interbau‹ (1957) wurde sie nach Entwürfen des amerikanischen Architekten H.A. Stubbins unter der Mitwirkung von W. Düttmann und F. Mocken errichtet. Auf einem Fundament von 1000 Betonpfählen ruht eine fast quadratische *Plattform,* über der sich das große *Auditorium* (1250 Plätze) erhebt. Im *Untergeschoß* befinden sich neben einem kleineren Saal mit 400 Plätzen mehrere Sitzungsräume, eine Ausstellungshalle und ein Restaurant. Eine *Freitreppe,* unter der der Haupteingang liegt, führt über ein großes *Wasserbecken* auf die Plattform. Südlich der Kongreßhalle steht die Bronzeplastik *Zwei Formen* von H. Moore.

Der Standort der Kongreßhalle heißt ›*In den Zelten*‹, benannt nach den großen Gartenwirtschaften, die hier bis zum Krieg standen. Die Bezeichnung geht auf die Zeltenwirtschaften zurück, die 1745 von zwei Hugenotten eröffnet worden waren. Friedrich der Große hatte ihnen als Kompromiß zu Knobelsdorffs entschiedener Ablehnung einer zusätzlichen Bebauung des Tiergartens die Erlaubnis gegeben, acht Monate im Jahr mobile ›Zelte‹ aufzustellen. Jetzt hat die Kongreßhalle ein **Carillon** als Nachbarn, einen 42 m hohen, mit schwarzem Granit verkleideten

*Kongreßhalle mit großem Wasserbecken und Plastik von Henry Moore.*

*Oben: Das Reichstagsgebäude*

Turm mit einem *Glockenspiel* von 68 Glokken, ein Geburtstagsgeschenk von Daimler-Benz zur 750-Jahr-Feier Berlins. Das Glokkenspiel ertönt täglich um 12 und um 18 Uhr.

## 34 Reichstagsgebäude

21, Platz der Republik (Tiergarten)

*Einer der aufwendigsten Prunkbauten wilhelminischer Architektur. Geschichtsträchtige Stätte für die Ausstellung ›Fragen an die deutsche Geschichte‹, ein Überblick über die historische Entwicklung Deutschlands in den letzten 190 Jahren bis hin zur Gegenwart.*

Ganze 39 Jahre tagte das Deutsche Parlament in dem nach Plänen von P. Wallot 1884-94 im Stil der italienischen Hochrenaissance und wie für die Ewigkeit erbauten Reichstagsgebäude, das die Macht und Größe des neuen Deutschen Reiches (1871) versinnbildlichen sollte. Der aller Wahrscheinlichkeit nach von den Nazis initiierte ›Reichstagsbrand‹ vom 27. Februar 1933, dem u.a. der Plenarsaal zum Opfer fiel, bot den braunen Machthabern Anlaß, die Weimarer Republik endgültig zu Grabe zu tragen. Während der Schlacht um Berlin 1945 wurde der Bau stark umkämpft und schwer beschädigt. Am Ende des Krieges war er nur noch eine ausgebrannte Ruine. Von 1957 bis 1972 dauerte der Wiederaufbau des wilhelminischen Monumentalbaus. Die 1954 gesprengte Glaskuppel mit der Kaiserkrone an der Spitze wurde dabei nicht ersetzt. Bei der Neugestaltung des *In-*

*Unten: Die Berliner Mauer am Potsdamer Platz. Im Hintergrund rechts der Gropius-Bau*

*Reichstagsgebäude, Westportal*

*nenausbaus* nach Plänen von P. Baumgarten wich der alte Prunk einer wohltuenden Sachlichkeit; die Gesamtkosten beliefen sich auf rund 120 Millionen DM. Heute enthält der mächtige, 137 m lange und 97 m breite Bau einen neuen Plenarsaal mit 650 provisorischen Plätzen, 30 Sitzungssälen und fast 200 Büroräumen, die den Fraktionen und Ausschüssen des Deutschen Bundestages für Arbeitstagungen zur Verfügung stehen. Direkt hinter dem Reichstagsgebäude verläuft die **Berliner Mauer** mit dem breiten Grenzstreifen, der Ost- von West-Berlin trennt. Der **Platz der Republik** ist völlig ausgestorben.

An seinem Nordwestrand – im Spreebogen zwischen Kongreßhalle und Moltkebrücke, schräg gegenüber dem Reichstag – entsteht bis Ende der neunziger Jahre das **Deutsche Historische Museum** als Geschenk der Bundesrepublik Deutschland zur 750-Jahr-Feier Berlins im Jahre 1987. Es ist in der Bundesrepublik das erste Museum, das die deutsche Geschichte als Ganzes darstellt. In Berlin-Ost besteht seit 1952 das ›Museum für Deutsche Geschichte‹ [Nr. 15, S. 166] auf der Basis eines marxistischen Geschichts- und Gesellschaftsbildes. Das *Deutsche Historische Museum* wird die deutsche Geschichte im europäischen Zusammenhang sowohl chronologisch als auch epochenübergreifend und themenvertiefend in einer ständigen – bereits im Aufbau befindlichen – Schausammlung dokumentieren, wobei neben der politischen Geschichte Sozial-, Wirtschafts- und Kulturgeschichte breiten Raum einnehmen. Zusätzlich werden große Wechselausstellungen stattfinden, die bis zur Fertigstellung des eigenen Museumsgebäudes im Martin-Gropius-Bau [Nr. 43] veranstaltet werden. – Den ersten Preis im Architektenwettbewerb für das neue Museumsgebäude erhielt 1988 der Mailänder Aldo Rossi. Der erste Bauabschnitt soll Mitte der neunziger Jahre fertiggestellt sein.

## *Kulturforum*

*Am Südrand des Tiergartens erstreckte sich früher das Diplomatenviertel mit einigen Einsprengseln von Künstlerwohnsitzen. Im Krieg weitgehend zerstört, begann mit der Errichtung der* **Philharmonie** *durch Scharoun 1960-63 die Neugestaltung dieses Areals zwischen Potsdamer, Tiergarten- und Stauffenbergstraße. 1965-68 folgte die Neue* **Nationalgalerie** *Mies van der Rohes und 1967-68 die* **Staatsbibliothek Preußischer Kulturbesitz.** *1972 erst legte H. Scharoun das Entwicklungskonzept für den weiteren Ausbau des Gebietes zum Kulturforum vor. Seitdem sind 1973 das* **Institut für Musikforschung** *samt* **Musikinstrumentenmuseum,** *1975-85 das* **Kunstgewerbemuseum** *und 1984-87 der* **Kammermusiksaal** *entstanden. Im Bau befindet sich ein großes* **Museum Europäischer Kunst,** *das bis etwa 1995 eröffnet werden und die bisher in Dahlem untergebrachten Abteilungen des* Kupferstichkabinetts, *der* Gemälde- *und* Skulpturengalerie *sowie die in der Jebensstraße 2, hinter dem Bahnhof Zoo, beheimatete* Kunstbibiliothek *aufnehmen soll. – Die Konzeption Scharouns ist allerdings in der Zwischenzeit unter Kritik geraten und wird wohl einige Veränderungen erfahren.*

## 35 Philharmonie

30, Matthäikirchstraße 1 (Tiergarten)

*Eines der bedeutendsten Bauwerke des neuen Berlin von höchster ästhetischer und akustischer Perfektion. Stammhaus des weltberühmten Orchesters, aufs engste mit Karajan verbunden.*

Bis die goldschimmernde Kunststoffverkleidung 1979 angebracht war, konnte nur ein architektonisch geschultes Auge von außen erkennen, wie großartig dieses zeltförmige, von H. Scharoun 1960-63 am Kemperplatz errichtete Gebäude innen gegliedert ist. Solange die Neue Philharmonie (die alte in der Bernburger Straße war 1944 durch Bomben zerstört worden) nur in einem gebrochenen Ockergelb angestrichen war und auch die 6 m hohe *Flügelplastik* von H. Uhlmann (1963) auf dem geschwungenen Dach noch fehlte, konnte sich der Laie keine Vorstellung von der kunstvollen Struktur des Gebäudes machen; daher auch die eher etwas abfällige Bezeichnung ›Zirkus Karajani‹, die aber mehr und mehr aus dem Vokabular der Berliner verschwindet. Die architektonische Konzeption dieses modernen Musentempels ist ganz und gar auf die Musik ausgerichtet. Sie ist es, die im Mittelpunkt steht; daher das geflügelte Wort, die Philharmonie sei ›von innen nach außen‹ gebaut. Richtig ist, daß der terrassenförmig rund um das Orchesterpodium aufsteigende **Konzertsaal*** (2200 Plätze) auch die äußere Form des Bauwerks bestimmt. Verschiedene Aufgänge, Wendeltreppen und Galerien prägen die architektonische Land-

*Blick in den Konzertsaal der Philharmonie*

*Kunstgewerbemuseum*

*Dach der Philharmonie (Detail)*

schaft des ellipsenförmigen, vielfältig gegliederten **Foyers.** E. F. Reuter entwarf den *Natursteinfußboden,* B. Heiliger schuf die Skulptur *Dreiklang;* die vier *Farbglasfenster* stammen von A. Camaro. (Führungen täglich ab 9 Uhr, soweit keine Veranstaltungen sind.)
Hinter der Philharmonie liegt der 1984-87 ebenfalls nach einem Entwurf von Scharoun erbaute **Kammermusiksaal,** mit seinen 1063 Plätzen auch ›Kleine Philharmonie‹ genannt. Der Bau wurde von Scharouns Mitarbeiter und Nachfolger E. Wisniewski ausgeführt und verfügt, wie die Philharmonie, über eine erstklassige Akustik.

## 36 Musikinstrumenten-Museum

30, Tiergartenstraße 1 (Tiergarten)

*400 Jahre Musikgeschichte im Spiegel ausgewählter Originalinstrumente. Der Bau selbst ein interessantes Beispiel moderner Museumsarchitektur.*

Das **Staatliche Institut für Musikforschung** mit dem angegliederten **Musikinstrumenten-Museum*** wurde von Anfang an in die Planung des Kulturforums miteinbezogen. Scharoun gestaltete auch hierzu die Vorentwürfe. Nach seinem Tod (1972) vollendete E. Wisniewski den Entwurf 1973. Die Grundsteinlegung erfolgte aufgrund finanzieller Schwie-

*Musikinstrumenten-Museum: Zwei Querflöten mit Kasten von J. Scherer, Paris, 2. Hälfte 18. Jh.*

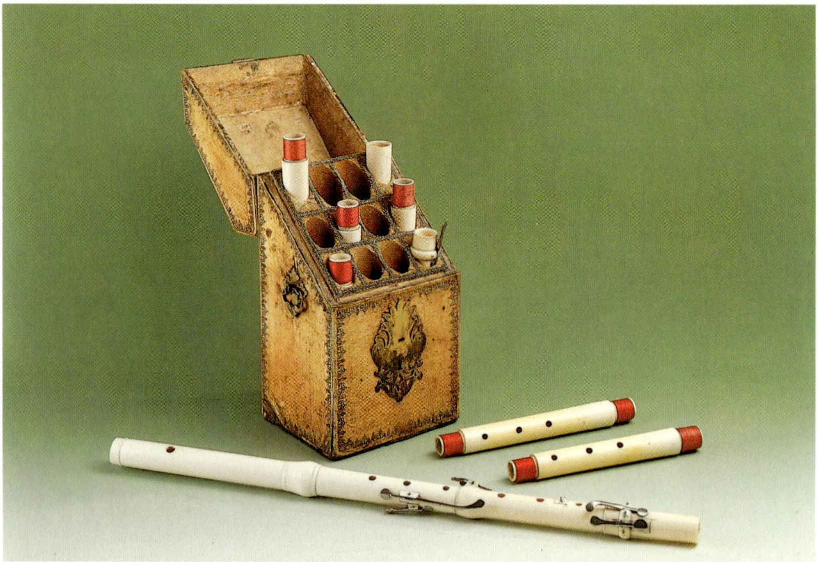

rigkeiten jedoch erst 1979; 1984 war der Bau fertiggestellt. Das Museum enthält mehr als 2500 zum Teil noch spielbare Musikinstrumente vom 16. bis zum 20. Jahrhundert. Es geht zurück auf das Jahr 1888, als die ›Sammlung alter Musikinstrumente‹ an der Königlichen Hochschule für Musik gegründet worden war, und wuchs in den zwanziger Jahren auf 4000 Instrumente an. Im Zweiten Weltkrieg ging der größte Teil der Sammlung verloren. Über seine musikwissenschaftliche Bedeutung hinaus, lohnt sich auch in kunstgeschichtlicher Hinsicht ein Besuch des Museums, das mit seinen qualitätvollen Skulpturen und Gemälden besonders reizvoll die Musikgeschichte des 19. Jh. illustriert.

## 37 Kunstgewerbemuseum

30, Tiergartenstraße 6 (Tiergarten)

*Das älteste Kunstgewerbemuseum Deutschlands und eines der bedeutendsten seiner Zeit zugleich. Kunsthandwerk vom frühen Mittelalter bis zur Gegenwart. Einmalige Sammlung mittelalterlicher Goldschmiedekunst: Welfenschatz, Schatz von Enger, Basler Münsterschatz.*

Das ›Deutsche Gewerbemuseum Berlin‹ wurde 1867 gegründet und 1881 im Martin-Gropius-Bau [siehe Nr. 43] untergebracht. Von 1921 bis 1944 befand sich die Sammlung als ›Schloßmuseum‹ im Berliner Stadtschloß. Im Krieg gingen fast die gesamten Textil-, die Glas- und auch die Glasgemäldesammlungen verloren. Nach dem Krieg wieder die Teilung der übrig gebliebenen Bestände in Ost und West, je nach Standort der Auslagerungen. In West-Berlin fand das Museum nach dem Krieg vierzig Jahre lang eine provisorische Unterkunft im Schloß Charlottenburg, bis dann 1978-85 direkt gegenüber der Philharmonie das neue **Kunstgewerbemuseum*** nach Plänen von R. Gutbrod entstand. Mittelpunkt der Abteilung ›Mittelalterliches Kunsthandwerk‹ ist der **Welfenschatz*** (11. bis 15. Jh.), der ursprünglich dem Fürstenhaus Braunschweig-Lüneburg gehörte. Er besteht aus 44 Gegenständen, zumeist *Reliquiaren,* darunter das berühmte *Kuppelreliquiar* (Köln um 1175), *Tragaltären* und dem reich verzierten *Welfenkreuz* (11. Jh.). Weitere Sehenswürdigkeiten in dieser Abteilung sind ein goldenes *Reliquienkreuz* (um 1100), die *Taufschale Kaiser Friedrichs I. Barbarossa* (um 1160) und das *Heinrichskreuz,* das Reliquienkreuz Kaiser Heinrichs II. (Anfang des 11. Jh.) als Teil des **Basler Münsterschatzes*.** Die anderen Abteilungen sind dem Kunsthandwerk der Renaissance gewidmet, des

*Kunstgewerbemuseum*
*Oben: Reliquienkreuz (Welfenschatz), 11. Jh.*
*Mitte: Bursenreliquiar, 3. Viertel 18. Jh.*
*Unten: Anhänger mit Christus als Schmerzensmann, um 1580*

Barock, des 18. und 19. Jh. in Europa und Asien und schließlich, im Untergeschoß, dem Kunsthandwerk und Produktdesign des 20. Jh.

## 38 Staatsbibliothek Preußischer Kulturbesitz

30, Potsdamer Straße 33 (Tiergarten)

*Einer der größten Bibliotheksneubauten Europas. Große wissenschaftliche Universalbibliothek mit Sondersammlungen von internationalem Rang.*

Die ehemals Preußische Staatsbibliothek wurde bereits 1661 gegründet und wird heute in Ost-Berlin als Deutsche Staatsbibliothek [siehe Nr. 10] und in West-Berlin als Staatsbibliothek Preußischer Kulturbesitz fortgeführt. Der moderne Bücherpalast wurde 1967-78 als letzter **Bau** von H. Scharoun (gest. 1972) errichtet, er ist in mehrere Baukörper nach Sachgebieten gegliedert. Die Staatsbibliothek hat einen **Bestand** von rund 4,6 Millionen Bänden, darunter 61600 *Handschriften* mit Einzelstücken von unermeßlichem Wert, 430 *Nachlässe* u. a. von den großen deutschen Philosophen Fichte, Herder, Hegel und Schopenhauer, 224000 *Musikdrucke*, das *Mendelssohn-Archiv* und 390000 *Karten*. 31600 *Zeitschriften* werden laufend bezogen. Das *Bildarchiv* enthält 5 Millionen Fotos und Graphiken. Nach dieser endlos fortsetzbaren Aufzählung gigantischer Zahlen sei noch vermerkt, daß sie Standort des Berliner *Zentralkatalogs* ist. Die Lesesäle sind über mehrere Ebenen verteilt und können bis zu 600 Leser aufnehmen.

## 39 Neue Nationalgalerie

30, Potsdamer Straße 50 (Tiergarten)

*Ein lebendiges Museum mit einmaliger Sammlung der Impressionisten und der Kunst des 20. Jahrhunderts, präsentiert in einem Musterbau der Moderne, dem einzigen Bau Mies van der Rohes in Berlin.*

Was die Nationalgalerie wie auch die anderen Gebäude des Kulturforums zusätzlich so anziehend macht, ist die Nachbarschaft zur 1844-46 von A. Stüler im Stil italienischer Romanik erbauten **St.-Matthäus-Kirche,** um die sie sich lose gruppieren. Die **Neue Nationalgalerie***: ein berühmter und viel diskutierter Bau Mies van der Rohes, in dem er seine Vorstellung von reiner Architektur, die gerade wegen ihrer Reinheit und Konsequenz für jede Art von Funktion verwendbar sein sollte, verwirklichte. 1965-68 errichtet, steht der Galeriebau in der stilistischen Nachfolge des Internationalen Stils der späten zwanziger Jahre. Über einem quadratischen Sockelgeschoß, das man von der Potsdamer Straße aus nicht sieht, weil es in ein abfallendes Gelände hineingebaut ist, erhebt sich, wie auf einer Plattform, die 50x50 m große und 8,50 m hohe Haupthalle aus Stahl und Glas, die das eigentlich sichtbare Museumsgebäude bildet. Die Stahlkonstruktion einer Glashalle mit freitragendem quadratischem Dach fügt sich in die Reihe ähnlicher Hallenprojekte (wie der Verwaltungsbau einer Zuckerfabrik in Havanna, das Schaefer-Museum in Schweinfurt), die im Werk Mies van der Rohes zentrale Bedeutung einnehmen. Der Unterbau, etwa doppelt so groß wie die Halle, nimmt das eigent-

*Blick auf die St.-Matthäus-Kirche. Im Vordergrund Neue Nationalgalerie und Skulpturengarten*

*Rechts: Adolph von Menzel, ›Das Ballsouper‹ (Ausschnitt) 1879, Nationalgalerie*

*Aus der Sammlung der Nationalgalerie*

*Oben: Edouard Manet, ›Im Wintergarten‹, 1879*

*Links: Pierre Auguste Renoir, ›Im Sommer‹, 1868*

*Edvard Munch, ›Graf Harry Kessler‹, 1906*

*Max Beckmann, ›Tod‹, 1938*

BEWAG-*Haus*

liche Museumsgeschoß auf, das sich im Westen auf ganzer Breite zu einem **Skulpturengarten** hin öffnet. Auch die Plattform rund um die Halle ist mit Skulpturen bestückt. In der Sammlung sind vereinigt die Bestände der alten Nationalgalerie [siehe Ost-Berlin, Nr. 23], die nach ihrer Auslagerung während des Krieges nach West-Berlin zurückgebracht werden konnten, und die seit 1954 bestehende *Galerie des 20. Jahrhunderts*. Dazu kommen Neuerwerbungen von internationaler Kunst. Die Glashalle dient vorrangig den wechselnden Ausstellungen moderner Kunst. Raummangel bringt es mit sich, daß die Nationalgalerie nur einen Teil ihres Bestandes – mit dem Schwerpunkt: Kunst des 19. und 20. Jahrhunderts – zur Schau stellen kann.

## 40 BEWAG (ehem. Shell-Haus)

30, Stauffenbergstraße 26 (Tiergarten)

*Erstes deutsches Hochhaus in Stahlskelettkonstruktion.*

Das ehem. Shell-Haus wurde 1930-32 von E. Fahrenkamp gebaut und dient seit 1952 der BEWAG (Berliner Kraft- und Licht-AG) als Zentrale. Interessant und auch ästhetisch reizvoll die gestaffelte Fassade am Reichpietschufer sowie die in der Höhe gestaffelte Front von sechs bis zu elf Geschossen. 1965-67 erhielt der Komplex zwei Erweiterungsbauten nach Plänen von P. Baumgarten. Es sind dies ebenfalls Stahlskelettbauten, aber mit Stahlfenstern und emaillierten Aluminiumpaneelen, während der ursprüngliche Bau mit römischem Travertin als Horizontalgliederung verkleidet ist.

## 41 Gedenkstätte des Deutschen Widerstandes

30, Stauffenbergstraße 14 (Tiergarten)

*Interessante Dokumentation über die Geschichte des deutschen Widerstandes in historischen Räumlichkeiten.*

*Nationalgalerie: Paul Klee, ›Abfahrt der Schiffe‹, 1927*

*Das Bauhaus-Archiv aus der späten Schaffensphase von Walter Gropius*

Das ehemalige Reichsmarine-Amt, 1911-14 von den renommierten Berliner Architekten Reinhardt und Süßenguth in barockisierendem Klassizismus errichtet, zählt zu den letzten großen Bauaufgaben des Kaiserreichs. Als Sitz des Oberkommandos der Wehrmacht von 1935-45 (sog. *Bendlerblock*) ging es in die Geschichte des deutschen Widerstandes ein. Im Hof das **Ehrenmal für die Opfer des 20. Juli 1944** von R. Scheibe (1953): Die Wehrmachtsoffiziere v. Stauffenberg, v. Quirnheim, v. Haeften und Olbricht wurden an dieser Stelle nach dem mißlungenen Attentat auf Hitler standrechtlich erschossen. Im 2. Stock des Gebäudes, in den historischen Räumen der ehemaligen Stabsetage, eine ständige Ausstellung ›Widerstand gegen den Nationalsozialismus‹, Abb. Seite 154.

## 42 Bauhaus-Archiv

30, Klingelhöferstraße 14 (Tiergarten)

*Spätwerk des Bauhaus-Gründers und weltberühmten Architekten Walter Gropius. Einzigartiger Überblick über eine der bedeutendsten Kunstschulen des 20. Jh. Erstklassige Sonderausstellungen.*

Das 1964 von Gropius entworfene Projekt war ursprünglich für Darmstadt geplant, seit 1960 Standort des Bauhaus-Archivs, doch konnte es dort nicht verwirklicht werden. Mit der Errichtung des Museumsgebäudes in Berlin fand Gropius' Wunsch einer Realisierung des Entwurfs in seiner Heimatstadt 1979, zehn Jahre nach seinem Tod, seine späte Erfüllung. Der **Bau:** Hauptmerkmal ist die klar gegliederte weiße Betonfassade mit den in strenger Reihung nach Norden ausgerichteten Oberlichten. Die reiche Gliederung und die starke Betonung der äußeren Form sind charakteristisch für Gropius' späte Schaffensjahre im Gegensatz zu seinen früheren, rein funktional geplanten Arbeiten. Am Bauhaus, das 1925 von Weimar nach Dessau übersiedelte und 1932 nach Berlin (1933 aufgelöst), waren neben Gropius auch noch die Architekten Meyer, Mies van der Rohe und Breuer tätig gewesen, die Maler Schlemmer,

*Ludwig Mies van der Rohe, ›Weißenhofsessel‹, 1927, Bauhaus-Archiv*

Kandinsky, Klee, Itten, Moholy-Nagy, Feininger und andere. Das Archiv enthält eine umfassende **Sammlung*** von Architekturmodellen, Entwürfen, Gemälden und Zeichnungen, sowie Möbel und andere kunsthandwerkliche und industrielle Erzeugnisse, die den Einfluß des Bauhauses auf modernes Design besonders schön demonstrieren.

# Kreuzberg, Neukölln, Tempelhof

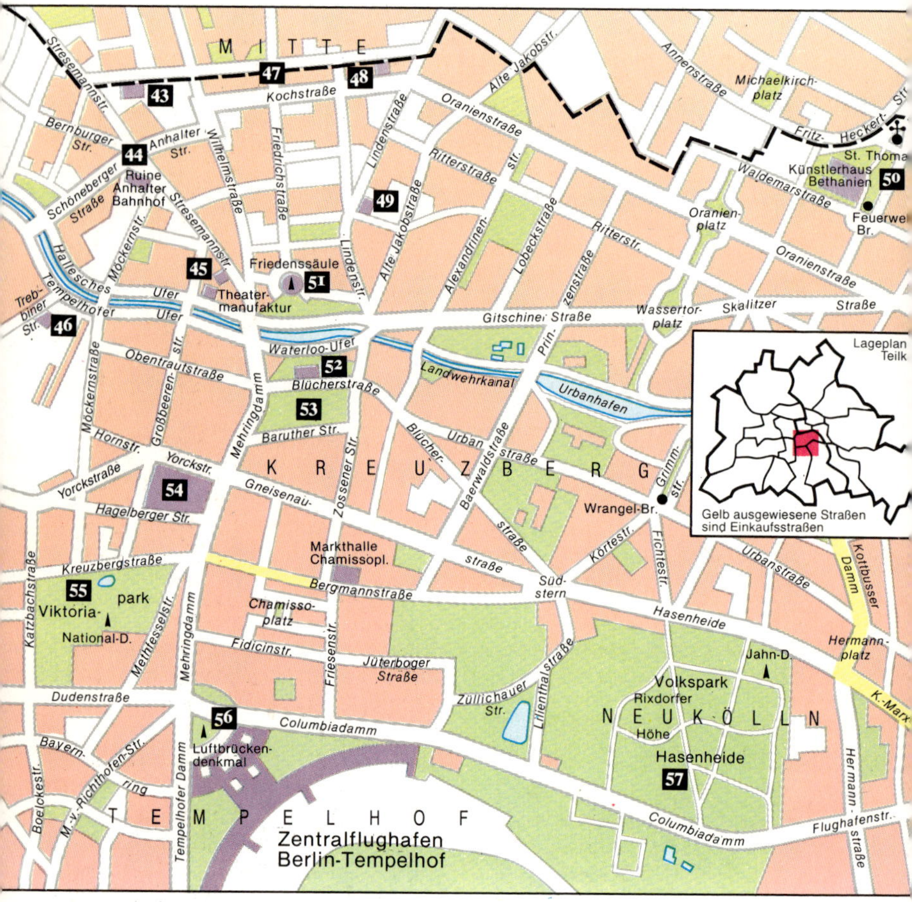




## *Kreuzberg*

*Mit 127000 Einwohnern (1984) auf einer Fläche von 10,37 qkm der am dichtesten besiedelte Bezirk West-Berlins. Das farbige Bild Kreuzbergs hat viele Facetten. 30 Prozent der Bevölkerung sind Türken, Griechen und Jugoslawen. Die Hochbahn der U-Bahn-Linie 1 und der Landwehrkanal, der den ganzen Bezirk von Osten nach Westen durchquert, sind charakteristisch für Kreuzberg. Das gilt auch für die vielen stillgelegten Fabriken in Hinterhöfen, die in Wohnungen, Ateliers und kleine Theater umgewandelt worden sind.*

## 43 Martin-Gropius-Bau

61, Stresemannstraße 110 (Kreuzberg)

*Eines der schönsten Ausstellungsgebäude: das bedeutendste Bauwerk der jüngeren Schinkel-Schule als Stätte wichtiger kulturgeschichtlicher Sammlungen und großer internationaler Wechselausstellungen.*

Das ehem. ›Königliche Kunstgewerbemuseum‹ sollte mit der Dokumentation historischer Warenschönheiten aus aller Welt Ansporn sein für das preußische Handwerk. Bis 1920 war das Museum hier untergebracht. Der schönproportionierte Bau wurde 1877-81 von Martin Gropius, einem Großonkel des berühmten Architekten Walter Gropius, und H. Schmieden im Renaissancestil errichtet, im Zweiten Weltkrieg schwer beschädigt und seit 1978 sorgfältig restauriert. Architekturgeschichtlich steht er in der Nachfolge Schinkels, dessen (zerstörte) Bauakademie hier Vorbild war. Nach einigen spektakulären Großausstellungen, wie die ›Preußen‹-Schau (1981), wird das Gebäude seit der großen Jubiläumsausstellung ›Berlin, Berlin‹ (1987)

*Berlinische Galerie*
*Oben: Franz Skarbina, ›Auf der Wandelbahn eines Seebades‹, 1883*

*Werkbund-Archiv*
*Links: Das ›Werkbund-Genre‹ mit einer Bowle von Richard Riemerschmid, um 1906*

wieder ständig genutzt. Auch die Wechselausstellungen des im Aufbau befindlichen *Deutschen Historischen Museums* (vgl. Nr. 34) werden hier gezeigt. Wegen der unmittelbaren Nähe der Mauer kann der ursprüngliche Haupteingang nicht mehr benützt werden. Im Zentrum des Baus ein großer, von

*Der nach dem Zweiten Weltkrieg sorgfältig restaurierte Martin-Gropius-Bau*

*Hamburger Bahnhof*

*Ruine des Anhalter Bahnhofs*

*Hebbel-Theater*

Säulen getragener Lichthof, um den sich drei Stockwerke galerieartig ranken. Hier sind inzwischen die **Berlinische Galerie*** (früher in der Jebensstraße) mit Schwerpunkt Kunst- und Kulturgeschichte Berlins vom 19. Jahrhundert bis zur Gegenwart, die **Jüdische Abteilung** des Berlin Museums (siehe dort) und das **Werkbund-Archiv** (früher im Gebäude des Bröhan-Museums, siehe dort), das historische Alltagskultur dieses Jahrhunderts präsentiert, untergebracht. Die benachbarten Gebäude wurden nach dem Krieg abgerissen. Es waren dies die Zentrale der Gestapo (ursprünglich die Kunstgewerbeschule), das Hotel Prinz Albrecht, Sitz der Reichsführung SS, und das Prinz-Albrecht-Palais, Sitz des Reichssicherheitshauptamtes. Die Keller der ehem. Gestapo-Zentrale, in der unzählige Menschen gefoltert wurden, sind freigelegt. Das ganze Gelände soll zu einer Gedenkstätte umgestaltet werden.

## 44 Askanischer Platz

61 (Kreuzberg)

*Nur die Ruine des Haupteingangs kündet noch von Berlins einst berühmtestem und größtem Bahnhof. Kulisse prächtiger Staatsempfänge von Kaiser Wilhelm I. bis ins Dritte Reich.*

1841 zog A. Borsigs erste Dampflokomotive einen Zug von hier nach Jüterbog. 1874-80 entstand nach Plänen von F. Schwechten, auch Mitarbeiter von Martin Gropius, der neue *Anhalter Bahnhof*: ein beeindruckendes, arkadengeschmücktes Gebäude im Renaissancestil in der Nachfolge des für die Berliner Bahnhöfe typenbildenden Hamburger Bahnhofs im Bezirk Tiergarten (Invalidenstraße 50), dem ehemals ältesten Personenbahnhof der Stadt, der 1845-47 von F. Neuhaus und F. W. Holz erbaut, aber schon 1884 geschlossen, von 1906 bis 1945 als *Verkehrs- und Baumuseum* genutzt worden war und seit 1988 als Museums-Dependance der Nationalgalerie dient.
Der *Anhalter Bahnhof,* dessen Fassade den Übergang von einer betont repräsentativen zu einer mehr funktionellen Architektur markierte, wurde im Krieg schwer beschädigt. 1961 kam der Beschluß, die Ruine bis auf das **Portalfragment** abzureißen. Im Jubiläumsjahr 1987 wurde das Bahnhofsgelände für die Ausstellung ›Mythos Berlin‹ genutzt. Wo früher täglich 65 Züge aus dem Süden in Berlin ankamen, hat sich in der Zwischenzeit ein eigenständiges Biotop entwickelt, eine Pflanzen- und Tierwelt, wie man sie sonst in der Großstadt kaum findet.

## 45 Hebbel-Theater

61, Stresemannstraße 29 (Kreuzberg)

*Einziges Jugendstil-Theater Berlins.*

Drei Theater entwarf der aus Ungarn stammende, berühmte Architekt O. Kaufmann für Berlin: das *Hebbel-Theater* (1907/08), die *Volksbühne* (1913-15) im Bezirk Mitte und das *Renaissance-Theater* (1926/27) in Charlottenburg. Mit dem **Hebbel-Theater** schuf Kaufmann einen stilreinen *Jugendstilbau.** Die in ihren Proportionen mit den großen Rustikaquadern, den hohen Dreiecksgiebeln



*Rechts: Blick in den Lichthof des Martin-Gropius-Baus*

sowie dem hohen, geschwungenen Foyerfenster monumentale Fassade birgt im Inneren eine Folge kleiner, intimer Räume (Kassenhalle, Erdgeschoß- und Hauptfoyer, Zuschauerraum), deren warme Atmosphäre durch die Wandverkleidung in verschiedenen Hölzern unterstrichen wird. Der schöne Theaterraum faßt 800 Zuschauer. Es ist der Privatinitiative einer großen Gemeinde zu verdanken, daß das Theater heute noch bespielt wird.

## 46 Museum für Verkehr und Technik

61, Trebbiner Straße 9 (Kreuzberg)

*Wo der Mann zum Kind und das Kind zum Mann werden: Eines der bedeutendsten technischen Museen auf verkehrsgeschichtlich traditionsreichem Gelände.*

Das junge staatliche Museum für Verkehr und Technik, seit 1983 schrittweise realisiert, tritt die Nachfolge der international berühmten preußischen Technik-Sammlungen aus der Vorkriegszeit an. Es übernimmt dabei nicht nur deren Tradition, sondern vor allem die vom Krieg verschonten Restbestände dieser bedeutenden **Sammlungen*:** Reichspostmuseum (gegr. 1872), Arbeitsschutzmuseum (1901), Meereskundemuseum, Verkehrs- und Baumuseum (beide 1906) und Deutsche Luftfahrtsammlung (1936). Neben den klassischen Bereichen *Straßen-, Schienen-, Luftverkehr,* finden sich mit besonderem Schwerpunkt auf Technik und Technologie folgende Abteilungen: *Schreib- und Drucktechnik, Nachrichten- und Datentechnik, Produktions- und Haushaltstechnik, Energietechnik, Medizintechnik, Wasserbau und Schiffahrt, Meß- und Regeltechnik, Textiltechnik* und *Soziales Umfeld der technischen Kultur.* Eine große

*Museum für Verkehr und Technik*
*Oben: Wandgemälde von K. Büscher, 1981*
*Mitte: Stanhope-Presse, 1835*
*Unten: Blick in die Abteilung ›Wasserbau‹*

*Museum für Verkehr und Technik: Junkers ›Ju 52‹, 1941*

Attraktion ist das sogenannte *Versuchsfeld* im ersten Stock des Hauptgebäudes, wo der Besucher diverse Apparaturen selbst betätigen kann.
In den nächsten Jahren soll das Museum über das gesamte Gelände des ehem. Anhalter Güterbahnhofs erweitert werden. Ein 1000 qm großes *Wandgemälde* von K. Büscher (1981) an der Giebelwand des Hauses zeigt, wie die fertige Anlage aussehen wird.

*Museum für Verkehr und Technik: Polyphon, 1900*

*Haus am Checkpoint Charlie*

## 47 Checkpoint Charlie

61, Koch-/Ecke Friedrichstraße (Kreuzberg)

*Der Grenzübergang für Ausländer mit oder ohne Auto nach Ost-Berlin und zurück. Im Haus am Checkpoint Charlie die einzige Ausstellung über die Mauer.*

Anlaß zur Gründung des Museums war der Bau der Mauer am 13. August 1961 und die schrecklichen Folgen der Teilung (täglich 9-22 Uhr). Checkpoint Charlie, der in den sowjetischen Sektor führt, ist auch der Übergang für die täglichen Kontrollfahrten der drei westlichen Alliierten nach Ost-Berlin und des sowjetischen Militärs nach West-Berlin sowie für die in Ost-Berlin akkreditierten Diplomaten, die häufig nach West-Berlin kommen, um hier von dem größeren Warenangebot Gebrauch zu machen.

*Berlin Museum im Gebäude des ehemaligen Kammergerichts*

## 48 Springer-Haus

61, Kochstraße 50 (Kreuzberg)

*Eines der größten Druckereizentren in Europa.*

Direkt an der Mauer, auf dem ehemaligen Grundstück des Scherl-Verlags, hat der Verlag Axel Springer 1961-66 hier, im alten Berliner Zeitungsviertel, sein gigantisches **Verlagshaus** errichtet. Die Leuchtreklame vom Dachrand des 79 m hohen Hochhausgebäudes, ein Symbol für den ›freien Westen‹, konnte man in den ersten Jahren von Ost-Berlin aus gut sehen, bis direkt gegenüber auf der östlichen Seite gleich hohe Wohnhäuser gebaut wurden. Von den sechs West-Berliner Tageszeitungen kontrolliert Springer heute 75%. Im **Vestibül** ein *Panorama* Berlins, das O. Kokoschka 1966 vom Dach des Hochhauses aus malte.

*Berlin Museum:*
*Lovis Corinth, ›Selbstbildnis‹, 1900*

## 49 Berlin Museum

61, Lindenstraße 14 (Kreuzberg)

*Schöner Barockbau aus der Zeit des Soldatenkönigs. Ein wichtiger städtebaulicher Akzent in der alten südlichen Friedrichstadt. Glanzvoller Rahmen für einen hervorragenden Überblick über die Geschichte Berlins.*

Die barocke **Dreiflügelanlage** des ehemaligen ›Königlichen Collegienhauses‹ wurde 1734/35 als erstes Verwaltungsgebäude Berlins von P. Gerlach erbaut. Die Personifikationen der Gerechtigkeit und Barmherzigkeit an der *Hauptfassade*★ auf den Dreiecksgiebel des stark betonten Mittelrisalits erinnern an die ursprüngliche Bestimmung dieses Baus. Heute ist er West-Berlins einziger größerer Profanbau aus der Epoche von Friedrich Wilhelm I. (1713-1740). Anfang des 19. Jh. beherbergte er das ›Königliche Kammergericht‹, in dem u. a. E. T. A. Hoffmann und W. Alexis als Kammergerichtsräte tätig waren. Während des Zweiten Weltkrieges schwer beschädigt, wurde das Gebäude 1965-67 im Hinblick auf die zukünftige Nutzung als Museum wiederaufgebaut; die Innenraumgestaltung erfolgte nach G. Hönow.

*Berlin Museum, Thora-Vorhang (links) und Amphorenvase mit Ansicht von Berlin, KPM Berlin, um 1830*

Das **Berlin Museum*** wurde 1962 auf Anregung des Kunsthistorikers E. Redslob gegründet, aber erst 1969 hier untergebracht. Aufgabe des Museums sollte sein, in West-Berlin eine ähnliche Funktion zu erfüllen wie in Ost-Berlin das Märkische Museum: also die **Geschichte Berlins** vom 16. Jh. bis in die Neuzeit zu dokumentieren und in möglichst vielfältigen Aspekten zu vermitteln anhand von *Karten*, städtebaulichen *Plänen, Grafiken, Gemälden.* Auch die Bereiche *Entwicklung des Handwerks und Gewerbes* und *Berliner Mode* sind vertreten sowie eine *Theatergeschichtliche Sammlung,* eine *Spielzeugsammlung* und eine der *Geschichte der jüdischen Gemeinde* in Berlin gewidmete Abteilung, die jetzt aber zum größten Teil im Martin-Gropius-Bau untergebracht ist.

*Biedermeierzimmer, um 1830, Berlin Museum*

*St.-Thomas-Kirche*

## 50 Am Mariannenplatz

36, Mariannenplatz (Kreuzberg)

*Zentrum von ›Klein-Istanbul‹, wie Kreuzberg, heute die größte türkische Stadt außerhalb der Türkei, im Volksmund heißt.*

Der Platz besteht aus einer langgestreckten **Grünanlage,** die 1853 von Lenné entworfen und 1979/80 nach den alten Plänen wiederhergestellt wurde.
An der Westseite, Mariannenplatz 2, das **Künstlerhaus Bethanien,** bis 1970 noch ein Krankenhaus, das 1845-47 nach Plänen von L. Persius und T. Stein erbaut wurde und heute dem Bezirk Kreuzberg als künstlerisches Zentrum mit Ateliers, einer Druckwerkstatt und Ausstellungsräumen dient. In der **Fontane-Apotheke,** so genannt, weil 1848/49 Theodor Fontane hier als junger Apotheker gearbeitet hatte, befindet sich das Heimatarchiv des Bezirks und die **Namik-Kemal-Bücherei,** die einzige türkische Bibliothek in Berlin.
Unmittelbar vor der Mauer, an der Nordseite, die **St.-Thomas-Kirche,** ein schönes Beispiel für die Stilvielfalt im Historismus, 1864-69 von F. Adler, einem Schinkel-Schüler, erbaut. Auf dem Platz: das *Denkmal für die Gefallenen der Berliner Feuerwehr* von D. Wolff und G. Jendritzko (1960).

*Künstlerhaus Bethanien, künstlerisches Zentrum des Bezirks Kreuzberg*

*Mehringplatz, historisches Rondell in moderner Neubebauung*

## 51 Mehringplatz

61, Mehringplatz (Kreuzberg)

*Gelungene Synthese aus einer Platzanlage des 18. Jahrhunderts und moderner Architektur.*

Einen städtebaulich reizvollen Akzent am südlichen Ende der Friedrichstadt bildete das um 1730 angelegte Platzrondell mit ursprünglich drei nach Norden ausstrahlenden Straßen (Wilhelm-, Friedrich- und Lindenstraße). Für die Platzmitte schuf C. G. Cantian (1843) zum Gedenken des Sieges über Napoleon von 1815 die 19 m hohe **Friedenssäule.** Der Sockel ist aus schlesischem Marmor, der Schaft aus poliertem Granit. Die bronzene *Viktoria* auf dem korinthischen Kapitell: ein Werk von C. D. Rauch. Mit der Errichtung des Denkmals wurde auch der Platz in Erinnerung an die Freiheitskriege in ›Belle-Alliance-Platz‹ umbenannt. Auf seiner Südseite stehen zwei spätklassizistische Frauenfiguren: *Der Friede* von A. Wolff (1879) und *Klio, die Geschichte der Freiheitskriege schreibend* von F. Harzer.

Den Wiederaufbau nach dem Krieg besorgte 1969-75 W. Düttmann nach einem preisgekrönten Entwurf von H. Scharoun: Die moderne **Rundbebauung** besteht aus einem dreigeschossigen Innen- und einem fünfgeschossigen Außenring. An seiner Westseite steht das bis zu 15 Geschossen gestaffelte **Verwaltungsgebäude der Allgemeinen Ortskrankenkasse Berlin** (H. Scharoun und B. Fleischer).

*Friedenssäule mit ›Victoria‹ von C. D. Rauch*

Grab E. T. A. Hoffmanns, Friedhöfe vor dem Halleschen Tor

## 52 Amerika-Gedenkbibliothek

61, Blücherplatz 1 (Kreuzberg)

*Mit über 1,2 Millionen Ausleihen im Jahr die größte Zentralbibliothek ihrer Art auf dem europäischen Kontinent.*

Die Amerika-Gedenkbibliothek ist aus der Stiftung ›Luftbrückendank‹ hervorgegangen zur Erinnerung an die Versorgung West-Berlins während der Blockade 1948/49 durch die von den Amerikanern initiierte Luftbrücke und wurde nach angelsächsischem Vorbild von F. Bornemann, G. Jobst, W. Kreuer und F. Wille 1952-54 erbaut und eingerichtet. Die Bibliothek hat einen derzeitigen **Bestand** von 850000 Büchern, Noten, Schallplatten, Tonkassetten, Tonbändern, Dias und Spielen. 2750 Zeitungen, Zeitschriften und Jahrbücher werden laufend gehalten. Die *Präsenzbibliothek* besteht aus rund 8000 Bänden, die im Lesesaal benutzt werden können; die öffentliche *Freihandbibliothek*, die erste und größte dieser Art in der Bundesrepublik, umfaßt etwa 70000 Bände.

*Riehmers Hofgarten, Fassade zur Yorckstraße*

## 53 Friedhöfe vor dem Halleschen Tor

61, Zossener Straße (Kreuzberg)

*West-Berlins älteste Friedhöfe: Ruhestätte berühmter Persönlichkeiten des 18. und 19. Jh., Grabdenkmäler vom Louis-seize bis zum Jugendstil.*

Der älteste, der **Jerusalemskirchhof I,** wurde 1735 als Armenfriedhof der Friedrichstädtischen Gemeinde und als Begräbnisstätte der Böhmischen Gemeinde angelegt. Innerhalb des großen Komplexes vor dem Halleschen Tor sind die einzelnen **Friedhöfe*,** in denen 80000 Tote ruhen, durch Mauern voneinander getrennt. Da ist der *Friedhof der Dreifaltigkeitsgemeinde,* der *Jerusalem- und Neuen Kirche,* der *Böhmischen Gemeinde* und der *Brüdergemeinde.*
Von den vielen berühmten Persönlichkeiten, die hier begraben sind, seien nur einige genannt: der Leibarzt Friedrichs des Großen J.C.W. Moehsen, der Oberbaurat D. Gilly, die Dichter A. v. Chamisso und E.T.A. Hoffmann, der Komponist F. Mendelssohn-Bartholdy und seine Schwester Fanny, der Schauspieler A.W. Iffland, die für ihren literarischen Salon berühmte H. Herz sowie das Ehepaar Karl August und Rahel (geb. Levin) Varnhagen von Ense.

## 54 Riehmers Hofgarten

61, Yorckstraße 83-86 (Kreuzberg)

*Musterbeispiel des von großangelegter Bauspekulation getragenen und umfangreiche Straßenkarees einnehmenden großbürgerlichen Mietshausbaus im wilhelminischen Berlin: mit seinen Binnenhöfen und Erschließungsstraßen eine Stadt in der Stadt.*

Als Berlin nach der Gründung des Kaiserreiches aus allen Nähten zu platzen drohte – von 1871 bis 1900 war die Bevölkerung von 823000 auf 1,9 Millionen angewachsen – und die großen Mietskasernen mit einem ersten, zweiten und dritten Hinterhof aus dem Boden gestampft wurden, besonders eben auch

in Kreuzberg, baute der Maurermeister Wilhelm Ferdinand August Riehmer von 1881-1892 erst in der Hagelberger Straße, dann entlang der Großbeerenstraße und schließlich in der Yorckstraße rund zwanzig vier- und fünfgeschossige Wohnhäuser, die er um gärtnerisch gestaltete Höfe gruppierte und durch eine Innenstraße miteinander verband. Besonders schön: die *Fassade* zur Yorckstraße mit dem dekorativen Rundbogenportal.
Ein geschützter Wohnbereich und ein reizvolles Beispiel für bürgerliche Wohnhauskultur ist auch der **Chamissoplatz**, der in der zweiten Hälfte des 19. Jh. als Quartier für Arbeiter- und Handwerkerfamilien angelegt worden war.

## 55 Viktoriapark mit Kreuzberg

61, Kreuzbergstraße (Kreuzberg)

*Man sollte es nicht für möglich halten, aber auf den Hängen des nur 66 m hohen Kreuzberges wurde bis zum 18. Jh. Wein angebaut, und so hieß er denn auch früher der ›Götzesche Weinberg‹. Parkanlage im deutschen Gebirgsgarten-Stil als Ausdruck des Patriotismus in der Kaiserzeit.*

Auf dem Gipfel des Kreuzberges steht das **Nationaldenkmal für die Befreiungskriege,** ein 20 m hohes Monument, das einer gotischen Turmspitze gleicht. Schinkels Entwurf wurde von der Königlichen Eisengießerei ausgeführt und das Denkmal 1821 eingeweiht. Zu jener Zeit stand der Berg noch auf freiem Gelände außerhalb der Stadt. 1878 bekam das Denkmal einen 8 m hohen *Unterbau.* In den 12 Nischen stehen *Statuen* von C.D. Rauch, F. Tieck und L. Wichmann, die die wichtigsten Schlachten symbolisieren und gleichzeitig Heerführer und Mitglieder des Königshauses porträtieren. Nach dem Eisernen Kreuz an der Spitze des Denkmals erhielten Berg und Bezirk später ihren Namen.
1888-94 wurde dann rund um den Kreuzberg der **Viktoriapark** nach Plänen von H. Mächtig errichtet, der nach seiner Erweiterung 1913/14 eine Fläche von 16 ha bedeckt. Die herausragende Sehenswürdigkeit ist der *Wasserfall* in einer künstlichen Felsenschlucht, eine Nachahmung des Zackenfalls im Riesengebirge. Des weiteren gibt es im Park eine *Wolfsschlucht,* eine *Rodelbahn* und einen kleinen *Zoo.*
Am Fuße der Anhöhe befindet sich die Porträt-Herme von *Ludwig Uhland* aus weißem Carrara-Marmor, auf halber Höhe des Hangs stehen die Statuen von *Friedrich Rückert* und *Heinrich von Kleist.* Vor dem Wasserfall die Bronzegruppe *Der seltene Fang* von E. Herter (1896), ein Fischer mit einer zweischwänzigen Nixe im Netz.

*Luftbrückendenkmal von E. Ludwig, 1951*

## *Flughafen Tempelhof*

*Von 1927-75 Berlins Zentralflughafen. Schon Ende des 19. Jh. wurden auf dem damaligen Tempelhofer Feld die ersten Flugversuche unternommen. Das erste Motorflugzeug der Welt wurde hier 1909 von den Gebrüdern Wright vorgeführt. Seit der Flughafen Tegel 1975 den zivilen Flugverkehr von und nach West-Berlin übernommen hat, dient der Flughafen Tempelhof nur noch der amerikanischen Schutzmacht und einigen amerikanischen Charterfluggesellschaften.*

## 56 Flughafen Tempelhof und Luftbrückendenkmal

42, Platz der Luftbrücke (Tempelhof)

*Von 1923-75 Berlins Zentralflughafen. Das Denkmal erinnert an eine der aufsehenerregendsten Aktionen der freien Welt im Kalten Krieg.*

Als einer der größten und bedeutendsten Flughäfen der damaligen Zeit entstand 1936-39 die heutige **Anlage** nach den Plänen von E. Sagebiel. Doch schon Ende des 19. Jh. wurden auf dem ehem. *Tempelhofer Feld* die ersten Flugversuche unternommen. 1908 führten hier die Gebrüder Wright das erste Motorflugzeug der Welt vor. Seit der *Flughafen Tegel* 1975 den zivilen Flugverkehr von und nach West-Berlin übernommen hat, dient der Flughafen Tempelhof nur noch der amerikanischen Schutzmacht und einigen amerikanischen Charterfluggesellschaften.
Auf dem Platz vor dem Flughafengebäude: das **Luftbrückendenkmal** (1951) von E. Ludwig, dessen drei nach Westen aufstrebende Bögen die drei Luftkorridore nach West-Berlin symbolisieren. Die Luftbrücke, von

 *Rechts: Viktoriapark am Kreuzberg, Nationaldenkmal mit Wasserfall in künstlicher Felsenschlucht*

*›Trümmerfrau‹ von K. Singer (1955)*

den US-Generalen Clay und Wedemeyer organisiert, war die Antwort auf die von Chruschtschow verhängte Blockade West-Berlins nach Einführung der Währungsreform in den Westsektoren der Stadt. Sie dauerte von Juni 1948 bis Mai 1949. In diesen elf Monaten wurden von 222 amerikanischen, 110 britischen, 48 französischen und anderen Maschinen in rund 250000 Flügen 2,34 Millionen Tonnen Güter eingeflogen. Auf dem Höhepunkt dieser einzigartigen Aktion starteten und landeten die Transportflugzeuge in einem 90-Sekunden-Rhythmus. Das Unternehmen ›Luftbrücke‹ kostete 41 Briten, 31 Amerikanern und 5 Deutschen das Leben. Einer der damals liebevoll genannten *Rosinenbomber* steht in der Nordostecke des Flughafens am Columbiadamm.

## 57 Volkspark Hasenheide

61 (Neukölln)

*Beliebter und traditionsreicher Berliner Park, untrennbar mit dem Turnvater Jahn verbunden. Reizvolle Stätte der Ruhe und Erholung.*

Erst kurfürstliches Hasengehege, dann 1838 von P.J. Lenné in einen Landschaftspark verwandelt, danach Garnisonschießplatz und schließlich seit 1936-39 ein Volkspark mit Kinderspielplätzen, Tiergehegen, Rhododendrongärten sowie einem Naturtheater. E. Enckes Bronzestandbild von **Friedrich Ludwig Jahn** (1778-1852) erinnert an Deutschlands ersten öffentlichen Turnplatz, den Turnvater Jahn hier eröffnet hatte. Turnen als Wehrertüchtigung gegen die französischen Besatzer: 24 Turnvereine kämpften auf dem Leipziger Schlachtfeld von 1813. Doch bereits 1819 fiel Jahn aufgrund politischer Äußerungen in Ungnade, wurde verhaftet, der Turnplatz geschlossen und das Turnen selbst als ›volksschädlich‹ verboten. Bemerkenswert ist der *Sockel* des Standbildes (1872), der aus Steinblöcken besteht, die von deutschen Turnvereinen aus aller Welt gestiftet wurden. Von der aus Trümmerschutt aufgebauten **Rixdorfer Höhe** (69,5 m) hat man eine gute Aussicht auf den Flughafen Tempelhof und den größeren Teil von Kreuzberg und Neukölln. K. Singers *Trümmerfrau* (1955), eine überlebensgroße sitzende Figur aus Muschelkalk, soll an die vielen Frauen erinnern, ohne deren harte Arbeit der Wiederaufbau Berlins undenkbar gewesen wäre.

*Unten: Platz der Luftbrücke mit Flughafen Tempelhof*

# Schöneberg, Wilmersdorf

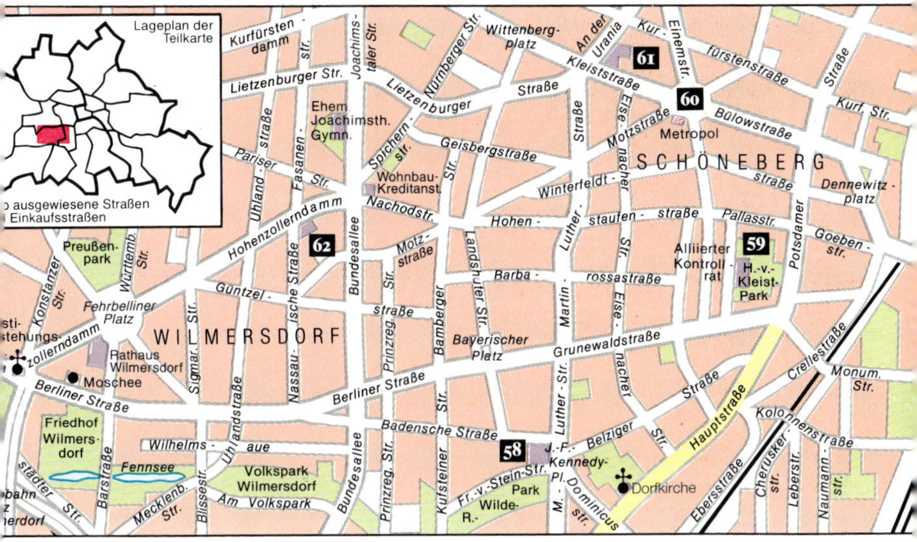




## *Schöneberg*

*In einer Schenkungsurkunde des Markgrafen Otto III. an die Spandauer Benediktinerinnen wurde das Dorf Sconenberch 1264 zum erstenmal erwähnt. 1751 ließ Friedrich der Große neben dem alten Dorf zur Ansiedlung böhmischer Weber die Kolonie Böhmerberg oder Neu-Schöneberg anlegen. 1898 erhielt Schöneberg, dessen Bevölkerung inzwischen auf 75 000 Einwohner angewachsen war, Stadtrecht. Bei der Eingemeindung nach Groß-Berlin 1920 wurden die Stadt Schöneberg und die 1871 gegründete Landgemeinde* ***Friedenau*** *zum 11. Verwaltungsbezirk (12,3 qkm) vereinigt.*
*Im Süden Schönebergs steht auf dem 75 m hohen, als Parkanlage gestalteten Trümmerberg* ***Insulaner*** *die* ***Wilhelm-Foerster-Sternwarte.*** *Das* ***Planetarium*** *am Fuß des ›Mont Klamott‹, wie der Insulaner auf Berlinerisch heißt, ist mit seiner 20 m hohen Kuppel eines der modernsten Europas.*

## 58 Rathaus Schöneberg

62, John-F.-Kennedy-Platz
(Schönberg)

*Großzügiger Repräsentationsbau der ehem. Stadt Schöneberg. Seit der Spaltung der Stadt 1948 Sitz des Abgeordnetenhauses und der Regierung des Landes Berlin.*

Hier hat John F. Kennedy 1963 seine berühmte Rede gehalten, die in dem deutsch gesprochenen Satz gipfelte: »Ich bin ein Berliner!« Eine Bronzescheibe von R. Scheibe am Haupteingang erinnert daran.
Das großzügig angelegte, viergeschossige **Rathaus** mit seinen rund 340 Büroräumen wurde 1911-14 von P. Jürgensen und J. Bachmann in der Formensprache des Neuklassizismus errichtet. Über dem Hauptportal erhebt sich der 70,5 m hohe, quadratische Uhrturm, in dem die **Freiheitsglocke** (1950) hängt, eine Nachahmung der Liberty Bell in Philadelphia, deren Kosten von 17 Millionen Amerikanern getragen wurden. Mit 10 200 kg ist sie die größte Glocke Berlins. Jeden Dienstag und Freitag findet auf dem John-F.-Kennedy-Platz ein **Wochenmarkt** statt.

*Planetarium*

*Rathaus Schöneberg*

## 59 Heinrich-von-Kleist-Park

30, Potsdamer Straße (Schöneberg)

*Hübscher kleiner Park vor neubarocker Kulisse; Ruhe-Insel in der Großstadthektik.*

Von außen wirkt er aber so offiziös und abgeschlossen, daß viele Menschen gar nicht auf die Idee kommen, hineinzugehen. Schuld daran sind die Königskolonnaden, zwei reich geschmückte, doppelreihige Säulenhallen, durch die man in den Park gelangt, und – im Hintergrund – das ehem. Kammergericht, seit 1945 Sitz des **Alliierten Kontrollrats,** in dem heute aber nur noch die **Alliierte Flugsicherheitszentrale** ihre Büros hat.

Bis 1679 war hier der Küchengarten des Großen Kurfürsten. Danach wurde der Botanische Garten, den Elsholtz 1646 am nördlichen Rand des Lustgartens [siehe Bezirk Mitte] angelegt hatte, hierher verlegt, bis er dann 1897-1903 sein heutiges, größeres Gelände bekam [siehe Botanischer Garten, Nr. 65]. Davon übrig geblieben sind ein paar schöne, alte Bäume.

C. v. Gontard hatte die **Königskolonnaden*** als reine Schmuckarchitektur 1777-80 ursprünglich für die frühere Königsbrücke am Alexanderplatz entworfen, wo sie aber 1910 dem Verkehr weichen mußten und hierher versetzt wurden, um dem damals im Bau befindlichen neubarocken *Kammergericht* (1909-13 von P. Thoemer und R. Mönnich) einen imposanten Rahmen zu geben. Nichts erinnert daran, daß in diesem Gebäude (Eingang Elßholzstraße 32) die Schauprozesse des Volksgerichtshofes unter dem Vorsitz Freislers gegen die Mitglieder der Widerstandsgruppe des 20. Juli stattfanden. 1971 wurde hier das für West-Berlin so wichtige Viermächte-Abkommen ausgehandelt und 1972 unterzeichnet. Die zwei **Rossebändiger,** monumentale Bronzegruppen von Clodt von Jürgensburg, waren ein Geschenk (1842) des Zaren Nikolaus I. an seinen Schwager Friedrich Wilhelm IV.

## 60 Nollendorfplatz

30 (Schöneberg)

*Zwei Männer haben den Nollendorfplatz weltbekannt gemacht: E. Piscator und der englische Schriftsteller C. Isherwood.*

Piscator schlug hier am 3. September 1927 mit der Uraufführung von Ernst Tollers ›Hoppla, wir leben‹ in dem 1906 eröffneten *Theater am Nollendorfplatz* das Kapitel ›Piscator-Bühne‹ in der Theatergeschichte Berlins auf. Isherwoods Roman ›Goodbye to Berlin‹ (1935) bildet die Vorlage für das Drama ›Ich bin eine Kamera‹ und für das berühmte Musical ›Cabaret‹. Isherwood lebte von 1919-33 am Nollendorfplatz (Nollendorfstraße 17).

Das ehemalige Theater heißt heute **Metropol** und ist seit 1978 eine der größten Diskotheken Europas, außerdem einer der Austra-

*Ehemaliges Kammergericht. Im Vordergrund ›Rossebändiger‹ von C. von Jürgensburg*

gungsorte der alljährlich im November stattfindenden ›Jazztage‹. Der Platz wird beherrscht vom Viadukt der Linie 1 der Untergrundbahn, die von hier bis zum Schlesischen Tor als Hochbahn verläuft. Auf dem stillgelegten Hochbahnhof gibt es seit 1973 einen **Flohmarkt** in alten U-Bahn-Wagen. Auch der Hochbahnhof Bülowstraße / Ecke Potsdamer Straße wurde stillgelegt und seit 1980 in einen **Türkischen Basar** verwandelt. Nur ein paar Schritte weiter, in der Motzstraße 7, im *Hotel Sachsenhof*, früher Hotel Koschel, lebte die aus Wuppertal stammende Dichterin Else Lasker-Schüler von 1924 bis zu ihrer Emigration 1933 in einem kleinen Hinterzimmer.

*Königskolonnaden von C. v. Gontard, 1777-80*

## 61 Urania

30, Kleiststraße 13 (Schöneberg)

*Zentrum wissenschaftlicher Veranstaltungen und ein Spezialmuseum (nicht nur) für Spezialisten: die Geschichte der Post- und Fernmeldetechnik in spannender Form.*

1888 wurde auf Anregung von W. v. Siemens und dem Astronomen M. W. Meyer das ›Institut für volkstümliche Naturkunde‹ gegründet. Die Neugründung erfolgte 1954 unter dem Namen ›Deutsche Kultur-Gemeinschaft **Urania** e. V.‹. 1962 erhielt der Verein, der rund 5000 Mitglieder hat, sein neues Haus mit Klub-, Vortrags- und Ausstellungsräumen. Das ursprüngliche Anliegen, Wissenschaft anschaulich zu vermitteln, nimmt er sich heute noch zum Vorsatz. In der Urania werden Lichtbilder- und Filmvorträge sowie Lesungen über Forschung, Wissenschaft und Kunst, Kultur, Technik, Reisen und Welt-

*Flohmarkt im ehemaligen U-Bahnhof Nollendorfplatz*

raumforschung abgehalten; sie sind auch Nichtmitgliedern zugänglich. Im ersten Stock befindet sich das **Berliner Post- und Fernmeldemuseum,** das die Tradition des *Reichspostmuseums* (1878) fortführt, dem ersten seiner Art in der Welt.

## *Wilmersdorf*

*Der Name leitet sich von dem Rittergeschlecht derer von Wilmestorff ab, dem der Ort Wilmersdorf mit der Nachbargemeinde Schmargendorf im 15. Jh. gehörte. Um 1650 wechselte er in den Besitz des Kurfürsten Joachim Friedrich über, der die von ihm 1607 in Joachimsthal gegründete Fürstenschule hierher verlegte, wo sie dann auch bis zu ihrer Übersiedlung nach Templin (1912) verblieb. Das ehem.* **Joachimsthalsche Gymnasium** *(Bundesallee 1–12) zeigt sich uns heute mit seiner schönen Fassade als ein repräsentativer Bau des Spätklassizismus in der Schinkel-Nachfolge mit stilistischen Anleihen aus dem Schloß- und Villenbau der italienischen Renaissance. 1876-80 wurde er nach Entwürfen von J. H. Strack errichtet. Wilmersdorf entwickelte sich bereits Ende des 19. Jh. zu einem städtischen Wohngebiet. 1906 erhielt es Stadtrecht, 1920 wurde es nach Groß-Berlin eingemeindet. Heute noch sind 43 Prozent der Gesamtfläche (34,4 qkm) des Bezirkes Wald.*

## 62 Ev. Kirche am Hohenzollernplatz

31, Hohenzollerndamm 202-203 (Wilmersdorf)

*Repräsentatives Beispiel für den Kirchenbau des Expressionismus.*

1930-33 wurde das **Kirchengebäude*** von F. Höger errichtet, einem der wichtigsten Vertreter des Expressionismus in der deutschen Baukunst, dessen bedeutendstes Werk das Chilehaus in Hamburg ist. Schon während seiner Entstehung erregte der *Betonskelettbau* mit seinem wirkungsvollen *Kupferdach* und dem schlanken scharfkantigen *Turm* großes Aufsehen. Högers Vorliebe für Klinkersteine bestimmt auch hier die *Fassadengestaltung,* die durch dekorative Elemente, wie vergoldete Klinker und vergoldete Fugen aufgelockert wird. Das streng geometrisch gegliederte Äußere steht in auffallendem Kontrast zu dem von 13 gotisierenden Spitzbögen bestimmten *Innenraum.* In seiner feierlich-mystischen Wirkung unterscheidet er sich von der nüchternen Sachlichkeit evangelischer Kirchenräume jener Zeit.

*Berliner Post- und Fernmelde-Museum: Typendrucktelegraph, 1855*

# Steglitz, Zehlendorf, Botanischer Garten, Dahlemer Museen

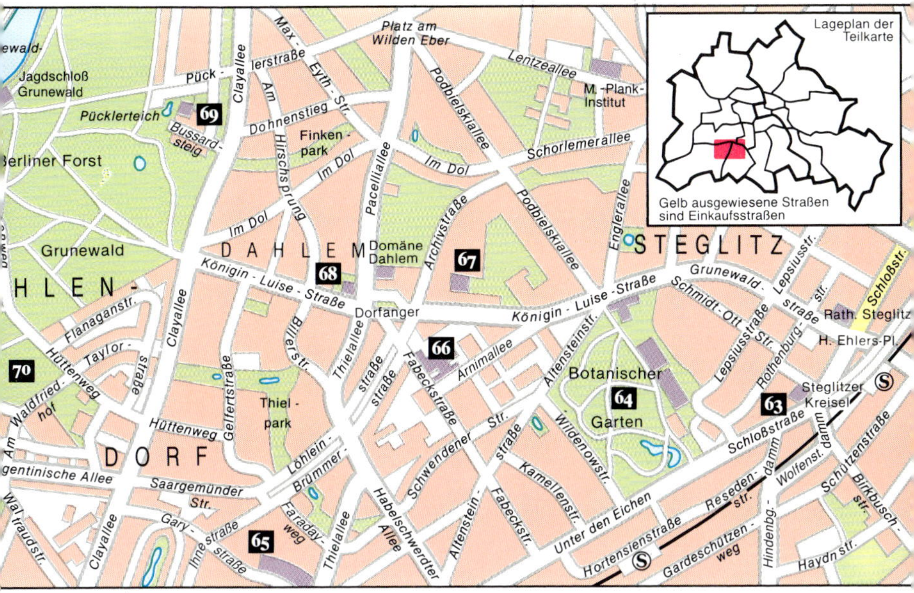




## *Steglitz*

*Die erste urkundliche Erwähnung von Steglitz stammt aus dem Jahre 1375 und findet sich im Landbuch Karls IV. Der Ort wurde erst 1806 eine Gemeinde, fiel 1841 unter preußische Verwaltung und wuchs bis 1909 zu einem der größten Dörfer Deutschlands heran (83 000 Einwohner). 1920 wurde* ***Steglitz*** *mit* ***Lichterfelde, Lankwitz*** *und der 1872 angelegten Villenkolonie* ***Südende*** *zum 12. Bezirk von Groß-Berlin mit einer Gesamtfläche von 31,9 qkm zusammengeschlossen.*

### 63 Schloß Steglitz

41, Schloßstraße 48 (Steglitz)

*Neben Schloß Tegel das künstlerisch bedeutendste Herrenhaus Berlins; Glanzstück des Klassizismus.*

Im ehemaligen Gutshaus ist heute das Restaurant **Wrangelschlößchen,** so genannt, weil Generalfeldmarschall von Wrangel (1784-1877) von 1853 an gerne hier den Sommer verbrachte. Gilly erbaute es 1804 für den Kabinettsrat K.F. v. Beyme, vermutlich mit Beteiligung von H. Gentz. Ein schöner Mäanderfries trennt die beiden Stockwerke der *Hoffassade*; an der *Rückfront* ein Vorbau

*Rathaus Steglitz*

über vier dorischen Säulen mit einem Balkon, der von einem halbrunden Fenster hinterfangen wird. Gleich daneben der Flachbau des kleinen **Schloßpark-Theaters** (476 Plätze), ebenfalls von Gentz, das ursprünglich für Singspiele und rustikale Farcen gedacht war. Erst in den zwanziger Jahren, unter der Leitung von P. Henckels und H. Lebbede, kamen auch die Klassiker auf den Spielplan. B. Barlog, dem späteren Intendanten der staatlichen Schauspielbühnen West-Berlins, ist der baldige Wiederaufbau nach dem Krieg zu verdanken, so daß schon am 3. November 1945 mit ›Hokuspokus‹ von C. Goetz die Spielsaison eröffnet werden konnte.
Ganz in der Nähe: das pompöse **Rathaus Steglitz** (Schloßstraße / Ecke Grunewaldstraße). Es wurde 1896-98 von Reinhardt und Süßenguth im Stil der märkischen Backsteingotik mit Türmchen und Erkern, Zinnen und Nischen erbaut. Südlich vom Rathaus der **Hermann-Ehlers-Platz,** aufgelockert durch die Licht-Raum-Skulptur *Tag und Nacht* des Engländers P. Sedgley (1975). Am Südrand des Platzes, die ganze Gegend überragend, der **Steglitzer Kreisel,** ein dreißigstöckiges Bürohochhaus von S. Kreßmann-Zschach, das als ›Investitionsruine‹ in den siebziger Jahren für Aufsehen sorgte. Im viergeschossigen Sockelbau gibt es ein Hotel, im Erdgeschoß einen Omnibus- und darunter einen U-Bahnhof.

*Botanischer Garten, Ausschnitt aus einem Kenya-Diorama*

## 64 Botanischer Garten

33, Königin-Luise-Straße 6-8 (Steglitz)

*Auf 42 ha ein Wunder an phantasievoller Gartenlandschaft verbunden mit liebevoller Wissenschaftlichkeit; der größte und meistbesuchte Botanische Garten Deutschlands mit der umfassendsten pflanzengeographischen Anlage der Welt.*

Seit über 300 Jahren gibt es in Berlin einen Botanischen Garten, genauer seit 1646, als im Lustgarten (siehe Bezirk Mitte) gegenüber dem Berliner Stadtschloß seltene Bäume und Sträucher gepflanzt wurden. Von 1679 bis 1897 befand er sich in Schöneberg, an der Straße nach Potsdam, wo heute noch der Kleist-Park mit seinem alten Baumbestand daran erinnert [siehe Nr. 59]. A. Engler legte 1897-1903 den neuen Garten auf dem heutigen großen Gelände an. Auch ökonomische Gründe kamen dabei zum Tragen. Der Erwerb von Kolonien in Afrika erforderte die Erforschung tropischer Nutzpflanzen. Doch für Gewächshäuser war auf dem viel zu kleinen alten Areal kein Platz.
Während des Krieges wurde der **Botanische Garten★** schwer verwüstet. Jetzt erscheint er wieder in alter Pracht: Da ist einmal die weltberühmte **Pflanzengeographische Anlage.** Sie beginnt mit der Flora Europas, dem deutschen Wald, den Sumpf- und Wasserpflanzen, den Mooren, Dünen und Heiden, dann geht man durch Miniaturgebirge, von den Pyrenäen über die Alpen und Karpaten bis zum Himalaya und dem Altaigebirge und lernt dabei die jeweilige Pflanzenwelt kennen. Auch ein Klein-NO-Asien, Südafrika, China und Japan, Australien und die beiden Amerika kann man auf diese Weise botanisch erkunden.
Vor dem Victoria-Haus der **Italienische Garten** mit einer reizvollen *Brunnenanlage;* dann der neue **Blindengarten** (Duft- und Tastgarten). Eine besondere Attraktion bilden die 16 *Schauhäuser*, in denen viele der rund 18000 Pflanzenarten, besonders die Orchideen, Kakteen und fleischfressenden Pflanzen untergebracht sind. Das größte – das **Große Tropenhaus** – wurde im Krieg zerstört, ist aber inzwischen wieder aufgebaut. Bei einer Höhe von 28 m, einer Länge von 60 m und einer Breite von 30 m ist es eines der größten Gewächshäuser der Welt. Hier kommt man sich vor wie im Dschungel: das Klima ist schwül, es gibt einen Wasserfall, einen kleinen See und zahllose tropische Pflanzen.
Eine weitere Sehenswürdigkeit ist das **Arboretum,** eine nach Gattungen und Familien gruppierte Anpflanzung von Bäumen und Sträuchern im südwestlichen Teil des Gartens.
Von der ›liebevollen Wissenschaftlichkeit‹ zeugen die 29 **Kulturhäuser,** die der Zucht

*Rechts: Blick ins Große Tropenhaus im Botanischen Garten*

und Studie verschiedener Pflanzenarten dienen, die Abteilungen für *Geschützte Pflanzen* und *Nutzpflanzen,* die *Anzuchtsgärten* und vor allem auch das **Botanische Museum** (Eingang Königin-Luise-Straße), das auf eine Gründung aus dem Jahre 1815 zurückgeht. Neben Pflanzenfunden aus altägyptischen Gräbern beherbergt es eine große **Fachbibliothek** und das **Generalherbarium** mit über zwei Millionen präparierten Pflanzen. Hier sind auch die 4,5 t schwere Scheibe eines fast 800 Jahre alten Mammutbaumes aus Kalifornien und die sogenannte **Baumorgel** ausgestellt, an der man die in Berlin wachsenden Bäume nach ihren Blättern bestimmen kann, sowie viele moderne und künstlerisch geformte Schaustücke in Vitrinen und Dioramen, die die Entwicklung und Verbreitung der Vegetation auf unserem Planeten zeigen. Der Botanische Garten hat jährlich rund 300 000 Besucher.

## *Dahlem*

*Das Angerdorf Dahlem wird erstmals 1275 urkundlich erwähnt. Von 1671-1799 war es im Besitz der Familie von Wilmestorff; 1841 erwarb es der Domänenfiskus. 1920 wurde es mit einigen anderen Gemeinden zum* ***Bezirk Zehlendorf*** *zusammengeschlossen.* **Dahlem** *hat aber einen so individuellen Charakter, daß es eine eigene Eintragung verdient: als Dorf (*Domäne Dahlem, Alter Krug Dahlem*), Villenvorort, aufgrund seiner Museen (*Dahlem Museum*, Museum für Deutsche Volkskunde, Brücke-Museum*), seiner wissenschaftlichen Institute (*Max-Planck-Gesellschaft, Technische Universität*) und der Gründung der* Freien Universität *als Zentrum von Wissenschaft und Forschung.*

## 65 Freie Universität

33, Boltzmann- / Ecke Garystraße (Zehlendorf)

*Erste Nachkriegsuniversität Deutschlands.*

Die FU kann man mit Fug eine Universität im Grünen nennen. Als sie am 15.11.1948 ihren Lehrbetrieb aufnahm – die alte, traditionsreiche Humboldt-Universität lag nach der Teilung im Ostteil der Stadt –, gab es noch keine Universitätsgebäude: Ein paar alte, leerstehende Villen wurden kurzerhand den einzelnen Fakultäten überantwortet. Noch heute sind die verschiedenen Institute und Fachbereiche über ganz Dahlem verstreut. Erst 1952 erfolgte die Grundsteinlegung für den **Henry-Ford-Bau** mit dem *Auditorium Maximum* (1300 Plätze) und der *Universitätsbibliothek;* zwei Jahre später wurde er mit Mitteln der Ford-Stiftung fertiggestellt. Der erste Neubau der FU war allerdings die **Mensa** (Van't'Hoff-Straße 6), die schon 1952 von H. Fehling und P. Pfankuch als ein rechteckiger, dreigeschossiger Stahlbetonbau errichtet wurde. Inzwischen sind viele neue Gebäude hinzugekommen, vor allem aber die sogenannte **Rostlaube,** ein ganzer Komplex pavillonähnlicher, netzartig sich verbreitender Institutsbauten für die Geisteswissenschaften an der Habelschwerdter Allee, der 1967-72 nach dem preisgekrönten Entwurf der Pariser Architekten Candilis, Josic und Woods gebaut wurde und wegen der braunen Corten-Stahl-Fassade seinen Spitznamen erhielt. Der zweite Bauabschnitt (1972-79) bekam eine Außenhaut aus Aluminium und wird dementsprechend die **Silberlaube** genannt.
Die FU hat heute rund 50 000 Studenten in 22 Fachbereichen, fünf Zentralinstituten und acht Zentraleinrichtungen.

*Freie Universität Berlin, Henry-Ford-Bau*

*Dahlemer Museen, Erweiterungsbau an der Lansstraße*

## 66 Dahlemer Museen

33, Arnimallee 23-27 / Lansstraße 8 (Zehlendorf)

*Deutschlands meistbesuchte Kunst-Pilgerstätte: eine der bedeutendsten und reichsten Kunstsammlungen Europas mit auserlesenen Einzelsammlungen von Weltrang.*

Bis zur Fertigstellung der zur Zeit noch im Bau befindlichen Museumsgebäude des Kulturforums nahe der Neuen Nationalgalerie beherbergt das Dahlem Museum die **Gemäldegalerie,** die **Skulpturengalerie** und das **Kupferstichkabinett** der Staatlichen Museen Preußischer Kulturbesitz, zusätzlich zu dem **Museum für Völkerkunde** und den **Museen für Islamische, Indische und Ostasiatische Kunst,** für die es ursprünglich gedacht war. Erbaut wurde der älteste Teil des Museums 1914-21 teilweise nach Entwürfen von B. Paul, diente dann aber nur als Magazin für das Völkerkundemuseum. Als nach dem Krieg die in Westdeutschland ausgelagerten Kunstsammlungen nach West-Berlin zurückkamen, wurden sie hier untergebracht. In den sechziger Jahren kamen Erweiterungsbauten von W. Ebert und F. Bornemann hinzu: Vor dem Eingang Arnimallee steht eine in Bronze gegossene *Kentaurengruppe* von

*Gemäldegalerie: Albrecht Dürer, ›Hieronymus Holzschuher‹, 1526*

R. Begas (1881). An der Ecke Arnimallee/ Fabeckstraße befindet sich die Bronzeskulptur *Herkules mit dem Nemeischen Löwen* von M. Klein (1897).

Die **Gemäldegalerie*** umfaßt rund 1350 Werke der Europäischen Malerei vom 13. Jh. bis zur Zeit des Rokoko, von denen etwa 700 ausgestellt sind. Im *Erdgeschoß* des Altbaus (Eingang: Arnimallee) die deutsche, altniederländische und italienische Malerei vom 13. bis zum Ausgang des 16. Jh. und die französische und englische Malerei des 18. Jh. Im *Obergeschoß* die flämische und holländische Malerei des Barock, sowie die französische und italienische Malerei des Barock und Rokoko. Einen besonderen Schwerpunkt bilden die Sammlungen von *Rubens, Rembrandt* (mit 21 Gemälden eine der bedeutendsten der Welt), *Raffael* und *Tizian* und der französischen Maler des 18. Jh., *Watteau* und *Chardin*.

Das **Kupferstichkabinett*** gehört zu den größten graphischen Sammlungen der Welt. Es umfaßt etwa 35000 *Zeichnungen* und 380000 *Druckgraphiken* vom Mittelalter bis zur Gegenwart, über 104 *illuminierte Handschriften* und mehrere Hunderte von *Einzelminiaturen* des 11.-16. Jh., 190 *Wappen- und*

*Gemäldegalerie*
*Links: Jan van Eyck, ›Die Madonna in der Kirche‹, um 1425*
*Unten: Jacob van Ruisdael, ›Eichen an einem See‹, 1665/69*

*Gemäldegalerie: Rembrandt, ›Selbstbildnis im Samtbarett mit Feder‹, um 1633/34*

*Kupferstichkabinett: Giovanni Battista Tiepolo, ›Die Foresteria der Villa Valmarana bei Vicenza‹, 1757*

*Gemäldegalerie: Peter Paul Rubens, ›Andromeda‹, um 1638*

*Kupferstichkabinett: Matthias Grünewald, ›Hl. Katharina‹, um 1520 (links)*

*Skizzenbücher* und etwa 1500 *illustrierte Bücher* aus dem 17.-20. Jh. Darüber hinaus besitzt es die umfangreichste *Rembrandtsammlung* der Welt, und auch die Sammlung der Druckgraphik und Zeichnungen von *Dürer* ist einzigartig.

Die **Skulpturengalerie★** verfügt über etwa zwei Drittel (ca. 3500 Objekte) des ursprünglichen Bestandes der alten, von Wilhelm von Bode betreuten Skulpturenabteilung in dem nach ihm benannten Museum [siehe Ost-Berlin, Nr. 23]. Die vier Abteilungen bestehen aus der *Frühchristlich-Byzantinischen Sammlung* vom 3. bis zum 17. und 18. Jh., den

*Sandro Botticelli, ›Hl. Sebastian‹, 1474*

*Nordalpinen Bildwerken 800-1800,* der *Italienischen Sammlung* mit Gotischen Marmorskulpturen von Giovanni Pisano, Bronzeplastiken der Renaissance und des Barock, und der *Sammlung des 19. Jahrhunderts* mit Werken von Gottfried Schadow, Rauch, Begas und anderen.

*Gemäldegalerie:*
*Antoine Watteau, ›Der Tanz‹, um 1719*

*Skulpturengalerie:*
*Antonio Canova, ›Danae‹, um 1780*

*Skulpturengalerie*
*Links oben: Tilman Riemenschneider, ›Der Evangelist Matthäus‹ vom ›Münnerstädter Altar‹, 1490/91*
*Rechts oben: ›Christus-Johannes-Gruppe‹, Bodensee, um 1320*
*Links unten: Ignaz Günther, ›Hl. Augustin‹, 1765*
*Rechts unten: Georg Raphael Donner, ›Putto mit Fisch‹, 1740*

Das **Museum für Völkerkunde*** (Eingang Lansstraße) ist sicher eines der interessantesten und eines der größten Institute seiner Art. Es besitzt rund 453000 Sammlungseinheiten (393000 Ethnographica und 60000 musikethnologische Tonaufnahmen), 141000 Photodokumente und 1000 völkerkundliche Filme. Das Museum entstand 1873, geht aber zurück auf das berühmte ›Kunst- und Raritätenkabinett‹ des Großen Kurfürsten im 17. Jh. Organisatorisch gliedert sich das Museum in acht **Regionalabteilungen:** *Südsee* (Melanesien, Australien, Neuguinea, Mikronesien und Polynesien), *Amerikanische Archäologie* (Lateinamerika von Mexiko bis Peru und Nordwest-Argentinien von etwa 2000 v. Chr. bis zur Eroberung durch die Spanier im ersten Drittel des 16. Jh.), *Amerikanische Naturvölker* (über 50000 Objekte von vielen nord- und südamerikanischen Indianervölkern), *Afrika, Westasien, Südasien, Ostasien* und *Europa* (unter Ausschluß der deutschsprachigen Gebiete). Darüber hinaus gibt es noch eine *musikethnologische* und eine *didaktische Abteilung* (Junior- und Blinden-Museum).

Das **Museum für Indische Kunst*** (Eingang: Lansstraße) ist das jüngste der Staatlichen Museen Preußischer Kulturbesitz; es wurde am 1. Januar 1963 gegründet und entstand durch die Übernahme der Bestände aus Indien, Hinterindien, Indonesien und Zentralasien vom Museum für Völkerkunde. Mit rund 15000 Objekten ist es inzwischen die größte **Sammlung** indischer, nepalesischer,

*Völkerkunde-Museum*
*Rechts: Gewebe (Ausschnitt), Peru, um 300 n. Chr.*
*Unten: Afrika-Dauerausstellung*

tibetanischer und auch thailändischer Kunst in Deutschland.
Einen Schwerpunkt bildet die *Turfan-Sammlung*★, Wandmalereien, Plastiken, Kleinfunde und Handschriften, die auf vier Expeditionen zwischen 1902 und 1914 in buddhistischen Höhlen und Tempeln in Chinesisch-Turkestan gefunden wurden. Diese Kunst entwickelte sich zwischen dem 5. und 10. Jh. in den Oasen der nördlichen Seidenstraße. Noch älter sind die *Gandhara-Bildwerke*★ aus dem 1.-5. Jh. n. Chr.: griechisch-buddhistische Steinreliefs und Skulpturen aus Klöstern und Kapellen von Gandhara an der Grenze zu Afghanistan. Bemerkenswert auch die älteste bekannte *Bronze des Gottes Vishnu*★ aus Pakistan (7. Jh. n. Chr.).

*Museum für Indische Kunst: Türvorhang, Nordindien, frühes 17. Jh.*

Das **Museum für Islamische Kunst**★ (Eingang Lansstraße) wurde 1904 von W. v. Bode gegründet. Wie bei den anderen Sammlungen auch, wurde hier der ursprüngliche Bestand je nach dem Auslagerungsort zwischen Ost- und West-Berlin geteilt, wobei in diesem Fall der größere Teil der islamischen *Kleinkunst* nach West-Berlin kam, während die Architekturfragmente und Grabungsfunde an Ost-Berlin gingen [siehe Museumsinsel, Nr. 23]. Aber durch Neuerwerbungen hat das Museum in Dahlem wieder den Rang der bedeutendsten islamischen Sammlung außerhalb des islamischen Kulturbereichs.

Das **Museum für Ostasiatische Kunst**★ (Eingang Lansstraße) zeigt Kunst aus China, Japan und Korea. Von allen Staatlichen Museen hatte die 1906 gegründete ›Ostasiatische Kunstsammlung‹ durch den Krieg die schwersten Verluste erlitten. Der Wiederaufbau in West-Berlin mußte mit nur etwa fünf Prozent des Vorkriegsbestandes begonnen werden. Dazu gehöre allerdings fast der gesamte Bestand an *chinesischer und japanischer Malerei,*★ insgesamt 155 Werke, sowie große Teile der *koreanischen und japanischen Teekeramik* aus dem bedeutenden Nachlaß des Kunsthändlers Tadamasa Hayashi. 1965 gelang es, eine in Europa wohl einmalige *Sammlung von 150 Bronzen* aus dem Ordosgebiet (5. Jh. v. Chr. – 3. Jh. n. Chr.) zu erwerben. Hinzu kam 1967 die ostasiatische **Graphiksammlung** der Kunstbibliothek mit etwa 7000 Blatt.

*Museum für Islamische Kunst: ›Weiblicher Kopf‹, Grabstele, Yemen, 1. Jh. v. Chr.*

*Museum für Ostasiatische Kunst: Fujiware (Tosa) Hirokane, ›Märchen vom jungen Himmelsprinzen‹ (Querrolle), Japan, Muromachi-Zeit, Mitte 15. Jh.*

## 67 Museum für Deutsche Volkskunde

33, Im Winkel 6 (Zehlendorf)

*Neben Nürnberg die einzige überregional ausgerichtete Volkskunde-Sammlung Deutschlands.*

Rudolf Virchow, der berühmte Arzt und Anthropologe, gilt als der Vater des ›Museums für Volkstrachten und Erzeugnisse des Hausgewerbes‹, das 1889 im Palais Creutz in der Klosterstraße eröffnet wurde. Zu der schon bestehenden Sammlung kamen 1893 die volkstümlichen Objekte hinzu, die für die Weltausstellung in Chicago zusammengetragen worden waren. 1904 wurde sie als ›Königliche Sammlung für Deutsche Volkskunde‹ den Königlichen Museen unterstellt. Ungefähr 80 Prozent des reichen Bestandes (45 000 Objekte) gingen im Krieg verloren. Erst 1959 erfolgte in West-Berlin ein Neuanfang, als 40 Kisten mit rund 3600 wertvollen Objekten (Schmuck, Votivbilder, Keramik, Graphik u. a.) aus ihrem Auslagerungsort in Thüringen rückgeführt wurden. 1970-76 erhielt das Museum für seine **Sammlungen★** ein eigenes Gebäude: den wiedererrichteten Magazintrakt des Geheimen Staatsarchivs Preußischer Kulturbesitz mit einem zusätzlichen Anbau für Eingangshalle, Cafeteria, Film- und Vortragsraum sowie einen kleinen Raum für Sonderausstellungen.

*Museum für Deutsche Volkskunde: Florschnallen, Oberbayern, 1. Hälfte 19. Jh.*

*Brücke-Museum: Ernst Ludwig Kirchner, ›Otto Müller mit Pfeife‹, 1913*

## 68 St.-Annen-Kirche

33, Pacelliallee/Königin-Luise-Straße (Zehlendorf)

*Eine der schönsten mittelalterlichen Dorfkirchen Berlins: Juwel der Spätgotik mit reicher Ausstattung von hohem künstlerischen Rang.*

Nach 1933 unter M. Niemöller das Zentrum der Bekennenden Kirche in Deutschland. Der einschiffige **Backsteinbau** auf einem Feldsteinsockel stammt aus dem 14. Jh., womöglich aber auch schon aus dem 13. Jh. Der *Chor* mit Kreuzrippengewölbe und großen Maßwerkfenstern wurde Ende des 15. Jh. angefügt. An den Längswänden legte man 1893 Reste von *Wandmalereien* des 14. Jh. frei, mit Szenen aus dem Leben Christi und der Hl. Anna. Sie gelten als die ältesten erhaltenen Fresken auf märkischem Boden. Zur spätgotischen **Ausstattung*** dieser kleinen Dorfkirche gehört auch der *Schnitzaltar* vom Anfang des 16. Jh. mit der Hl. Anna selbdritt zwischen den Hll. Ursula und Nikolaus. Die *Kreuzigung* an der S-Wand (ehemals in der Franziskanerkirche) wird um 1485 datiert

*Grab Gottfried Benns, Waldfriedhof Dahlem*

und dem Meister des Totentanzes in der Marienkirche zugeschrieben. Die bunt bemalte *Kanzel* ist eine Stiftung von 1679.
Auf dem Kirchhof liegen u. a. der Führer der Studentenbewegung von 1968 Rudi Dutschke (gest. 1979) und der Dichter Volker von Törne (gest. 1980) begraben.
Die St.-Annen-Kirche bildet zusammen mit der gegenüberliegenden *Domäne Dahlem,* dem 1913 als niedersächsisches Fachwerkhaus mit Strohdach gebauten *U-Bahnhof Dahlem-Dorf,* dem *Alten Krug Dahlem* und dem **Dorfanger,** auf dem ein kleiner Hügel das Gewölbe eines *Eiskellers* von 1709 deckt, das noch gut erhaltene Zentrum des alten Ortes.

## 69 Brücke-Museum

33, Bussardsteig 9 (Zehlendorf)

*Wohlgelungene Synthese von Ästhetik und Funktionalität: ein kleines Meisterwerk moderner Architektur mit der größten Sammlung zur ›Brücke‹.*

W. Düttmann hat das Museumsgebäude 1966/67 auf Anregung des Malers Karl Schmidt-Rottluff (1884-1976) erbaut, der damit sich selbst und seinen Künstlerfreunden, mit denen er 1905 in Dresden die expressionistische Künstlergemeinschaft ›Die Brücke‹ (bis 1913) gegründet hatte, ein Denkmal setzen wollte. Es ist ein Flachbau am Rande des Grunewalds, fast ein Bungalow mit viel Glas und schimmernden Sichtbetonwänden am Eingang – eines der kleinsten Museen Deutschlands. Wohltuend in Proportion und Lichtwirkung, zeigen die vier hellen, um einen Innenhof gruppierten Ausstellungsräume eine **Sammlung*** von etwa 150 Bildern der ›Brücke‹-Künstler. Natürlich ist *Schmidt-Rottluff,* der nicht nur der Stadt einen großen Teil seines Œuvres vermacht, sondern sich auch an den Baukosten beteiligt hatte, am häufigsten vertreten. Aber auch Gemälde, Aquarelle, Zeichnungen und Skulpturen von *Heckel, Kirchner, Mueller* und *Pechstein* gehören zum Bestand des Museums.
Auf dem gleichen Grundstück, hinter dem Museum, steht noch jenes ›gigantische‹ **Atelier** von A. Breker, in dem der Bildhauer seine im Dritten Reich beliebten monumentalen Heldenfiguren schuf.

## 70 Waldfriedhof Dahlem

33, Hüttenweg 47 (Zehlendorf)

*Camposanto berühmter Persönlichkeiten.*

In einiger Abgeschiedenheit ein schöner letzter Ruheplatz für den Dichter G. Benn, die Bildhauerin R. Sintenis, die Maler K. Hofer und K. Schmidt-Rottluff, den Revolutionär und Schriftsteller E. Mühsam (ermordet 1937 im KZ Oranienburg), den Rennfahrer B. Rosemeyer, den Komponisten F. Schreker, den Schauspieler O. E. Hasse und die Tänzerin La Jana.

# Lietzensee, Congress-Centrum, Messe, Funkturm, Olympiastadion

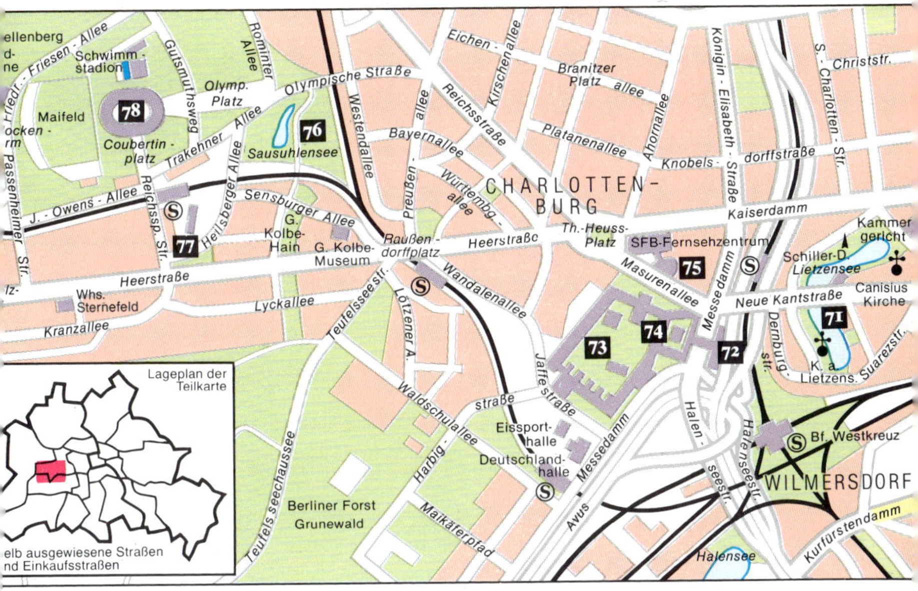




## *Charlottenburg*

*Als die Königin Sophie Charlotte 1705 starb, wurde nicht nur das Schloß, das der erste Preußenkönig Friedrich I. ihr hatte bauen lassen, die ›Lietzenburg‹, sondern auch das Dorf Lietzow in Charlottenburg umbenannt. Trotz der geringen Bevölkerung (etwa 100 Einwohner) erhielt es das Stadtrecht und ist damit nach Spandau die zweitälteste der insgesamt acht Städte, die 1920 nach Groß-Berlin eingemeindet wurden. Ende des Zweiten Weltkriegs waren von 11075 Wohngebäuden nur 604 unbeschädigt geblieben. Heute hat Charlottenburg eine Fläche von 30,3 qkm, von der 42 Prozent bebaut ist.*

*Parklandschaft am Lietzensee, vorne rechts das Hotel Seehof mit Seeterrasse*

*Internationales Congress Centrum (ICC) mit Funkturm*

## *Rund um den Funkturm*

### 71 Lietzenseepark

19, Neue Kantstraße (Charlottenburg)

*Eine idyllische Parklandschaft mit allem, was dazu gehört: See, Wiesen, Bäume, Kinderspielplätze und romantische Wege.*

Der **Park,** 1919/20 von E. Barth angelegt, schlängelt sich entlang einer eiszeitlichen Rinne. An den Hang des südwestlichen Seeufers baute P. Baumgarten 1959 die ev. **Kirche am Lietzensee** (Herbartstraße 4-5) unter Einbeziehung des zum See hin abfallenden Geländes. Der über fünfeckigem Grundriß als ›Zelt‹ konstruierte *Kirchenraum* ist durch eine hohe Mauer von der Straße abgeschirmt, doch zur Seeseite hin öffnet er sich mit der völlig verglasten *Fassade,* die den Blick auf die sich jahreszeitlich verändernde Natur freigibt. Am Südufer ergießt sich eine künstliche *Kaskade* in den See.

Die **Neue Kantstraße** schneidet den Park in zwei Teile, die aber durch eine Unterführung miteinander verbunden sind. Auf einem Hang an der Nordseite, der schon außerhalb des eigentlichen Parks liegt, steht seit 1951 die Marmorstatue des **Schiller-Denkmals** von R. Begas, das sich von 1871-1935 vor dem Schauspielhaus [Ost-Berlin, Nr. 1] befand.

Am östlichen Ufer das **Hotel Seehof** in idyllischer und dennoch zentraler Lage (Lietzenseeufer 11) mit Seeterrasse und einer für ein Großstadthotel ganz ungewöhnlichen Aussicht.

In der an den Park grenzenden Witzlebenstraße steht das ehem. *Reichsmilitärgericht,*

das 1908-10 nach Entwürfen von H. Kayser und K. v. Großheim gebaut wurde. Heute beherbergt der imposante Neubarockbau das **Kammergericht** und den **Berliner Strafsenat** des Bundesgerichtshofes.

Die kath. **St.-Canisius-Kirche** (Witzlebenstraße 27-29) war der erste Kirchenneubau nach dem Krieg, 1954-57 nach einem Entwurf von R. Hofbauer errichtet. Über einem gestaffelten, sich zum Chor zu verjüngenden Grundriß wölben sich Bogenkonstruktionen in Form halber Ellipsen. Die oberlichtartig eingesetzten *Glasfenster* von E. Lammer tauchen den Kirchenraum in ein geheimnisvolles Licht. Der 50 m hohe, von einem Kreuz gekrönte *Glockenturm* steht frei. Von der St.-Canisius-Kirche nimmt die alljährliche Fronleichnamsprozession ihren Ausgang.

## 72 Internationales Congress Centrum (ICC)

19, Messegelände (Charlottenburg)

*Internationale Tagungsstätte. Anziehungspunkt für jährlich etwa 400 000 Teilnehmer aus aller Welt (bei ca. 400 Kongressen). Beeindruckender städtebaulicher Akzent am Messedamm.*

Man gewöhnt sich an alles, also auch an dieses 320 m lange, 80 m breite und 40 m hohe, in eine silberfarbig eloxierte Aluminiumhaut verpackte und hochtechnisierte Monstrum zwischen Messedamm und Stadtautobahn, das aussieht wie ein Riesenkäfer aus einem Horrorfilm. 427 Millionen Mark sollte nach den ersten Schätzungen das **Internationale Congress Centrum (ICC)** kosten, das 1973-79 nach Plänen von R. Schüler und U. Schüler-Witte gebaut wurde. 1981 kam man schon auf 927 Millionen, im Juni 1983 auf 950 Millionen und inzwischen sind es bereits mehr als eine Milliarde Mark, mit jährlichen Folgekosten von mindestens 50 Millionen Mark. Ein teures Baby, das sich die Stadt da zugelegt hat, um als Kongreß- und Messestadt konkurrenzfähig zu sein.
Von der *Eingangshalle* auf der Nordseite des **Hauptgebäudes** leiten blaue und rote *Leuchtspurringe* über eine *Leuchtplastik* den Besucher bis zur großen *Haupttreppe* und zu den jeweiligen Veranstaltungen hin. Der *Kongreßsaal* (Saal 1) verfügt über 5000 Plätze; Saal 2, auf der anderen Seite des zentralen *Bühnenhauses,* hat ein *Auditorium* von 2200 Plätzen. Die Bestuhlung kann jedoch hochgezogen werden, um auf der ebenen Fläche Bankette und Feste für 3000-4000 Personen auszurichten. Weitere 80 Räume verschiedener Größe stehen für Konferenzen und Sitzungen zur Verfügung. Im ICC tagen nicht nur Kongresse, sondern es werden auch kulturelle Veranstaltungen abgehalten; eine Bühne mit modernstem technischen Raffinement ist vorhanden. An der Südseite ein

*›Alexander der Große vor Ekbatana‹ von J. Ipoustéguy, 1980*

*›Radioladen‹ im Rundfunk-Museum am Funkturm*

**Parkhaus** mit *Dachgarten;* an der Nordseite über dem Haupteingang ein großes **Restaurant** mit Blick auf den Vorplatz, auf dem die Monumentalplastik *Alexander der Große vor Ekbatana* von J. Ipoustéguy (1980) steht. Eine dreistöckige **Brücke** verbindet das ICC mit den Ausstellungshallen des Messegeländes.

## 73 Messegelände mit Sommergarten

19, Hammarskjöldplatz (Charlottenburg)

*Internationaler Messe-Platz: bedeutende Fachmessen mit Rekordbesucherzahlen.*

Fast eine halbe Million Besucher (zwei Drittel Berliner, ein Drittel ›Wessies‹) kommt jedes Jahr Ende Januar in die 25 Messehallen zur *Internationalen Grünen Woche,* der größten Nahrungs-, Landwirtschafts- und Gartenbauausstellung in Europa. Fast ebenso viele, nämlich rund 450000, besuchen alle zwei Jahre Ende August die *Internationale Funk- und Fernsehausstellung,* eine Medienshow der Superlative, an der sich neben den Vertretern der Unterhaltungselektronik auch die ARD, das ZDF, die privaten Anbieter sowie ausländische Rundfunk- und Fernsehanstalten mit einer Vielzahl von Programmen beteiligen.
Weitere regelmäßige Messen, die jährlich stattfinden, sind: die *Internationale Tourismus-Börse* (März), die *Freie Berliner Kunstausstellung* (April), die Übersee-Import-Messe *Partner des Fortschritts* (Sept.), die *Antiqua* (Nov.).
Alle zwei Jahre: die Investitionsgüterausstellung *Indu-Tech* (Aug.), die *Bau-Tec* (Okt., in den Jahren mit ungeraden Jahreszahlen), die *büro-data* (Okt.), die *Autoausstellung Berlin* (Okt.), *Gesundheit,* Ernährung, Fitness, Umwelt (Nov.), die *aller-Hand,* Kulinaria und Handwerk (Nov., in den Jahren mit geraden Jahreszahlen), *Heim, Tier und Pflanze* (Nov.) und die *Belektro,* Berliner Fachausstellung der Elektroindustrie (Nov.) u.a.
Die ersten **Ausstellungshallen** wurden schon vor dem Ersten Weltkrieg und in den zwanziger Jahren errichtet. Nach dem Brand von 1935 gab R. Ermisch mit seinen Bauten dem Messegelände sein heutiges Gepräge. Allerdings wurden auch sie während des Krieges weitgehend beschädigt. Nach 1950 wurde die Anlage durch neue Hallen erweitert. Das gesamte Areal beträgt 188887 qm, davon sind rund 90000 qm gedeckte Ausstellungsfläche. Das für Ausstellungen geeignete Freigelände

*Deutschlandhalle am Messedamm*

mißt 40000 qm. Schon 1930 hatte H. Poelzig im Zentrum des Messegeländes den ovalen **Sommergarten** als große Blumenanlage konzipiert. Am Nordeingang, auf dem Hammarskjöldplatz, ein *Denkmal für Dag Hammarskjöld,* den UN-Friedensnobelpreisträger von 1961, von W. Düttmann.

## 74 Funkturm mit Deutschem Rundfunkmuseum

19, Messedamm 11 (Charlottenburg)

*Ein Wahrzeichen Berlins. Von der höchsten Aussichtsplattform: herrlicher Rundblick über die Stadt. Dazu ein kleines, aber reizvolles Museum an historischer Stätte.*

Erst wenn der Berliner, nachdem er die Kontrollpunkte Drewitz (Ost-Berlin) und Dreilinden (West-Berlin) passiert hat und die ersten fünf Kilometer auf der *Avus* [siehe Nr. 92], der einst berühmten Rennstrecke, gefahren ist, dann endlich den **Funkturm*** erspäht, fühlt er sich wieder zu Hause. Der ›Lange Lulatsch‹, wie der 138 m hohe Sendeturm (150 m mit Antennenmast) liebevoll genannt wird, wurde 1924-26 anläßlich der Dritten Deutschen Funkausstellung von der Stahlbaufirma Hein, Lehmann & Co. nach einem Entwurf von H. Straumer am nordöstlichen Rande des Messegeländes errichtet als Antennenträger, Aussichtsturm mit Restaurant und Leuchtturm für den Flugverkehr. Der Berliner ›Eiffelturm‹ erreichte zwar sein Vorbild nicht an Höhe, doch setzte er neue technische Maßstäbe mit der kleinen Grundfläche (20x20 m) und dem geringen Gewicht von 400 t (Eiffelturm: 9500 t). Ein Aufzug führt zum zweigeschossigen **Restaurant** in 55 m Höhe und zur **Aussichtsplattform** in 125 m Höhe. 1962 mußte er seine ursprüngliche Funktion als Sendemast der Berliner Rundfunkanstalten an den am Scholzplatz errichteten, 230 m hohen Funkmast abgeben und dient seitdem nur noch dem Polizei- und Feuerwehrfunk. 1967 wurde direkt am Fuße des Funkturms das **Deutsche Rundfunkmuseum*** (Hammarskjöldplatz 1) eröffnet. Es war in Berlin, der Wiege des deutschen Rundfunks, wo am 29. Oktober 1923 die erste Ansage der ersten deutschen Rundfunkanstalt über den Äther ging. In sieben Abteilungen kann man heute die ganze technische Entwicklung des Rundfunks von seinen Anfängen bis in die neuere Zeit studieren. Eine **Amateurfunkstation** und ein **Kunstkopfstudio** sind angeschlossen.

Nebenan, Messedamm 26, steht die **Deutschlandhalle,** die größte und einzige erhaltene Veranstaltungshalle aus der Zeit vor dem Zweiten Weltkrieg. 1935 für sportliche und politische Veranstaltungen, besonders im Hinblick auf die Olympischen Spiele 1936 errichtet, wurde sie 1973 zu einer modernen Mehrzweckhalle umgestaltet, die 14000 Besucher faßt. Heute werden hier *Reit- und Springturniere* abgehalten, das *Sechstagerennen, Rockkonzerte* und große *Shows* wie A. Hellers ›Menschen, Tiere, Sensationen‹.

*›Sommergarten‹ mit Funkturm*

## 75 Haus des Rundfunks

19, Masurenallee 8-14 (Charlottenburg)

*Deutschlands erstes Funkhaus: ein gelungener, heute noch funktionstüchtiger Bau der frühen dreißiger Jahre.*

Für das 1929-31 erbaute Funkhaus, das heute die Hörfunkabteilungen des **Senders Freies Berlin** (SFB) beherbergt, gelang H. Poelzig eine Lösung, die heute noch Gültigkeit besitzt. Elf Jahre lang, von 1945 bis 1956, hatte die Sowjetische Militäradministration das Gebäude besetzt und hier den ›Berliner Rundfunk‹ eingerichtet, obwohl Charlottenburg zur Britischen Zone gehörte. Nach der Übergabe an den West-Berliner Senat mußte das Gebäude erst gründlich renoviert werden. Poelzigs *Klinkerfassade* wurde beibehalten wie auch die Grundidee eines in sich ge-

*Haus des Rundfunks von Poelzig, links daneben die Fernsehzentrale des SFB*

schlossenen *herzförmigen Komplexes,* dessen zwei nach innen gebogenen Flügel in einem stumpfen Winkel aufeinandertreffen. Hinter der großen, durch fünf Geschosse reichenden *Eingangshalle,* in der auch Kunstausstellungen veranstaltet werden, beginnt unmittelbar der **Große Sendesaal.** Eine zweistöckige Brücke verbindet das Gebäude direkt mit den Fernsehstudios des SFB. Östlich vom Sender, mit Zugang von der Masurenallee wie auch vom Messedamm, der **Omnibusbahnhof** für den Busverkehr zwischen West-Berlin und der Bundesrepublik.

## 76 Friedhof Heerstraße

19, Trakehner Allee 1
(Charlottenburg)

*Einer der landschaftlich schönsten Friedhöfe Berlins: Ruhestätte berühmter Künstler.*

Terrassenförmig lagern die Gräber um den tief im alten Grunewaldteil gelegenen **Sausuhlensee.** Hier fanden ihre letzte Ruhestätte u.a. der Kunsthändler P. Cassirer, die Dichter T. Däubler, A. Holz und J. Ringelnatz, der Schriftsteller M. Harden, die Schauspieler T. Durieux, G. Weiser, V. de Kowa und P. Wegener, der Bühnenschriftsteller Curt Goetz, der Architekt W. Düttmann, der Maler G. Grosz, der Dirigent L. Blech sowie der Bildhauer G. Kolbe.
Südlich vom Friedhof, in der Sensburger Allee 25, das **Georg-Kolbe-Museum,** einst

*Georg-Kolbe-Museum: Georg Kolbe, ›Tänzer Nijinsky‹*

Wohnhaus und Atelier des bedeutenden Bildhauers, das mit 180 *Bronzefiguren* und vielen *Skizzen* das Werk des Künstlers dokumentiert. In der angrenzenden Grünanlage, dem **Georg-Kolbe-Hain,** sind 5 überlebensgroße Bronzen, Erstgüsse nach Gipsmodellen des Künstlers, aufgestellt: *Große Kniende* (1942-43), *Ruhende* (1939-41), *Dionysos* (1932), *Großer Stürzender* (1939-43) und *Mars und Venus I* (1940). Etwas weiter östlich, Heerstraße / Ecke Preußenallee, auf einem Muschelkalkpfeiler die Kolossalbronze *Der Ringer* von H. Lederer (1908).

## 77 Le-Corbusier-Haus

19, Reichssportfeldstraße 16
(Charlottenburg)

*›Unité d'habitation‹: Inkunabel modernen Wohnungsbaus von einem der einflußreichsten und bedeutendsten Architekten des 20. Jh.*

Nach Marseille und Nantes verwirklichte Le Corbusier hier am Heilsberger Dreieck die dritte Version seiner ›Wohneinheit angemessener Größe‹. Das siebzehnstöckige, 135 m lange, 56 m hohe und 23 m breite **Gebäude** in Stahlbeton wurde 1956-58 anläßlich der ›Interbau‹ errichtet. Die 557 Wohnungen verschiedener Größe und Anordnung (auf einer Ebene oder zweigeschossig mit Innentreppe), die über neun ›Straßen‹ innerhalb des Gebäudes erreicht werden können, sind für rund 1500 Menschen gedacht. Es ist eine kleine Stadt für sich mit eigenem Kraftwerk, Postamt und einer Geschäftsstraße. Charakteristisch für den ›Plastischen Stil‹ sind die Verwendung kräftiger Farben an den Balkonen und die plastische Gliederung der Fassade durch die Balkonbrüstungen. Bauliche Mängel ließen den Komplex herunterkommen, so daß heute Wohnungen leerstehen.

## 78 Olympiastadion

19, Olympischer Platz
(Charlottenburg)

*Schauplatz der XI. Olympischen Sommerspiele 1936. Mit 96000 Zuschauerplätzen heute noch das größte Sportstadion Deutschlands.*

Wurde anstelle des alten Deutschen Stadions von Werner March unter Mitarbeit seines Bruders Walter March als Mittelpunkt des **Reichssportfeldes** für die Olympischen Spiele 1936 erbaut. Es war dies die erste, alle sportlichen Disziplinen der Zeit einbeziehende Sportanlage auf dem europäischen Konti-

*Le-Corbusier-Haus (Detail)*

*Totalansicht des Berliner Olympiastadions, errichtet für die Olympischen Spiele 1936 (unten), bei einer Sportveranstaltung (oben).*

*Waldbühne, Schauplatz kultureller Freiluft-Veranstaltungen im Sommer*

nent; bis heute dient sie als Beispiel für modernen Sportstättenbau. Das **Stadion★** mit seinem riesigen Oval (300x230 m) aus Stahlbeton mit Muschelkalkverkleidung verfügte ursprünglich über 85000 Sitz- und 35000 Stehplätze. Die bei dieser enormen Platzkapazität geringe Außenhöhe (16,50 m) erklärt sich daraus, daß das *Spielfeld* 12 m unter das Eingangsniveau abgesenkt ist. Zwei hohe Pfeiler markieren das *Olympische Tor* im Osten. Vor dem Südtor: die alte, bis 1956 vergrabene, gesprungene *Olympiaglocke* (9536 kg). Im Norden unmittelbar an das Stadion anschließend, liegt das **Schwimmstadion** (7600 Plätze), das anläßlich der Weltmeisterschaften 1978 modernisiert wurde. Noch etwas weiter nördlich das schon 1926-28 entstandene *Deutsche Sportforum,* heute Hauptquartier der Britischen Militärregierung. Im Westen des Areals befindet sich das **Maifeld,** ein Festplatz für 500000 Personen mit Tribünen für 70000 Zuschauer und einem 77 m hohen **Glockenturm,** der wegen Kriegsschäden gesprengt, 1962 aber wieder aufgebaut wurde. Er bietet einen herrlichen *Rundblick* auf das Stadion, die Stadt und Havellandschaft mit Fernsicht bis nach Potsdam. Gleichzeitig mit dem Olympiastadion wurde westlich vom Maifeld in einer Senke der Murellenberge die **Waldbühne** errichtet, mit 20000 Plätzen eines der größten Freilichttheater Europas. Werner March gestaltete die ehemalige NS-Kult- und Feierstätte nach dem Vorbild antiker griechischer Theater. Heute finden hier Veranstaltungen wie Rock- und Jazzkonzerte statt.

# Der Norden: Spandau, Reinickendorf, Wedding

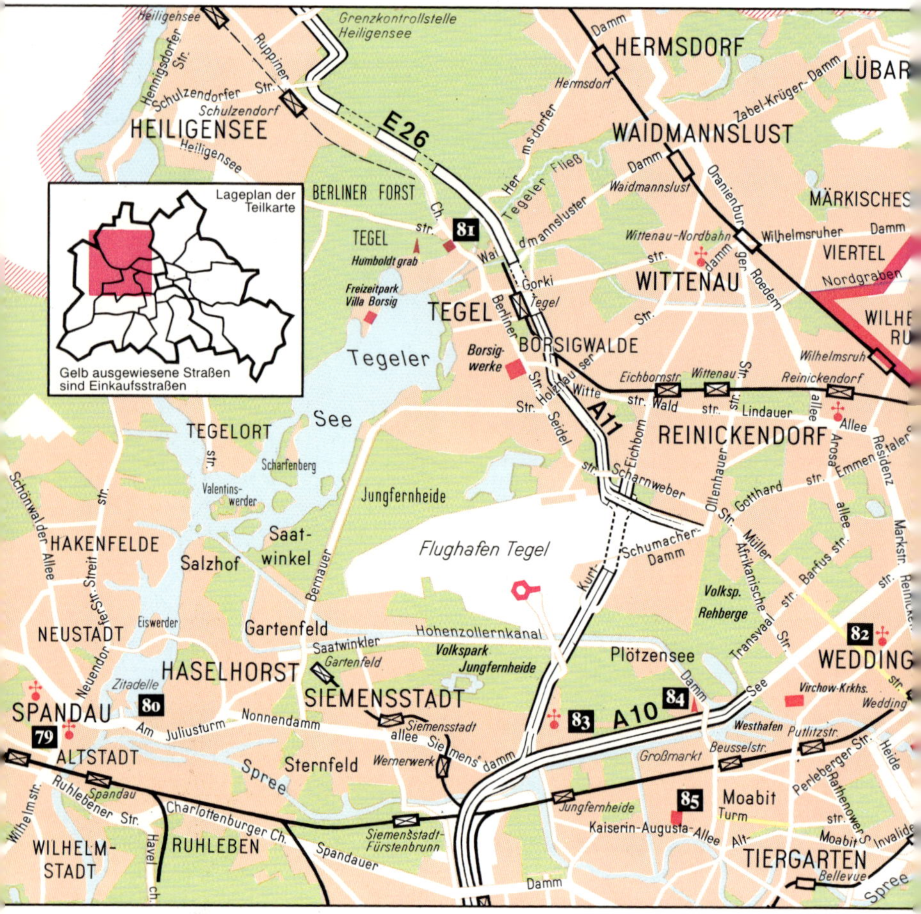


**79** St.-Nikolai-Kirche und Altstadt *Seite 112*
**80** Zitadelle mit Juliusturm *114*
**81** Schloß Tegel *116*
**82** Nazarethkirche *118*
**83** Kirche Maria Regina Martyrum *118*
**84** Gedenkstätte Plötzensee *119*
**85** Turbinenfabrik der AEG *119*

## *Spandau*

*Was ein echter Spandauer ist, sagt heute noch, wenn er zum Ku'damm will: »Ich fahre nach Berlin.« Spandau ist älter als Berlin. Wo heute die Zitadelle steht, gab es schon im 8. Jh. eine slawische Besiedlung. Bereits 1232 erhielt der Ort das Stadtrecht. Im 18. und 19. Jh. entstand nahe der Festung das staatliche Rüstungszentrum. 1897 wurden die ersten Bauten der Siemens AG errichtet, die zur Gründung des Ortsteils* ***Siemensstadt*** *östlich der Havel führten. Auch heute noch hat die Firma eine Belegschaft von rund 16000 Mitarbeitern. 1920 erfolgte die Eingemeindung der Stadt und der umliegenden Gemeinden* ***Gatow, Kladow, Pichelsdorf, Staaken*** *und* ***Tiefwerder*** *sowie der Gutsbezirke* ***Spandau-Zitadelle, Pichelswerder*** *und des nördlichen Teils der* ***Heerstraße*** *zum 8. Verwaltungsbezirk von Groß-Berlin. Bei einer Fläche von 86,4 qkm nach Reinickendorf der zweitgrößte Bezirk West-Berlins, ist Spandau nicht nur der größte Industriebezirk, sondern hat darüber hinaus auch die größte landwirtschaftliche Nutzfläche (1020 ha), die von 104 Betrieben bewirtschaftet wird.*

## 79 St.-Nikolai-Kirche und Altstadt

20, Reformationsplatz (Spandau)

*Einziger noch ursprünglich erhaltener gotischer Großkirchenbau Westberlins und bedeutendes Beispiel märkischer Backsteingotik im Zentrum der stimmungsvollen Spandauer Altstadt.*

Die Entstehungsgeschichte der Kirche ist ungeklärt; 1210 ist das früheste überlieferte Datum. Grabungsfunde lassen jedoch vermu-

*Platzkonzert in der Spandauer Altstadt. Im Hintergrund die hochgotische St.-Nikolai-Kirche*

ten, daß ein erster Sakralbau hier bereits in der zweiten Hälfte des 12. Jh. gestanden hat. Der bestehende hochgotische **Bau** mit steilem *Satteldach* und mächtigem *Westturm* (1467/68, Obergeschoß 1740-44), seinerzeit der höchste (77,5 m) in der Mark, wurde um 1410-50 errichtet. 1944 beschädigt bzw. ausgebrannt, wurde er wiederhergestellt. Die weiträumige dreischiffige **Halle*** mit polygonalem *Chor* und *Chorumgang* überspannt noch das originale Kreuzrippengewölbe, das zum Chor hin in ein Sterngewölbe übergeht.

Aus der reichen **Ausstattung** die wichtigsten Werke: Der 8 m hohe *Renaissancealtar** aus farbig gefaßtem Kalkstein und Tuff wurde 1581 von Rochus Graf zu Lynar, dem Erbauer der Zitadelle, gestiftet, dessen *Familiengruft* sich darunter befindet. Die barocke *Kanzel* (um 1700) ist eine Stiftung Friedrich Wilhelm I. für die Kapelle des Stadtschlosses in Potsdam; erst 1904 wurde sie hier aufgestellt. Die holzgeschnitzte *Kreuzigungsgruppe* über dem Eingang der Nordkapelle wird in die erste Hälfte des 16. Jh. datiert.

Vor dem Westportal steht das *Denkmal des Kurfürsten Joachim II.*, der offiziell die Reformation in Brandenburg einleitete, von E. Encke (1889). Schinkel entwarf 1816 das *Ehrenmal für die Gefallenen der Freiheitskriege* nördlich der Kirche.

Der Reformationsplatz und der nahegelegene Marktplatz, seit 1982 Fußgängerzone, sind Mittelpunkt eines Ensembles von Straßen und Gassen, in denen die Vergangenheit noch höchst lebendig zu sein scheint. Mehrere Häuser in der Spandauer **Altstadt** sind renoviert oder stehen unter Denkmalschutz. Darunter der *Gasthof zum Stern* (Carl-Schurz-Straße 41) aus dem Anfang des 18. Jh.; in der *Breiten Straße 20* ein Haus mit bemerkenswert klassizistischer Fassade, um 1800, aus der Schule David Gillys. An der Havel (Behnitz 5) liegt das *Heinemann-Haus,* ein Fachwerkbau mit spätbarocken Elementen von 1795 und im bewegten Straßenbild

des Kolk die *Alte Kolkschänke* (Kolk 3) von 1750, sowie die kath. **Marienkirche.** Sie wurde 1848 von dem Kgl. Bauinspektor Manger als schlichte, dreischiffige Basilika erbaut; nach schwerer Kriegszerstörung ist sie seit 1964 gründlich wiederhergestellt.
An der Charlottenbrücke die *Anlegestelle* für Dampferfahrten auf der unteren Havel bis zum Wannsee.

*Das Innere der St.-Nikolai-Kirche mit Renaissancealtar und Barockkanzel*

## 80 Zitadelle mit Juliusturm

20, Am Juliusturm (Spandau)

*Was der Tower in London, das ist die Zitadelle in Berlin: ein Bauwerk aus vergangenen Zeiten, das abwechselnd als Festung, Gefängnis und auch als Schatzkammer diente. Einzige noch erhaltene Renaissance-Festung Deutschlands und das älteste Profanbauwerk Berlins.*

Nur Beefeaters gibt es in Berlin keine, und die Zitadelle hat auch keine annähernd so blutige Geschichte wie der Tower. Von der Burg Spandau, die sich früher an dieser strategisch wichtigen Position etwas nördlich der Spreemündung in die Havel befand und vermutlich unter der Herrschaft von Albrecht dem Bären erbaut wurde (um 1160), ist nur noch der ehem. Bergfried, der **Juliusturm*** übriggeblieben, Berlins ältestes Bauwerk. Wir wissen nicht, wie viele Menschen in seinem tiefen Verlies gefangen gehalten wurden. Hier wurde der ›Reichskriegsschatz‹ von 120 Millionen Mark in Gold aufbewahrt, Teil jener 5 Milliarden, die Frankreich nach dem Krieg von 1870/71 als Kriegsentschädigung an Deutschland zahlen mußte. Nach dem 1. Weltkrieg diente der Schatz zur Bezahlung der deutschen Reparationen an die Alliierten. Von der *Aussichtsplattform,* zu der man über eine Wendeltreppe aus Eichenholz mit 145 Stufen gelangt, hat man einen weiten Rundblick über Spandau und die Havellandschaft.
Kurfürst Joachim II. ließ seit 1560 die Burg vermutlich nach Plänen von F. C. de Gandino zu einer modernen Zitadelle ausbauen nach dem Vorbild italienischer Festungsbaukunst. Dabei wurde der Juliusturm in die Gesamtkonzeption mit einbezogen. Der erste Baumeister war C. Römer. Ihm folgte 1562 der Venezianer de Gandino selbst, der 200 italienische Arbeiter beschäftigte. Von 1578-94 vollendete den Bau Guerrini Graf zu Lynar, ebenfalls ein Italiener, der in Frankreich bis zu seiner Vertreibung durch die Hugenottenverfolgung Generalinspekteur der Festungen war.
Den Kern der Anlage bildet ein Quadrat von 200 m Seitenlänge mit einer spitzwinkligen Bastion an jeder Ecke. Die **Bastionen** werden *König* (SW), *Königin* (SO), *Kronprinz* (NW) und *Brandenburg* (NO) genannt; durch die Kurtinen, die Außenmauern, sind sie miteinander verbunden.
Der Zugang zur Zitadelle erfolgt von Süden, der Straße Am Juliusturm, vorbei an der Bastion König, über die schmale Zitadellenbrücke: Das **Torhaus*** mit der darüberliegenden Kommandantenwohnung entstand um 1700, die *Fassade* ist von 1839. Links davon, im ehem. *Palas,* befindet sich heute das **Spandauer Heimatmuseum,** das Exponate aus der Steinzeit sowie mittelalterliche Funde und Darstellungen der Geschichte Spandaus bis zur Gegenwart zeigt. An der Südseite des Sockelgeschosses sind Bruchstücke von jüdischen Grabsteinen aus den Jahren 1244-1347 eingemauert, so daß man annehmen darf, daß dieses frühere Hauptwohngebäude um 1350 errichtet wurde. Bis 1878 befand sich das Festungsgefängnis im sog. *Kavalier* der Bastion Kronprinz, wo u.a. Anna Sydow, die Geliebte Joachims II., der Flottenadmiral des Großen Kurfürsten Benjamin Raule, Staatsminister E. von Danckelmann (1697) und auch Turnvater Jahn gefangengehalten wurden. Östlich der Zitadelle liegt das Werksgelände der Bayerischen Motoren-Werke AG (Am Juliusturm 14-38), das größte Motorradwerk in Europa.

*Rechts: Spandauer Zitadelle mit Juliusturm*

*Verwaltungsgebäude der ehemaligen Borsigwerke (1922-24), Berlins erstes Hochhaus*

*Sommerstimmung am Tegeler See*

## *Reinickendorf*

*Der flächenmäßig größte (89,4 qkm) und bevölkerungsmäßig zweitgrößte Bezirk von West-Berlin, durch das 1963-74 gebaute, anfangs heftig umstrittene* **Märkische Viertel** *im Nordosten, wo für 50000 Menschen Wohnraum geschaffen wurde. Um 1250 gegründet, war Reinickendorf schon Ende des 13. Jh. ein Kämmereidorf Berlins. 1852 erhielt es den Status einer selbständigen Gemeinde. Mit den umliegenden Ortschaften wurde es 1920 zu Groß-Berlins 20. Verwaltungsbezirk zusammengefaßt. Ende des 19. Jh. siedelten sich hier, nachdem die innerstädtischen Betriebe in Moabit zu klein geworden waren, Borsigs Maschinenbauanstalt und Eisengießerei an;* **Borsigwalde** *entstand. Auf dem Werkgelände das in Anlehnung an mittelalterliche Burgtore von K. Reimer und F. Knorte errichtete* **Eingangstor** *(1898), dahinter Berlins erstes Hochhaus, der Turmbau des zwölfgeschossigen* **Verwaltungsgebäudes** *von E. Schmohl (1922-24). Seit 1968 gehören die Borsigwerke zum Thyssen-Konzern.*
*Eines der landschaftlich schönsten Gebiete Berlins ist die Umgebung des* **Tegeler Fließes,** *das den Bezirk von Lübars bis Tegel durchzieht. In Tegel-Süd der* **Flughafen Tegel,** *einer der modernsten innerstädtischen Flughäfen der Welt, weniger als 20 Autobahnminuten von der City entfernt.*

## 81 Schloß Tegel

27, Karolinenstraße (Reinickendorf)

*›Humboldt-Schlößchen‹ – ein Meisterstück Schinkels: Erinnerungsstätte deutschen Geisteslebens und klassizistischer Rahmen für die Antikensammlung Wilhelm von Humboldts.*

Schinkel erweiterte 1820-24 das aus der Zeit Joachims II. stammende Landhaus, seit 1765 im Besitz der Familie von Humboldt, für Wilhelm von Humboldt und seine Frau Karoline zu einem dreigeschossigen **Landschlößchen** mit 4 Ecktürmen, die Rauch mit den *Reliefs* von acht Windgöttern versah. Die dem Garten zugewandte **Hauptfassade** erhält durch die dorischen Pilaster und betonten Gesimse den gewünschten antikisierenden Charakter; zudem sind in den vier seitlichen Nischen *Marmorkopien* berühmter antiker Statuen aufgestellt: der Athene Giustiniani, der Amazone vom Kapitol, der Diana von Gabii und des Fauns von Praxiteles. In den **Innenräumen** finden sich Originale und Repliken von antiken Skulpturen, die Humboldt während seiner Zeit als Gesandter Preußens in Rom gesammelt hatte. Sehenswert sind der *Antikensaal*★, der Hauptsaal des Obergeschosses, sowie die *Bibliothek* und das *Atrium* mit dem Marmorbrunnen des Hl. Calixtus (2. Jh. n. Chr.).
Nach Westen schließt sich der **Schloßpark** an; eine 1792 angelegte, prachtvolle Lindenallee führt an der 400jährigen Alexander-von-Humboldt-Eiche vorbei zur **Grabstätte der Familie von Humboldt**★. Schinkel entwarf sie

*Das von Schinkel erweiterte Landschlößchen der Familie von Humboldt*

nach dem Tode von Karoline (1829); auf der Granitsäule eine Nachbildung der *Hoffnung* von B. Thorvaldsen (1817).
Das Gelände fällt sanft zum **Tegeler See** hin ab, dem größten und schönsten der Havelseen mit 7 kleinen Inseln, auf der größten die *Schulfarm Scharfenberg.* Am nördlichen Ende des Sees, an der Greenwich-Promenade, ist eine *Anlegestelle* für Dampferfahrten nach Spandau und zum Wannsee. Von hier aus führt die Hafen-Brücke zum **Freizeitpark Tegel** und zum traditionsreichen Restaurant **Seepavillon,** von dessen Gartenterrassen aus man einen herrlichen Blick auf den See hat. Das Wassersportparadies, natürlich gibt es ein Strandbad, bietet auch reizvolle Wandermöglichkeiten zu beliebten Ausflugszielen. Entlang dem östlichen Uferweg sind es 6 km bis **Saatwinkel.** Auf der westlichen Seite, vorbei an der Halbinsel Reiherwerder mit der **Villa Borsig,** ein schloßartiges Landhaus in neubarocker Pracht (1911), heute Sitz der Deutschen Stiftung für Entwicklungshilfe, vorbei auch an der Fähre nach Scharfenberg, sind es etwa 4 km bis **Tegelort.**

*Nazarethkirche in Wedding*

## *Wedding*

*Ein Arbeiter- und Industriebezirk. Sitz der Firmen Osram und Schering. Auch die AEG war hier ansässig. Die großen Werkanlagen südöstlich des Humboldthains mit der 1910-12 errichteten, zukunftsweisenden Industriearchitektur von*

*Kirche Regina Maria Martyrum*

*Behrens bestehen noch. 1983 stillgelegt, gehört das Werk heute der Nixdorf Computer AG. An der Brunnenstraße das* **Werktor** *von F. Schwechten (1896) im Stil deutscher Backsteingotik mit Spitztürmen zu beiden Seiten des Torbogens. Im 18. Jh. entstanden um die angeblich von König Friedrich I. entdeckte Heilquelle des* **Gesundbrunnens** *Kur- und Badeanlagen, die mit dem Versiegen der Quelle Ende des 19. Jh. den Betrieb wieder einstellten. Seit 1861 gehören das Dorf Wedding und Gesundbrunnen zu Berlin. 1920 wurden beide Stadtteile zusammen mit kleineren Randgebieten zum 3. Verwaltungsbezirk von Groß-Berlin zusammengefaßt. In den zwanziger Jahren war der Bezirk bekannt als der ›Rote Wedding‹, da hier die beiden Arbeiterparteien SPD und KPD besonders stark vertreten waren. Bei den Reichstagswahlen im November 1932 wurde die KPD mit 47,2 Prozent sogar stärkste Partei. Ein Prunkstück des Bezirks der* **Volkspark Rehberge** *(86 ha), einer der größten und schönsten Parks Berlins.*

## 82 Nazarethkirche

65, Leopoldplatz (Wedding)

*Einzige erhaltene Vorstadtkirche Schinkels.*

Eine der vier kleinen Kirchen, die Schinkel 1832-35 in den im Zuge der Industrialisierung rasch angewachsenen nördlichen Vorstädten Berlins erbaute. Die St.-Elisabeth-Kirche im Vogtland (Bezirk Mitte) wurde im Zweiten Weltkrieg zerstört. Im Gegensatz zur Paulskirche am Gesundbrunnen und zur St.-Johannis-Kirche in Moabit, die der **Nazarethkirche** in ihrer Grundform ähnelt, wurde hier nichts hinzugebaut oder wesentlich verändert, so daß man von dem schlichten Ziegelbau mit Rundbogenportal und profiliertem Giebel einen unverfälschten Eindruck bekommt von Schinkels Gefühl für Proportionen. Der turmlose **Saalbau**★ mit halbrunder Apsis zeigt in den Rundbogenformen stilistische Anklänge an die oberitalienische Romanik. Heute wird er als Gemeindehaus für kulturelle Zwecke genutzt. Dahinter die **Neue Nazarethkirche** von M. Spitta (1889-93), in der die Gottesdienste gehalten werden.

# *Charlottenburg Nord*

## 83 Kirche Maria Regina Martyrum

13, Heckerdamm 230 (Charlottenburg)

*Eindrucksvolles Mahnmal, gestaltet von zwei namhaften Kirchenbaumeistern der Nachkriegszeit.*

Als kath. »Gedenkkirche zu Ehren der Blutzeugen für Glaubens- und Gewissensfreiheit 1933-45« nach Plänen des Würzburger Dombaumeisters H. Schädel und des Architekten F. Ebert 1960-63 erbaut. Die Anlage besteht aus einer **Doppelkirche** mit Feierhof und Freialtar, einem Gemeindesaal und einem Glockenturm. Hohe, schwarzgraue Basaltplatten, die an eine Gefängnismauer erinnern, umgeben die Gedächtnisstätte. Man erreicht die offene **Feierstätte,** die 10000 Menschen Platz bietet, durch das in den **Glockenturm** eingelassene Eingangstor. An der östlichen Hofmauer abstrakte Bronzefiguren von O. H. Hajek, die die *14 Stationen des Kreuzwegs* symbolisieren. Über dem Portal der Oberkirche eine *Marienskulptur,* das Apokalyptische Weib und die sieben Schlangen, von F. Koenig, der auch die *Pietà* in der **Unterkirche** geschaffen hat. Vor der Pietà die *Grabstätten* des Berliner Dompropstes Bernhard Lichtenberg, der 1943 in Nazihaft gestorben ist, und des Leiters der Katholischen Aktion Erich Klausener, der 1934 ermordet wurde. Ein drittes Grab ist symbolisch »allen Blutzeugen, deren Gräber unbe-

*Gedenkstätte Plötzensee. Im Vordergrund die Urne mit Erde aus den Konzentrationslagern*

kannt sind« geweiht. Der obere Kirchenraum wird von einem *Altar-Wandbild* von G. Meistermann beherrscht, das die Vision des Himmlischen Jerusalem und des Lammes aus der Johannes-Offenbarung zeigt.

## 84 Gedenkstätte Plötzensee

13, Hüttigpfad (Charlottenburg)

*Die berüchtigte Hinrichtungsstätte der nationalsozialistischen Gewaltherrschaft: Ein aufwühlendes Mahnmal für die Lebenden.*

In einem Ziegelschuppen im Bereich der heutigen **Jugendstrafanstalt Plötzensee** wurden von 1933 bis in die letzten Kriegstage 1945 hinein Hunderte von politischen Gefangenen und Widerstandskämpfern aller Nationen von den Nationalsozialisten durch Erhängen oder Enthauptung hingerichtet, darunter Pater Alfred Delp, Mitglieder der ›Roten Kapelle‹ und des ›Kreisauer Kreises‹ sowie der Bewegung des 20. Juli. Etwa 200 Beteiligte aus diesem Kreis fanden den Tod, 89 davon in Plötzensee. Eine 18 m lange Mauer vor der Stirnwand trägt die Inschrift »Den Opfern der Hitlerdiktatur der Jahre 1933–1945«. Rechts von der Mauer eine Urne mit Erde aus sämtlichen Konzentrationslagern.

## 85 Turbinenfabrik der AEG

21, Huttenstraße 12-16 (Tiergarten)

*›Inkunabel‹ moderner Industriearchitektur in Stahl und Glas; einer der ersten herausragenden Bauten des Funktionalismus von Peter Behrens, einem Pionier der Neuen Sachlichkeit.*

Mit der Berufung von P. Behrens zum künstlerischen Berater der AEG (1906) hatte erstmalig ein Künstler gestalterischen Einfluß auf die Bauten und Produkte eines Konzerns. Behrens wurde so zum führenden deutschen Industriearchitekten und industriellen Formgestalter. 1909 errichtete er die ursprünglich 110 m lange, später auf 207 m verlängerte **Montagehalle***. Aus Gründen einer möglichst guten natürlichen Beleuchtung ist die Front zur Berlichingenstraße ganz in Glaswände aufgelöst, die durch Stahlstützen rhythmisiert werden. Zum ersten Mal wurden bei einem Industriebau Konstruktionsteile als architektonische Elemente unverkleidet gezeigt. Das Prinzip der Einheit von Funktion und Konstruktion ist verwirklicht. Den an der Stirnseite durch gequaderte Eckpfeiler aus Beton verdeckten Stahlbau krönt ein vorspringender, fünffach gebrochener Giebel, in dem traditionelle Formvorstellungen noch nachwirken. Behrens ließ hier das alte, sechseckige AEG-Zeichen und die Inschrift TURBINENFABRIK einmeißeln. Heute gehört die Halle der Kraftwerkunion Berlin (KWU).

Am Ende der Beusselstraße, welche die Huttenstraße kreuzt, liegt der **Westhafen** (1920–27), der bis 1945 nach Duisburg-Ruhrort der zweitgrößte Binnenhafen in Deutschland

*Fassade der AEG-Montagehalle. Die historische Aufnahme entstand kurz nach ihrer Fertigstellung. Heute ist die Halle durch große Bäume zum Teil verdeckt.*

war. Die alten *Speicher* und *Lagerhäuser* aus den zwanziger Jahren erkennt man an den roten Klinkerfassaden. Nach der Währungsreform von 1948 wurde der Hafen wieder mit neuen Lagerhallen und einer modernen Krananlage ausgestattet, so daß er heute mit drei *Hafenbecken* und einer 18 km langen *Gleisanlage* der zweitgrößte Binnenhafen Europas ist, in dem jährlich rund 5 Mio. t umgeschlagen werden.

*Am Westhafen*

# Tempelhof, Britz, Gropiusstadt, Marienfelde, Lichterfelde

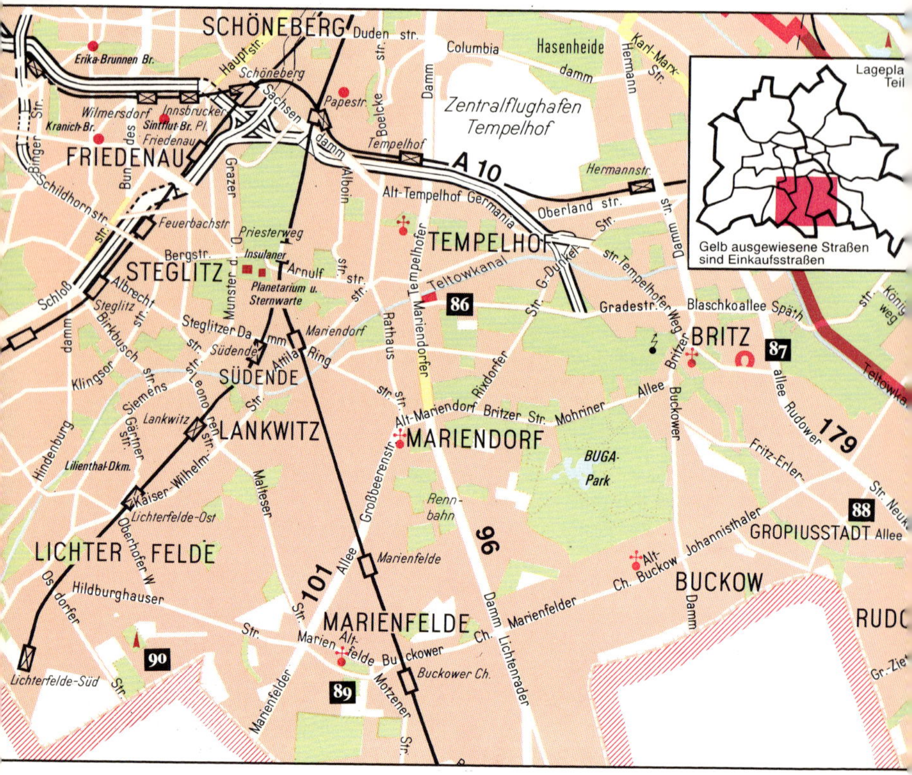




## *Neukölln und Tempelhof*

***Neukölln*** *ist der bevölkerungsreichste Bezirk West-Berlins. Er besteht aus der Stadt* ***Rixdorf,*** *die 1912 in* ***Neukölln*** *umbenannt wurde, sowie den drei im 13. Jh. gegründeten Gemeinden* ***Britz, Buckow*** *und* ***Rudow.*** *Rixdorf seinerseits entstand 1874 aus dem Zusammenschluß zweier Dörfer, von denen das eine dem Johanniterorden gehörte, der es 1435 an die Städte Berlin und Cölln verkaufte, und das andere 1737 von Böhmischen Hussiten gegründet wurde. Die Gesamtfläche des Bezirks beträgt 44,94 qkm, von denen 31,8 Prozent bebaut sind; 591 ha werden landwirtschaftlich genutzt. 1985 fand im Südwesten von Britz die* ***Bundesgartenschau*** *statt, deren ehemaliger* ***Park*** *mit seinen künstlichen Seen und architektonisch witzigen Cafés ein landschaftliches Kuriosum darstellt.*

***Tempelhof*** *wurde Anfang des 13. Jh. zusammen mit* ***Mariendorf*** *und* ***Marienfelde*** *vom Templerorden gegründet. Nach dessen Aufhebung (1312) wechselten sie in den Besitz der Johanniter, die sie 1435 an Berlin-Cölln verkauften. 1920 wurden sie zusammen mit* ***Lichtenrade*** *und dem westlichen Teil von* ***Buckow*** *zum 13. Verwaltungsbezirk von Groß-Berlin zusammengeschlossen mit einer Fläche von 40,7 qkm.*

*Turm des ehem. Ullstein-Hauses (Detail)*

## 86 Druckhaus Tempelhof (ehem. Ullstein-Haus)

42, Mariendorfer Damm 1-3 (Tempelhof)

*Wahrzeichen von Tempelhof. Musterbeispiel früher Hochhausarchitektur; der erste Stahlbetonskelettbau in Europa.*

Er ist weithin sichtbar, der dreizehngeschossige und 77 m hohe *Hochhausturm* des Druckhauses Tempelhof. 1925-27 ließ der Ullstein-Verlag die **Anlage** – bestehend aus dem *Turm* und den sechs- bis siebenstöckigen, um einen Hof gruppierten, *Flügelbauten* – von E. Schmohl errichten. Während das ebenfalls von Schmohl erbaute Tegeler Borsig-Hochhaus [siehe S. 116] noch ein traditioneller Mauerwerksbau war, handelt es sich hier um das erste in *Stahlbeton* ›gegossene‹ Hochhaus in Berlin. Daß die Anlage nicht nur als Produktionsstätte, sondern auch der Repräsentation des ehemals mächtigsten Zeitungs- und Zeitschriftenverlags Europas diente, drückt sich im Turmbau, aber auch in der aufwendig gestalteten und mit Klinkern verkleideten **Fassade** aus. Allein für die Steinmetzarbeiten wurden 10 Prozent der Gesamtsumme ausgegeben.
Nach dem Zweiten Weltkrieg wechselte das Druck- und Verlagshaus den Besitzer und wurde in Druckhaus Tempelhof umbenannt. Heute gehört es dem Axel-Springer-Verlag. Der Büroturm ist mittlerweile ungenutzt.

*Aufwendig gestaltete Fassade des Ullstein-Hauses (Detail) mit dem Verlagsemblem, der Eule, über dem Eingang*

*Ehemaliges Ullstein-Haus*

## 87 ›Hufeisensiedlung‹

47, Fritz-Reuter-Allee (Neukölln)

*Eines der wichtigsten Wohnungsbauprojekte der zwanziger Jahre, das heute noch Gültigkeit besitzt. Berlins eigenwilligste Wohnsiedlung im offenen Zeilenbau von Bruno Taut.*

Neben der Großsiedlung *Siemensstadt* in Charlottenburg, der *›Weißen Stadt‹* in Reinickendorf und *›Onkel Toms Hütte‹* in Zehlendorf [siehe dort] ist die *›Hufeisensiedlung‹* in Britz beispielhaft für den Wohnungsbau in den Jahren nach dem Ersten Weltkrieg. Eine Lösung der drängenden Wohnungsproblematik wurde mit dem **Zeilenbau** entwickelt, der die alten geschlossenen Straßenfronten ablöste und statt großer Mietskasernen Kleinhaussiedlungen mit Gärten ermöglichte.
Die **›Hufeisensiedlung‹** bezieht ihren Namen aus der Tatsache, daß der Kern der Siedlung aus dreigeschossigen Wohnhäusern besteht, die hufeisenförmig um einen kleinen Teich gelegen sind. Ihr Entstehen verdankt sie in erster Linie der Initiative des Stadtbaurats M. Wagner und dem Architekten Bruno Taut, die in den Jahren 1925-27 insgesamt 1027 Wohnungen, davon 427 in Einfamilienhäusern, schufen in Straßen, deren Namen ausschließlich F. Reuters Erzählungen entnommen sind wie, zum Beispiel, die **Onkel-Bräsig-Straße** und der **Lowise-Reuter-Ring.** 1930/31 wurde die Siedlung nach Süden von Taut und nach Osten von B. Schneidereit erweitert, in den fünfziger Jahren nochmals von E. Ludwig und W. Weber, deren Bebauung zur Gropiusstadt überleitet. Inzwischen ist aus der Siedlung ein riesiger Komplex geworden mit über 4250 Wohnungen.

*Gropiusstadt, umstrittene Repräsentativsiedlung des sozialen Wohnungsbaus der sechziger Jahre.*

## 88 Gropiusstadt

47, Fritz-Erler-Allee (Neukölln)

*Eine gigantische Trabantenstadt im Süden Berlins mit 17000 Wohnungen für 50000 Menschen. Unter Beteiligung namhafter Architekten entstanden. Repräsentativ für den Wohnsiedlungsbau der sechziger Jahre.*

Der neue Stadtteil entstand in mehreren Bauabschnitten auf einer Fläche von 260 ha in den Jahren 1964-75 und geht auf eine Planung von Walter Gropius aus dem Jahr 1960 zurück, die jedoch mehrfach abgeändert wurde. Einen eklatanten Vorteil hat diese moderne Stadtlandschaft gegenüber dem sowohl zahlenmäßig als auch vom Entstehungszeitraum her vergleichbaren *Märkischen Viertel,* ein weiteres Beispiel Berliner Gigantomanie das von den Architekten W. Düttmann, H. Müller und G. Heinrichs im Norden der Stadt erbaut wurde: Gropiusstadt ist mit der Linie 7 der U-Bahn erreichbar und macht auf den ersten Blick aufgrund der länglichen Ausdehnung und einer größeren architektonischen Vielfalt einen weniger massiven Eindruck. Jeder der vier U-Bahnhöfe ist gleichzeitig Versorgungszentrum und gesellschaftlicher Treffpunkt. Im Westen, am U-Bahnhof **Johannisthaler Chaussee,** befinden sich das von W. Ebert erbaute *Ladenzentrum,* die ev. *Martin-Luther-King-Kirche* von K. Otto und die *Grundschule am Regenweiher* von N. Braun. Am U-Bahnhof **Lipschitzallee** liegt das *Mehrzweckhaus* von A. Ginelli, die kath. *St.-Dominicus-Kirche* von H. Schädel und H. Jünemann (1977) und *Wohnbauten* von Walter Gropius selbst, darunter das halbkreisförmige Hochhaus, das an Brunos Tauts ›Hufeisen‹ [siehe Nr. 87] erinnern soll. Ein zweites, mehrgeschossiges *Ladenzentrum* von H. Bandel liegt am U-Bahnhof **Wutzkyallee,** sowie die *Helmholtz-Oberschule* und die *Martin-Lichtenstein-Grundschule* von K. Brohm und W. Korth. Nördlich der Fritz-Erler-Allee befindet sich der lebhaft gestaltete Betonbau der *Walt-Disney-Grundschule* von G. und M. Hänska. Am U-Bahnhof **Zwickauer Damm** endet die Gropiusstadt mit Bauten von R. Gutbrod und H. Bandel.

## 89 Dorfkirche Marienfelde

48, Alt-Marienfelde (Tempelhof)

*Berlins älteste Dorfkirche und eines der frühesten Zeugnisse deutscher Ostkolonisation. Ausgezeichnetes Beispiel einer stilreinen spätromanischen Kirchenanlage inmitten eines der eindrucksvollsten und besterhaltenen Berliner Dorfanger mit schönen alten Bauernhäusern. Eine Idylle am Rande der Großstadt.*

Die ehem. Templerkirche wurde aus Granitquadern errichtet. Die ›vollständige‹ **Anlage** besteht aus einem rechteckigen *Saalbau,* der im Osten in einen eingezogenen *Chor* mit halbrunder Apsis übergeht, und dem im Westen ein breiter *Querbau*⋆ mit einem *Turm* vorgestellt ist, dessen Satteldach eine Windfahne von 1595 trägt. Die Kirche wird um 1220 datiert, die Anbauten am Chor stammen aus dem 14. und 15. Jh. 1921 errichtete B. Möhring die Vorhalle am Westportal und ersetzte die ursprüngliche Balkendecke durch ein hölzernes Tonnengewölbe. Die wichtigsten Werke der **Ausstattung:** ein *Taufstein* von 1624 mit dem roten Wappenadler der Stadt Cölln und ein *Kugelkronleuchter* aus dem 17. Jh.

*Dorfkirche Marienfelde*

*Lilienthal-Gedenkstätte mit ›Weltkugel‹*

## 90 Lilienthal-Gedenkstätte

45, Lilienthalpark (Steglitz)

*Denkwürdiger Schauplatz der Technikgeschichte und wichtige Erinnerungsstätte aus der Entwicklung der Luftfahrt: Der erste künstlich angelegte ›Flugplatz‹ der Welt.*

Als Otto Lilienthal mit seinem Bruder 1894 einen 15 m hohen Hügel errichtete, um von hier aus Gleitflüge von über 100 m Länge zu unternehmen, schuf er sich seine eigene, spätere Gedenkstätte. Der tödliche Absturz des mutigen Ingenieurs ereignete sich jedoch in den Stöllner Bergen, beim mißglückten Versuch eines 300 m weiten Gleitfluges. 1932 gestaltete F. Freymüller aus dem sog. **Lilienthal-Berg** die heutige Gedenkstätte in Form eines dreifach abgestuften Erdkegels ohne Spitze. Der so entstandene, mit Platten bedeckte *Rundplatz* hat einen Durchmesser von 10 m und zeigt eine *Weltkugel,* auf der die wichtigsten historischen Flugleistungen markiert sind. Das von neun Eisenstreben gestützte Dach ist so konzipiert, daß es die Mitte offen läßt, um auf diese Weise die Verbindung von Erde und Himmel zu symbolisieren.

Das **Lilienthal-Denkmal** steht allerdings weiter entfernt in den Parkanlagen am Teltowkanal, in der Nähe der Bäkebrücke. P. Breuer schuf dafür 1914 einen *Ikarus* mit ausgebreiteten Flügeln, der auf einem 6 m hohen, pyramidenförmigen Sockel steht.

# Avus, Grunewald, Wannsee, Pfaueninsel, Glienicke

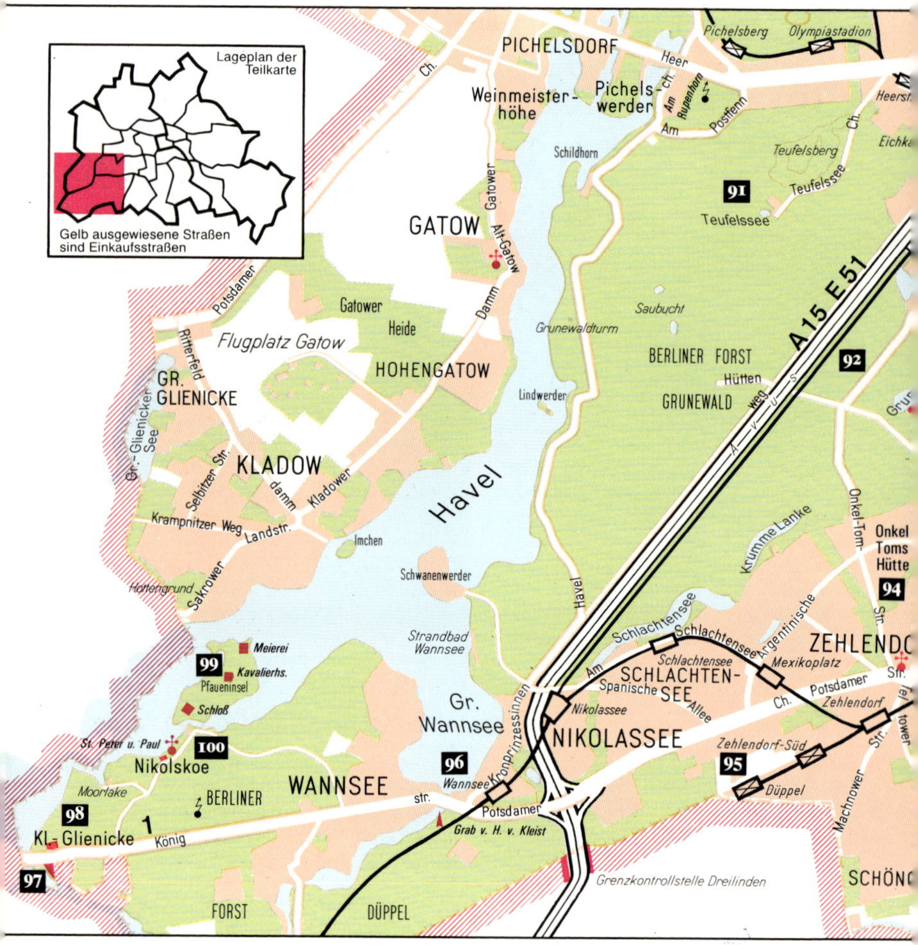




## *Grunewald*

*Berlins größter Wald bedeckt eine Fläche von 32 qkm. Der nördliche Teil gehört zu* ***Wilmersdorf,*** *der südliche zu* ***Zehlendorf.*** *Der Waldgürtel ist etwa 5-6 km breit und stößt im Westen auf die Havel. Von der Heerstraße im Norden bis zum Wannsee im Süden sind es ungefähr 9 km. Östlich der* ***Avus*** *erstreckt sich eine idyllische Seenkette:* ***Hundekehlsee*** *(7,3 ha),* ***Grunewaldsee*** *(17,5 ha),* ***Krumme Lanke*** *(15,5 ha) und der* ***Schlachtensee*** *(31 ha), die durch ein Kanalsystem miteinander verbunden sind.*

## 91 Teufelsberg

19, Teufelssee-Chaussee (Wilmersdorf)

*Mit einer Höhe von 115 m der höchste Berg und das bedeutendste ›Wintersportzentrum‹ West-Berlins.*

25 Millionen Kubikmeter Trümmerschutt waren nötig, um diese künstliche Hügellandschaft auf einer Fläche von 110 ha aufzubauen. Auf dem Gipfel steht eine weithin sichtbare Radarstation der US-Armee. Am Nordhang bieten zwei Sprungschanzen mit Kunstschneekanonen und eine Rodelbahn reiche

Wintersportmöglichkeiten. Eine zweite Anhöhe von 110 m ist im Sommer bei Drachenfliegern beliebt. Vom Fuße des Teufelsberges sind es etwa 15 Minuten in südwestlicher Richtung bis zum **Teufelssee** (2,39 ha), der unter Naturschutz steht.
Die Havel-Chaussee führt nach Süden zum **Grunewaldturm.** Von Potsdam bis Spandau reicht bei klarem Wetter der herrliche Blick von der 105 m über der Havel gelegenen *Aussichtsplattform.* Allerdings muß man dazu erst einmal 204 Stufen bewältigen. F. Schwechten errichtete 1897 den roten Backsteinbau nach Vorbildern altmärkischer Stadttürme auf dem nur 79 m hohen **Karlsberg** zum Gedächtnis an Kaiser Wilhelm I. Bis 1948 hieß der Grunewaldturm dementsprechend auch Kaiser-Wilhelm-Turm. Ein *Terrassenrestaurant* bildet eine weitere Attraktion, weswegen im Sommer Ausflugsbusse ab Bahnhof Zoo eingesetzt werden.

*Grunewaldturm, ehemals ›Kaiser-Wilhelm-Turm‹ genannt.*

## 92 Avus

19 (Charlottenburg) – 38 (Zehlendorf)

*Die erste Autorennstrecke Deutschlands und Schauplatz einst aufsehenerregender Geschwindigkeitsrekorde.*

1921 wurde die Avus *(Automobil-Verkehrs- und Übungsstraße)* eröffnet. Den Rundenrekord stellte 1937 Rosemeyer mit 276 km/h auf. Auf der Geraden erreichte R. Caracciola eine Spitzengeschwindigkeit von fast 400 km/h. Auch heute noch wird die Avus als Rennbahn vornehmlich für den *Motorradsport* benutzt. Sie beginnt am Messegelände und besteht aus zwei **Geraden** von 8,3 km Länge und je 8 m Breite, die diagonal den Grunewald durchqueren und durch die **Südkurve** miteinander verbunden sind. Die berühmte steile *Nordkurve* wurde 1967 dem Ausbau der innerstädtischen Autobahn geopfert. Heute ist die Avus als E 15 ein Teil des *Stadtautobahnnetzes;* sie führt über **Dreilinden** auf westlicher und **Drewitz** auf DDR-Seite zu den Transitstrecken nach Helmstedt, Herleshausen oder Hof.

## *Zehlendorf*

*Für 300 Mark Silber verkauften die Markgrafen Johann I. und Otto III. im Jahr 1242 das Dorf Cedelendorp an das Zisterzienserkloster Lehnin. Seinen ersten Aufschwung erhielt der Ort nach 1838 als Zwischenstation auf der Eisenbahnstrecke Berlin-Potsdam. Zehlendorf ist der bevölkerungsärmste und am dünnsten besiedelte Bezirk von West-Berlin. Von einer Gesamtfläche von 70,6 qkm sind nur 28,5 Prozent bebaut. Das übrige Gebiet besteht aus Wald, Wasserflächen, Parkanlagen und Gartenland. 173 ha werden landwirtschaftlich genutzt.*

## 93 Jagdschloß Grunewald

33, Am Südostufer des Grunewaldsees (Zehlendorf)

*Intimes Schlößchen für fürstliche Jagdfreuden in idyllischer Landschaft unmittelbar am Grunewaldsee. Heute idealer Rahmen für eine erlesene Kunstsammlung.*

Eine Inschrift unter einem Relief am Eingang zum **Jagdschloß** nennt 1542 als Baujahr. Der Renaissancebau wurde im Auftrag von Kurfürst Joachim II., einem passioniertem Jäger, von C. Theyß errichtet. Die *Stallungen* und *Wirtschaftsgebäude* sind über mehrere Jahrhunderte entstanden. Anfang des 18. Jh. wurde das dreigeschossige *Hauptgebäude* um- und ausgebaut. Aus jener Zeit stammt auch im wesentlichen die Ausstattung der In-

*Links: Jagdschloß Grunewald*

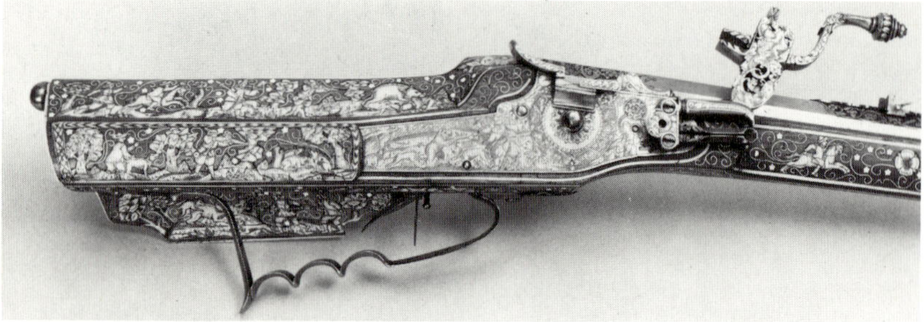

*Jagdschloß Grunewald: Radschloßbüchse (Detail), Sachsen, um 1690*

nenräume. Nur die *Vorhalle* und der *Treppenturm* sind noch in ihrer ursprünglichen Form übriggeblieben.
Heute beherbergt das Schloß eine bedeutende **Gemäldesammlung*** von rund 200 Werken deutscher und niederländischer Meister des 15.-19. Jh., darunter Blomaert, Bruyn, Jordaens und Rubens sowie Cranach d. J., mit einem *Porträt Joachims II.* (um 1551). 1770 ließ Friedrich d. Gr. gegenüber dem Schloß eine langgestreckte Halle als *Jagdzeugmagazin* errichten, in der seit 1977 ein kleines **Jagdmuseum** mit Waffen, Jagdbildern und Jagdtrophäen untergebracht ist.

## 94 ›Onkel Toms Hütte‹

37, Argentinische Allee (Zehlendorf)

*Bahnbrechender Siedlungsbau der zwanziger Jahre.*

Die **Waldsiedlung*** wurde 1926-32 in mehreren Bauabschnitten beiderseits des U-Bahnhofs und Ladenzentrums ›Onkel Toms Hütte‹ im Grunewald errichtet. Die Architekten waren Bruno Taut, H. Häring und O. R. Salvisberg. Die Anlage besteht überwiegend aus *Einfamilienhäusern,* meist Reihen- und Doppelhäuser. Daneben gibt es aber auch zwei- und dreigeschossige sowie viergeschossige *Wohnblocks.* Die rechtwinklig zur Argentinischen Allee angelegten *Gebäudezeilen* sind aus Gründen einer wirtschaftlichen Erschließung und einer Gliederung der Anlage paarweise zusammengefaßt. Diese Rhythmisierung wird durch das von Taut entwickelte *Farbkonzept,* das die verschiedenfarbigen Hauszeilen zu Einheiten zusammenschließt, unterstrichen. Heute soll die urspr. Farbgebung soweit wie möglich wiederhergestellt werden. Ihren wohnlichen Charakter verdankt diese für die damalige Zeit mustergültige Siedlung dem reichen Baumbestand.

*Jagdschloß Grunewald: Lucas Cranach d. Ä., ›Die Quellnymphe‹, um 1515*

*Dörfliche Teichidylle im Museumsdorf Düppel*

## 95 Museumsdorf Düppel

37, Clauertstraße 11 (Zehlendorf)

*Ein ganz ungewöhnliches Heimatmuseum, das den Besucher über 800 Jahre zurückversetzt in den dörflichen Alltag einer mittelalterlichen Siedlung in der Mark.*

Seit 1975 entsteht auf einem rund 5 ha großen Gelände am *Machnower Krummen Fenn* das **Museumsdorf***, nachdem 1967 archäologische Ausgrabungen ein Dorf aus dem 12. Jh., der Zeit der deutschen Ostbesiedelung, freigelegt hatten. Es wurde wahrscheinlich schon 1220 von seinen Bewohnern verlassen, die in das neugegründete Zehlendorf umsiedelten, da der lehmhaltige Boden hier höhere Erträge versprach.
Interessierte Berliner gründeten 1975 den *›Förderkreis des Museumsdorfs Düppel‹* mit dem Ziel, diese mittelalterliche Siedlung anhand der Funde in ihrer ehemaligen Anlage zu rekonstruieren. Archäologen überwachen den Aufbau der urspr. 14-16 **Häuser** durch Hobby-Handwerker auf historische Genauigkeit. **Felder und Gärten** werden mit alten Kulturpflanzen bestellt. In der **Tierhaltung** sind alte Rassen von Schafen, Ziegen und Schweinen zu sehen. Angefangen von den Techniken des mittelalterlichen Hausbaus über das Weben, Spinnen, Töpfern, Schmieden bis zur Getreide- und Lederverarbeitung vermitteln die **Handwerkergruppen** einen umfassenden Einblick in eine wirtschaftlich autarke Dorfgemeinschaft des Mittelalters.

## 96 Großer Wannsee

38 (Zehlendorf)

*Wo sind die meisten Berliner an heißen Sommertagen? Am oder im Wasser und das vor allem im Strandbad Wannsee, auch stolz ›Berliner Lido‹ genannt. Ein Wassersportparadies und Erholungsgebiet in reizvoller Umgebung.*

Über 30000 Besucher zählt an schönen Tagen der 1,3 km lange und 80 m breite *Sand-*

*strand.* Schon 1907 wurde das **Strandbad** eröffnet; 1930 bauten es M. Wagner und R. Ermisch zum größten Freibad Berlins aus. Der **Große Wannsee** ist etwa 1 km breit und hat eine Tiefe von 9-10 m. Diese Ausbuchtung der Havel ist zum *Zentrum des Berliner Segelsports* geworden. Nördlich des Strandbades das Restaurant **Wannseeterrassen,** von dessen Freiterrassen man einen herrlichen Blick auf die Badefreuden am See hat, und noch weiter nördlich die fast bis zum Ufer reichende 25 ha große Insel **Schwanenwerder.** In der Straße Am Großen Wannsee 56-58 fand am 20. Januar 1942 die sog. *Wannseekonferenz* statt, auf der die »Endlösung der Judenfrage« beschlossen wurde.
Gleich an der *Wannseebrücke* liegt auf der Südseite des **Kleinen Wannsees** in einem

*Grab Heinrich v. Kleists am Kleinen Wannsee*

Waldstück, an der Bismarckstraße 3, das **Grab Heinrich von Kleists,** der an dieser Stelle am 21. November 1811 zusammen mit Henriette Vogel aus dem Leben schied. 1861 wurde der verwitterte Grabstein durch einen Gedenkstein aus Marmor ersetzt mit der von dem Berliner Arzt und Schriftsteller Max Ring stammenden Inschrift: »Er lebte, sang und litt / in trüber schwerer Zeit; / er suchte hier den Tod / und fand Unsterblichkeit.« 1936 wurde dieser Gedenkstein wegen des ›nichtarischen‹ Autors der Inschrift durch einen rötlichen Stein ersetzt mit folgender Inschrift: »Nun, o Unsterblichkeit / bist Du ganz mein.« aus Kleists ›Prinz von Homburg‹. Der Name von Kleists Todesgefährtin fehlt.

## 97 Jagdschloß Glienicke

39, südlich der Königstraße (Zehlendorf)

*Internationale Begegnungsstätte der Jugend in fürstlich-neubarockem Ambiente.*

1682 errichtete C. P. Dieussart für den Großen Kurfürsten ein *Jagdhaus,* das F. v. Arnim 1862 für Prinz Karl von Preußen zu einer **Flügelanlage** im Stil des französischen Barock erweiterte. Für dessen Enkel, Prinz Friedrich Leopold, vergrößerte 1889 A. Geyer nochmals den Bau. Dabei erhielt das Schloß sein heutiges Aussehen, das an süddeutsche Frühbarockbauten erinnert. Nach Plänen von M. Taut hat es heute *Vortrags-* und *Seminarräume* für 100 Teilnehmer, *Unterkünfte* für 80 Personen, eine *Sporthalle,* ausgedehnte Grünflächen und einen eigenen *Badeplatz.* Das Haus ist nur für Seminarteilnehmer zugänglich. Vor dem Haupteingang die Bronzefigur *Liegende* (1963) von R. Scheibe.

## 98 Schloß und Park Kleinglienicke

39, nördlich der Königstraße (Zehlendorf)

*Großartige Schöpfung des Klassizismus in einzigartig harmonischer Verbindung von Architektur und Landschaft; ein Meisterwerk Schinkels.*

In rund 25 Jahren (1824-50) entstand hier vor den Toren Potsdams aus einem kleinen frühklassizistischen Landhaus, das der Staatskanzler Fürst Karl August von Hardenberg 1814 erworben hatte, ein architektonisches und landschaftliches Gesamtkunstwerk. Initiator dieses einmaligen Ensembles war der dritte Sohn Friedrich Wilhelms III., Prinz Karl von Preußen, der sich 1824 das Landhaus als Sommersitz erkor. Er beauftragte K. F. Schinkel, die vorhandenen Gebäude zu einem **Schloß** umzubauen und die Anlage durch vielfältige Nebenbauten zu ergänzen. Neben Schinkel waren hier auch dessen Schüler L. Persius und F. v. Arnim tätig. Gleichzeitig ließ Prinz Karl den 116 ha großen **Park** von P. J. Lenné gestalten, der schon 1816 für Hardenberg den **Pleasureground** nach englischem Vorbild angelegt hatte. Aber auch der kunstinteressierte Prinz, der von seinen Reisen u. a. aus Pompeji und Karthago antike und italienische Plastiken wie auch Architekturfragmente mitbrachte, prägte den einmaligen Charakter Glienickes, das ihm zur Aufnahme seiner bedeutenden Kunstsammlung diente.
Die vergoldete *Löwenfontäne* als festlicher Auftakt vor dem **Mittelbau** des Schlosses geht auf ein Vorbild in der Villa Medici in Rom zurück; der *Brunnen* im inneren **Gartenhof** ist der antiken Ildefonso-Gruppe (Schlaf und Tod) nachgebildet, die im Prado

*Rechts: Großer Wannsee mit beliebtem Strandbad*

in Madrid steht. Antike *Fragmente* und Inschriften bedecken die rückwärtige Schloßfassade.
Schinkel erweiterte 1825-28 das Lustschloß um einen *NO-Trakt* zu einer schlichten **Dreiflügelanlage,** fügte dem Kavalierhaus einen Turm an und erbaute 1835-37 in der sw-Ecke des Parks die **Große Neugierde***, ein von korinthischen Säulen getragener Rundtempel mit einer Nachbildung des Athener Lysikrates-Denkmals als Dachaufsatz. Von hier aus

*Schloß Glienicke:*
*Ernst Rietschel, ›Neptun-Statue‹, 1838*

eine herrliche Aussicht über die Havel in Richtung Potsdam. Westlich der Löwenfontäne direkt an der Königsstraße die **Kleine Neugierde**, ein von Schinkel 1825 umgebauter Teepavillon, ausgestattet mit *Sarkophagreliefs* und pompejanischen *Mosaik-* und *Freskenfragmenten.* An der Uferstraße des Jungfernsees das **Kasino*** als Antiquarium

*Schloß Glienicke, Mittelbau,*
*mit vergoldeter Löwenfontäne*
*im Vordergrund*

mit Terrassen und langgestreckten Pergolen. 1824 wurde es von Schinkel aus einem Billardhaus umgebaut. Den **Jägerhof** im Norden des Parks, der mit seinen Zinnen und Tudorbögen Stilformen der englischen Gotik zitiert, errichtete Schinkel 1828.
Schloß- und Parkanlage wurden 1934 und 1939 von der Stadt Berlin erworben, seit 1951 dient das Schloß als Erholungsheim und Hotel.

*Links: ›Große Neugierde‹ von K. F. Schinkel im Schloßpark Glienicke*

## 99 Pfaueninsel

39, Ortsteil Wannsee (Zehlendorf)

*Auch ›Perle im Havelmeer‹ genannt: Ein Meisterwerk deutscher Gartenkunst und Musterbeispiel eines ›Sentimentalen Landschaftsgartens‹ mit romantischen Ruinenphantasien und klassizistische Architekturschöpfungen.*

Etwa 1,5 km lang und 500 m breit ist die Havelinsel, auf der in grauer Vorzeit Kaninchen gehalten wurden. Heute ist sie mit ihrem jahrhundertealten Baumbestand und der artenreichen Vogelwelt das schönste *Naturschutzgebiet* Berlins. 1685-89 erzeugte der

*›Jakobsbrunnen‹, um 1797, auf der Pfaueninsel*

Chemiker J. Kunckel von Löwenstern in einer Glashütte an der Ostseite der Insel im Auftrag des Großen Kurfürsten das überaus geschätzte Rubinglas. Im 18. Jh. diente die Insel der Landwirtschaft. Friedrich Wilhelm II. ließ hier 1794-97 für sich und seine Geliebte, die Gräfin Wilhelmine von Lichtenau, von dem Potsdamer Hofzimmermeister J. G. Brendel ein kleines **Schloß*** im Ruinenstil mit zwei durch eine Brücke verbundenen *Türmen* erbauen. Aber der Arme starb schon 1797, so daß er von seinem Lustschloß keinen Gebrauch machen konnte, im Gegensatz zu seinem Sohn, König Friedrich Wilhelm III., der mit seiner Gemahlin, der Königin Luise, die Pfaueninsel zu seinem Sommersitz erkor.
Die **Brücke** zwischen den beiden Türmen, ursprünglich aus Holz, wurde 1807 durch eine gußeiserne im gotischen Stil, ein frühes Produkt der Berliner Eisengießerei, ersetzt. Die *Landschaftsmalerei* in der Rundbogennische, die einen Durchblick in die freie Natur vortäuscht, wurde 1975 von T. Harndt im Rahmen der allgemeinen Restaurierungsarbeiten am Schloß erneuert. Bereits 1909-11 erhielt der ursprünglich mit Eichenbohlen verkleidete Fachwerkbau eine Betonverschalung. Die **Innenräume** – je vier im Erd- und Obergeschoß – haben ihre originale Ausstattung behalten und liefern vorzügliche Beispiele vom Klassizismus der Zeit Friedrich Wilhelm II. Reiche Stukkaturen, Wand- und Deckengemälde sowie Fußböden aus Edelhölzern bestimmen den Charakter dieser Räume.
P. J. Lenné legte 1822 eine **Menagerie** an, die 1842 den Grundstock des Zoologischen Gartens in Berlin bildete. Gleichzeitig verwandelte er den größeren Teil der Insel in einen **englischen Landschaftspark** mit verschlungenen Wegen, die immer neue Ausblicke offenbaren. Auch pflanzte er ausländische Bäume und Sträucher an, darunter eine *Palmensammlung,* für die Albert Dietrich Schadow 1829-31 ein *Palmenhaus* errichtete, das 1880 abbrannte.

*Interieur im Lustschloß Pfaueninsel*

*Oben: Lustschloß auf der Pfaueninsel im romantischen Ruinenstil*
*Rechts: Bootsanlegestelle Pfaueninsel mit Ausflugsdampfer, beliebtes Wochenendziel*

In der Mitte der Insel befindet sich das **Kavalierhaus***, das Schinkel 1824-26, gleichzeitig mit dem Bau des **Schweizerhauses,** umgestaltete, wobei er dem Südturm des Kavalierhauses Werkstücke aus der spätgotischen Fassade eines in Danzig abgetragenen Patriziergebäudes des 15. Jh. vorblenden ließ.
Südlich vom Kavalierhaus liegt die mit vielen Vögeln besetzte **Voliere** von 1824, nicht weit davon entfernt das **Winterhaus für fremde Vögel** von 1828. Heute noch leben etwa 60 Pfauen frei auf der Insel.
Die **Meierei*** an ihrem nördlichen Ende, wurde, wie das Schloß, von Brendel um 1795 als künstliche Ruine in phantastischen gotischen Formen errichtet. Südlich davon steht der **Gedächtnistempel für Königin Luise,** ein kleiner Hallenbau von 1829.

## 100 Nikolskoe

39, Nikolskoer Weg (Zehlendorf)

*Klein-Rußland im Grunewald, dazu eines der schönsten Ausflugsrestaurants Berlins.*

Auf einem von Lenné Anfang des 18. Jh. angelegten kleinen Aussichtsplateau mit herrlicher Sicht über die Havellandschaft steht das **Blockhaus Nikolskoe,** das Friedrich Wilhelm III. für seine Tochter Charlotte und ihren Mann, den späteren Zaren Nikolaus I., 1819 im russischen Stil errichten ließ. Und so heißt dann auch Nikolskoe (ausgesprochen und betont: Nikólskoë) »Nikolaus zu eigen«. Das Haus bewohnte früher der Leibkutscher des Zaren, der dort – illegal – eine Schankwirtschaft betrieb. 1984 wurde es Opfer einer Brandstiftung. Inzwischen ist es originalgetreu wieder aufgebaut worden.

Östlich davon liegt die 1834-37 von A. Stüler und A. D. Schadow erbaute **Kirche St. Peter und Paul,** ein schlichter einschiffiger Ziegelbau mit halbrunder Apsis und einem russischen **Zwiebelturm.** Die beiden römischen *Mosaikmedaillons* des 18. Jh. mit den Namenspatronen der Kirche an der hohen **Kanzel** sind ein Geschenk von Papst Clemens XIII. an Friedrich d. Gr.

Vom Turm ertönt stündlich das *Glockenspiel* »Lobe den Herren« und »Üb immer Treu und Redlichkeit«.

*Links: Havellandschaft bei Nikolskoe*

*Unten: St. Peter und Paul von A. Stüler und A. D. Schadow*

# Sehenswürdigkeiten im Vorübergehen

*Dorfkirche in Buckow*

## Dorfkirchen

An die fünfzig alte Dorfkirchen gibt es in Berlin, ein Zeichen dafür, aus welch weiträumigem Gebiet die Stadt durch die Eingemeindung der umliegenden Ortschaften zusammengewachsen ist. Als älteste Zeugnisse deutscher Ostkolonisation reichen die Kirchenbauten, von einigen Ausnahmen abgesehen, bis in das 13. und 14. Jh. zurück. Sie sind damit die *ältesten Bauwerke Berlins.* Allein zweiundzwanzig stehen in West-Berlin – ein reiches Erbe angesichts des Gesamtbestandes an erhaltener historischer Bausubstanz. Dabei handelt es sich um einfache, aus Feldsteinen oder Granitquadern errichtete *Saalkirchen,* die den Mittelpunkt des Dorfes bildeten, dessen mittelalterlicher Anger noch heute in einigen Fällen sehr gut erhalten ist. Die meisten dieser Kirchen besitzen eine bemerkenswerte Innenausstattung. Sie sind in der Regel sonntags um 10 Uhr für Gottesdienste und samstags um 18 Uhr für Andachten oder musikalische Veranstaltungen geöffnet.
Die älteste der Berliner Dorfkirchen, die Kirche von Marienfelde [siehe Nr. 89] und die St.-Annen-Kirche in Dahlem [siehe Nr. 68], die über eine besonders reiche und gut erhaltene Ausstattung verfügt, sind ausführlich im Text behandelt. Mit der nun folgenden Kurzbeschreibung elf weiterer dörflicher Kirchenbauten des Mittelalters soll der Themenkreis abgerundet werden.

**Britz** (Ecke Dorf-/Backbergstraße). In reizvoller Lage auf einem Hügel am Teich. Feldsteinbau aus der 2. Hälfte des 13. Jh., wiederholt umgebaut. 1766 Anbau der Gruft im Osten. 1955-59 umfassende Restaurierung. Schöner barocker *Kanzelaltar* (1720 gestiftet). Hölzerne Taufe mit *Messingtaufschale* (17. Jh.). Moderne *Fenster* im Chor von C. Crodel [Plan S. 120].

**Buckow.** Eine der schönsten Dorfkirchen Berlins, um 1250 erbaut. Der breite *Westturm* mit Satteldach ist neben dem der Kirche in Marienfelde (siehe dort) der einzige seit dem 13. Jh. unverändert erhaltene Kirchturm Berlins. Im Inneren ein Kreuzgewölbe mit spätgotischen *Fresken,* die die Passion darstellen [Plan S. 120].

**Rudow** (Ecke Köpenicker-/Prierosser Straße). Urspr. ein einfacher Saalbau wohl vom Ende des 13. Jh.; durch vielfache Umbauten stark verändert. Nach Kriegszerstörung wiederaufgebaut und modernisiert. Gedenkhalle mit einer Pietà von G. Schreiter.
In der Prierosser Straße: alte Bauernhäuser; Prierosser Straße 48: *Jagdschloß* des Kurfürsten Friedrich III. von 1680, kaum noch als barocker Bau zu erkennen [Plan S. 198/199].

**Mariendorf** (Mariendorfer Damm/Alt-Mariendorf). Granitquaderbau aus dem 1. Drittel des 13. Jh. mit breitem Westturm; Langhaus mit eingezogenem Chor und halbkreisförmiger Apsis. Hölzerner Turmaufsatz mit einer geschweiften Kupferhaube von 1737; die Glocke von 1480. Mitte des 16. Jh. Umgestaltung des Langhauses zu einem zweischiffigen Kirchenraum. Im Inneren *Tafeln* mit biblischen Szenen aus einem Zyklus des 16./17. Jh. und einer *Kreuzigungsdarstellung* um 1600 [Plan S. 120].

**Lichtenrade** (Alt-Lichtenrade). Spätgotischer Feldsteinbau aus dem 14. Jh. 1769 Umgestaltung der Fenster. 1902 Anbau des Turmes.
Die Straße Alt-Lichtenrade mit schönem *Anger* am Dorfteich zeigt ein recht ursprüngliches Stück ›Mark‹ [Plan S. 198/199].

**Tempelhof,** ehem. Templerkirche St. Katharina (Reinhardtplatz). Älteste Templerkirche von Mittelbrandenburg. Saalbau aus der 2. Hälfte des 13. Jh. mit halbrunder *Apsis*★. Nach schweren Kriegsschäden 1954-56 in ihrer ursprünglichen Form wiederhergestellt. Alt sind noch die Spitzbogenportale und das Fenster in der Apsismitte. Innenausstattung:

*Flügelaltar* von D. Fritsch (1596), eine Kopie des Dresdner Katharinenaltars von Cranach d. Ä. (1506). An der Nordwand 5 *Tafeln* mit alttestamentlichen Darstellungen aus dem 17. und 18. Jh. [Plan S. 120].

**Schöneberg.** Nach großem Brandschaden in einfachem ländlichen Barock 1764-66 wiederaufgebaut; Turm mit welscher Haube. Nach dem Krieg innen modernisiert. Als Altarbild das *Epitaph des Großkomturs Claus von Bach*★, eine bedeutende Nürnberger Arbeit von 1521, Leihgabe aus der zerstörten Klosterkirche in Ost-Berlin [Plan S. 85].

**Zehlendorf** (Potsdamer Straße). Kleiner oktogonaler Kirchenbau, 1768 von Friedrich d. Gr. anstelle eines zerstörten mittelalterlichen Baus gestiftet. Im Inneren zwei Tafeln eines *Flügelaltares* von 1480, eine Leihgabe aus Ost-Berlin, sowie 11 *Tafeln* mit biblischen Szenen aus einem Zyklus des 16./17. Jh., von dem sich Teile auch in den Dorfkirchen von Mariendorf und Tempelhof befinden [Plan S. 124].

**Reinickendorf** (Alt-Reinickendorf). Schönes Beispiel für einen alten **Dorfanger** mit Bauernhäusern aus dem 19. Jh. und einer kleinen **Kirche,** ein Feldstein-Saalbau aus dem späten 15. Jh., einmalig in Berlin der runde Ost-Abschluß. *Flügelaltar* mit 8 gemalten Passionsdarstellungen nach Holzschnitten von Dürer (um 1520), zwei spätgotische *Schnitzfiguren* der Muttergottes und hl. Margareta vom Ende des 15. Jh. [Plan S. 112].

**Wittenau** (Alt-Wittenau). Saalbau vom Ende des 15. Jh. auf Berlins schönstem **Dorfanger.** Westturm von 1799. Barocker *Kanzelaltar* und ein Flügelaltar mit qualitätvollen *Schnitzfiguren*★ der hll. Anna, Maria und Nikolaus (um 1500), die zu den bedeutendsten Holzplastiken der Berliner Sakralkunst zählen [Plan S. 112].

**Gatow** (Alt-Gatow). Feldsteinbau vom Anfang des 14. Jh., 1935 und 1953 Neugestaltung des Innenraums. Als Altarbild das *Epitaph des Martin Wins*★ mit einer ›Beweinung Christi‹ aus dem Umkreis Michael Wohlgemuts (um 1495), urspr. in der Marienkirche in Ost-Berlin. Südlich der Kirche die kath. **St.-Raphael-Kirche,** ein strenger, kubischer Bau nach einem Entwurf (1960) des Kölner Architekten R. Schwarz [Plan S. 124].

Moschee in Wilmersdorf

Christi-Auferstehungs-Kathedrale in Wilmersdorf

## Weitere Sakralbauten

**Kreuzkirche,** 31, Hohenzollerndamm 130 (Wilmersdorf). Von E. und G. Paulus 1927-1929 errichtet, stark beeinflußt von den Klinkerbauten von F. Höger [vgl. Nr. 62]. Klinkersteine, farbig glasierte Keramik und expressionistische Ornamente kennzeichnen den Bau. Auffälliger *Portalvorbau* in blauglasierter Keramik. Bildhauerische Gestaltung im Inneren durch M. Esser [Plan S. 85].

**Christi-Auferstehungs-Kathedrale** (russ.-orth.), 31, Hohenzollerndamm 166 (Wilmersdorf). Kleiner Kirchenbau mit flacher Kuppel über dem Mittelbau und *Zwiebeltürmchen,* im altrussischen Nowgoroder Stil errichtet, 1938 eingeweiht [Plan S. 85].

**Moschee** (islam.), 31, Brienner Straße 7-8 (Wilmersdorf). 1924-27 nach dem Vorbild indischer Mogul-Architektur von H. A. Herrmann erreichtet; zwei *Minaretts* im maurischen Stil. Im Besitz einer islamischen Gemeinde in Lahore, Pakistan. Auch für Nichtmoslems zugänglich [Plan S. 85].

**Buddhistisches Haus,** 28, Edelhofdamm 54 (Reinickendorf). 1922-24 von M. Meyer für P. Dahlke, den Gründer der Buddhistischen

Gemeinde in Berlin, errichtet. Kleiner ostasiatischer Tempel auf einer Anhöhe inmitten eines Parks. Als *Eingangstor* am Fuße des Hügels eine Nachbildung des indischen Heiligtums Sànchì Torana. *Freitreppe* mit 73 Stufen, welche die 73 Möglichkeiten des Wissens symbolisieren; die 8 Absätze entsprechen dem ›edlen, achtfachen Pfad‹ des Buddhismus. Seit 1963 im Besitz der Buddhistischen Gesellschaft von Cylon, von deren Mönchen betreut [Plan S. 112].

*Hirschbrunnen*

## Brunnen

Laubacher Straße / Ecke Südwestkorso: **Erika-Brunnen,** Brunnenschale von E. Cauer, die Figurengruppen sind Neuschöpfungen von H. Spilker (1982) nach den zerstörten Vorbildern von C. Stark [Plan S. 120].

Waldemarstraße: **Feuerwehrbrunnen,** von K. Mühlenhaupt, 1981 [Plan S. 70].

Grimmstraße: **Wrangelbrunnen,** urspr. auf dem Kemperplatz aufgestellt, benannt nach Feldmarschall Wrangel. 4 Sitzfiguren als Personifikationen von Rhein, Elbe, Oder und Weichsel; auf der mittleren Schale 3 Genien, H. Hagen, 1877 [Plan S. 70].

Gontermannstraße: **Kranichbrunnen,** von E. F. Reuter, 1960 [Plan S. 120].

Perelsplatz: **Sintflutbrunnen,** P. Aichele, 1895 [Plan S. 120].

Giesebrecht- / Mommsenstraße: **St.-Georg-Brunnen,** W. Walter, 1904 [Plan S. 18/19].

Hohenzollernplatz: **Delphinbrunnen,** von H. Bautz, 1968 [Plan S. 85].

Hardenbergstraße 6, vor dem Renaissance-Theater: **Entenbrunnen,** ein Geschenk des Kunsthändlers Paul Cassirer an die Stadt Charlottenburg, A. Gaul, 1911 [Plan S. 18/19].

Rudolf-Wilde-Park, am Rathaus Schöneberg: **Hirschbrunnen,** Kupfer vergoldet auf einer Muschelkalksäule, A. Gaul, 1912 [Plan S. 85].

## Wandbilder

Trebbiner Straße/Tempelhofer Ufer: Giebelwandbild am Museum für Verkehr und Technik Berlin, K. Büscher, 1982 [Abb. S. 74].

Manteuffelstraße: Giebelwandbild im Schulhof der Hunsrück-Grundschule: *Landschaft mit Ballons,* M. Helmsen, S. Jacobsen, H. Müller, J. Westerheide, 1978.

Kochstraße 15: Wandbild *Hoffnung der Chilenen,* Chilenische Künstlergruppe El Frente, 1979.

Gneisenaustraße 80/Schleiermacherstraße: Gemälde nach einem Gedicht von N. Hikmet, Text in deutscher und türkischer Sprache, A. Behkalam, 1981.

Schandauer Straße 15-17: Drei Giebelwände (davon eine im Innenhof) mit verschiedenen Artistenmotiven, H. Brodersen, 1981.

Klüberstraße 26-31, Wohnblock in einer Neubausiedlung: Wandbild *Architektur und Natur,* Entwurf: Architekt E. W. Suck, Ausführung: G. Neuhaus, 1977.

Blissestraße/Detmolder Straße: Giebelwandbild von M. Henkel, 1979/80.

Zillestraße 98-100: Das Giebelwandbild zeigt einen geöffneten Reißverschluß, der eine ebenfalls gemalte Gründerzeitfassade freilegt. G. Neuhaus, 1979.

Nehringstraße/Neufertstraße, Besetztes Haus: Selbstdarstellung der Instandsetzer. Gemeinschaftsarbeit unter künstlerischer Anleitung der Gruppe Ratgeb, 1981.

Siegmundshof 21/Straße des 17. Juni: Giebelwandbild *Weltbaum – Grün ist Leben,* P. Janssen, F. Köthe, N. K. Jain, S. Rischar, B. Wargin.

*›Weltbaum – Grün ist Leben‹*

# West-Berlin aktuell

## Einkaufsbummel

Auf eine lange Tradition zurückblicken können die zahlreichen Berliner ***Wochenmärkte,*** von denen jeder Bezirk seinen eigenen besitzt und wo sich abseits der Groß- und Supermärkte, wenn auch oft in de-zentrale Nischen abgedrängt, der Reiz der Altberliner Atmosphäre noch teilweise erhalten hat. Es lohnt sich auf alle Fälle, auch in den abgelegeneren Stadtvierteln auf die Suche zu gehen. (Einige Adressen auf S. 153.)
Das größte und bedeutendste der ***Geschäftszentren*** West-Berlins liegt heute am und um den **Kurfürstendamm.** Obgleich jeder Bezirk sein eigenes Einkaufszentrum hat, so ist diese Gegend doch für viele Besucher zum Inbegriff der ›City‹ geworden. In den großzügig bemessenen ehemaligen Bürgerhäusern hat sich – neben repräsentativen Vertretungen von Banken und Automobilherstellern – um Gedächtniskirche und Wittenbergplatz alles angesiedelt, was unter den Kaufhäusern Rang und Namen hat, von *C&A* bis *Wertheim*, von *Hennes & Mäuritz* bis *KaDeWe*, letzteres sehenswert vor allem wegen seiner reichsortierten Lebensmittelabteilung, angeblich der größten Europas. Neben Fachgeschäften aller Art, besonders für den gehobenen Bedarf, einschlägige *Plattenläden* sowie Mode bis hin zur Haute Couture:
*Jill Sander, Grams-Lindemann* (beide Nr. 54), *Gerhard und Sandra Pabst* (Nr. 67), *Uli Richter* (Nr. 182), für Herren *Mientus* (Nr. 52), *Selbach* (Nr. 195) und viele andere mehr. Als ›Zentren im Zentrum‹ herauskristallisiert haben sich *Ku'damm-Karree* (Ecke Uhlandstraße), *Ku'damm-Eck* (Ecke Joachimsthaler Straße) und *Europa-Center*, neben der Gedächtniskirche, – alle mehrstöckige Ladenpassagen mit gemischter Nutzung.

Weitere Einkaufszentren:

*Charlottenburg:* Wilmersdorfer Str.; zwischen Bismarckstr. und Kurfürstendamm.
*Tiergarten:* Turmstr.; zwischen Stromstr. und Waldstr.
*Schöneberg:* Hauptstr.; von der Grunewaldstr. bis Innsbrucker Platz.
*Wilmersdorf:* Uhlandstr.; von Kurfürstendamm bis Hohenzollerndamm.
*Kreuzberg:* Kottbusser Damm; von Kottbusser Tor bis Sonnenallee.
Bergmannstr.; von Marheineke-Platz bis Mehringdamm.
*Neukölln:* Karl-Marx-Str.; von Hermannplatz bis Grenzallee.
*Tempelhof:* Mariendorfer Damm; von Alt-Mariendorf bis Eisenacher Str.

*Europa-Center*

*Steglitz:* Schloßstr.; von Walter-Schreiber-Platz bis Rathaus Steglitz.
*Zehlendorf:* Teltower Damm; von Berliner Str. bis Hampstead Str.
*Wedding:* Müllerstr.; von Gerichtstr. bis Barfußstr.

## Galerien, Kunst und Antiquitäten

Westberlin offeriert ein reichhaltiges Angebot von etwa 130 Ausstellungen, die in den über 70 **Galerien** der Stadt, in den Kunstämtern der Bezirke und den Kunstvereinen abgehalten werden. Für einen Galerienbummel empfiehlt sich die *Fasanenstraße*, die fast zur Gänze von Galerien belegt ist. Über das jeweils aktuelle Ausstellungsprogramm aller Berliner Galerien – in denen der Eintritt übrigens frei ist – informieren im einzelnen:

Das Info-Plakat *Kunst und Museum*, monatlich an den Litfaßsäulen angeschlagen, und das vierteljährlich erscheinende *Berliner Kunstblatt*, das eine vollständige Adressenliste der Ausstellungsorte (auch in Ost-Berlin) mit aktuellem Programm einschließlich aller Galerien bietet und für 5 DM in Galerien, im Buchhandel oder direkt beim Verlag ›Berliner Kunstblatt‹, Ludwigkirchstraße 11 a, 1000 Berlin 15, Tel. 8832643, erhältlich ist.

*Glasbecher mit Darstellung des Brandenburger Tores, 1816*

Wer sich für **Antiquitäten** interessiert, muß schon ein wenig Zeit und Spürnase mitbringen. Unter den *Flohmärkten* ist besonders die ›Nolle‹ im ehemaligen U-Bahnhof Nollendorfplatz zwar kein Insidertip mehr, trotzdem läßt sich mit etwas Glück zwischen Trödel und Plunder noch manch wertvolles Stück ergattern (Flohmarktadressen siehe S. 153). Einige bevorzugte Antiquitätenreviere: in Ku'dammnähe die *Schlüterstraße* und Umgebung, *Pariser Straße* und *Ludwigskirchplatz* sowie die *Motzstraße*, der nördliche Teil der *Eisenacher Straße* und die *Keithstraße* in Schöneberg.

### Die Adressen

Auswahl unter besonderer Berücksichtigung zentrumsnaher Firmen

*Aedes* (Galerie für Architektur und Raum), 12, Grolmanstr. 51, Tel. 3122598.

*Galerie Bassenge* (Kunst- und Buchauktionen), 33, Erdener Str. 5a, Tel. 8929013. Kunstkabinett, 15, Fasanenstr. 73, Tel. 8818104.

*Galerie für Bildhauer B. H. Berge Kunst + Beton* (Zeitgenössische Berliner Kunst), 12, Mommsenstr. 32, Tel. 3241591.

*Bethmann-Hollweg Antiquitäten GmbH* (Möbel, Gemälde, Kleinkunst), 15, Fasanenstr. 26, Tel. 8821162

*Galerie Binhold* (Klassische Moderne), 15, Kurfürstendamm 186, Tel. 8811576, (Alte Meister), 15, Kurfürstendamm 49, Tel. 8813855.

*Galerie Bossin* (Konkrete Kunst nach 1945), 39, Hohenzollernstr. 4.

*Bredow und Wollek Fine Arts Kunsthandel GmbH* (Jugendstil), 30, Kalckreuthstr. 13, Tel. 2138877.

*Galerie Bremer* (Zeitgenössische Kunst), 15, Fasanenstr. 37, Tel. 8814908.

*Galerie Brusberg Berlin* (Klassische Moderne mit Schwerpunkt Surrealismus u. Dada; figurative Kunst der Gegenwart), 15, Kurfürstendamm 213, Tel. 8827682.

*H. P. Buchen* (Antiquitäten, Gemälde, Plastik), 30, Keithstr. 16, Tel. 247007.

*Gottfried-Burstert* (Antiquitäten), 15, Kurfürstendamm 52, Tel. 8818859.

*Galerie am Chamissoplatz* (Zeitgenössische realistische Kunst), 61, Chamissoplatz 6, Tel. 6925381 u. 6915782.

*Ikonengalerie Contoyiannis KG*, 30, Kalckreuthstr. 16, Eingang Fuggerstr. 6, Tel. 2133512.

*Galerie Marina Dinkler* (Zeitgenössische Kunst mit Schwerpunkt Japan), 12, Niebuhrstr. 77, Tel. 8819677.

*Galerie Dobrescu* (Preußische u. Berliner Kunst 18.-20. Jh.), 15, Fasanenstr. 29, Tel. 8811046.

*Galerie Anselm Dreher* (Zeitgenössische konkret-konzeptionelle Kunst), 15, Pfalzburger Str. 80, Tel. 8835249 u. 7965572.

*Dürlich und Schwarzbaum* (Silber, Möbel, Kleinkunst), 30, Keithstr. 5, Tel. 243660.

*Auf dem Kreuzberg, Lithographie von F. Stademann, um 1825*

*Kristian Freiherr Ebner von Eschenbach* (Kunsthandel), 30, Kalckreuthstr. 17, Tel. 24 11 17.

*Elefanten Press Galerie* (Realistische Kunst der 20er Jahre), 61, Zossener Str. 32, Tel. 693 70 26.

*Galerie Eremitage Berlin* (Zeitgenössische Kunst aus Osteuropa), 31, Seesener Str. 16, Tel. 891 31 58.

*Galerie Fahnemann* (Aktuelle Kunst), 15, Fasanenstr. 61, Tel. 883 98 97 u. 881 21 57.

*Barbara Faehte* (Kunsthandel), 15, Fasanenstr. 69, Tel. 881 67 83.

*Galerie Marianne Geitel* (Jugendstil, Art déco), 15, Kurfürstendamm 48, Tel. 881 46 57.

*Gelbe Musik* (Musik u. Partituren von bildenden Künstlern), 15, Schaperstr. 11, Tel. 211 39 62.

*Ulrich Gronert* (Jugendstil, 20er Jahre), 30, Keithstr. 10, Tel. 24 15 85.

*Susanne Gropp* (Antike Möbel – Einrichtungen), 15, Fasanenstr. 72, Tel. 882 76 16.

*Galerie Michael Haas* (Zeitgenössische Kunst, Klassische Moderne), 12, Niebuhrstr. 5, Tel. 882 70 06.

*Ch. & J. Harwart & Ziefle* (Antik-Waffen), 12, Schlüterstr. 51, Tel. 883 86 18.

*Manfred Heckmann* (Antiquitäten), 12, Fasanenstr. 13, Tel. 313 97 11.

*G. Herm* (Antiquitäten), 12, Knesebeckstr. 76, Tel. 883 73 68.

*Frieda Hinze* (Gemälde alter Meister, antikes Porzellan, Silber), 15, Bundesallee 213/214, Tel. 211 33 29.

*Galerie Janssen, men's art galerie,* 15, Pariser Str. 45, Tel. 881 15 90.

*Hagen Jung* (Kunst & Antiquitäten), 30, Keithstr. 8, Tel. 211 69 57.

*Karo* (Selbsthilfegalerie; Zeitgenössische Kunst), 15, Pfalzburger Str. 76, Tel. 882 78 27.

*Frauengalerie Kassandra* (Zeitgenössische Kunst), 19, Suarezstr. 41, Tel. 321 21 37.

*Kleine Weltlaterne* (Zeitgenössische Kunst und Kneipe), 31, Nestorstr. 22, Tel. 892 65 85.

*Kunsthaus Klewer* (Antike Möbel, Gemälde, Kleinkunst), 30, Viktoria-Luise-Platz 12 a, Tel. 211 43 02.

*Hans Horst Koch* (Antiquariat, seltene dekorative Graphik), 15, Kurfürstendamm 216, Tel. 882 63 60.

*Galerie Kunsthandwerk,* 15, Pariser Str. 12, Tel. 881 38 62.

*Ladengalerie* (Zeitgenössische Kunst), 15, Kurfürstendamm 64, Tel. 881 42 14.

*Galerie Ludwig Lange* (Plastik des 20. Jh., Porzellan- und Bronzeplastik der Gegenwart), 15, Wielandstr. 26, Tel. 881 29 26.

*Jugendstildeckelvase der KPM, 1912*

*Galerie Lietzow* (Kunst der Gegenwart), 12, Knesebeckstr. 32, Tel. 881 28 95.

*Galerie Eva Lohmaier* (Antiquitäten, Schmuck, Silber), 30, Keithstr. 5, Tel. 213 68 62.

*Holger Martin* (Antiquitäten), 30, Eisenacher Str. 118, Tel. 215 92 95.

*Galerie Silvia Menzel* (Zeitgenössische Kunst), 12, Knesebeckstr. 20-21, Tel. 31 08 50 und 313 36 16.

*Bildhauergalerie Messer-Ladwig* (Zeitgenössische Kunst), 30, Nollendorfstr. 15, Tel. 215 58 70.

*Galerie Milan* (Zeitgenössische Kunst aus Jugoslawien), 15, Pfalzburger Str. 76, Tel. 882 28 03.

*Galerie Neiriz* (Antike Nomaden-Flachgewebe und Teppiche; zeitgenössische Kunst aus der DDR), 15, Kurfürstendamm 175, Tel. 882 32 32.

*Galerie Bodo Niemann* (Zeitgenössische Kunst und Kunst der 20er, 30er Jahre), 12, Giesebrechtstr. 3, Tel. 882 26 20.

*Galerie Nierendorf* (Deutscher Expressionismus und Kunst der 20er Jahre), 12, Hardenbergstr. 19, Tel. 7856060.

*Galerie Noé* (Zeitgenössische Kunst), 15, Pfalzburger Str. 12, Tel. 8836689.

*Galerie Georg Nothelfer* (Zeitgenössische Kunst mit Schwerpunkt Deutsches Informel, Tachismus), 12, Uhlandstr. 184, Tel. 8814405 und 8825443.

*Off-Galerie* (Zeitgenössische Kunst), 31, Joachim-Friedrich-Str. 34, Tel. 8915873.

*Reinhard Onnasch Galerie* (Zeitgenössische Kunst), 15, Fasanenstr. 47, Tel. 8827718.

*Galerie Pels Leusden* (Gemälde, Plastik, Graphik des 19. und 20. Jh.), 15, Fasanenstr. 25 (Villa Grisebach), Tel. 8826811.

*Petersen Galerie* (Zeitgenössische Kunst), 12, Pestalozzistr. 106, Tel. 3134508.

*Bildhauergalerie Plinthe* (Zeitgenössische Kleinplastik), 12, Grolmanstr. 46, Tel. 8832285.

*Erdmut F. Pluntke* (Antiquitäten), 30, Motzstr. 25, Tel. 2118171.

*Galerie Pohlmann* (Zeitgenössische Skulptur und Plastik), 12, Knesebeckstr. 17, Tel. 3121211.

*Galerie Poll* (Realistische Kunst der Gegenwart), 30, Lützowplatz 7, Tel. 2617091.

*Raab Galerie* (Aktuelle Kunst), 30, Potsdamer Str. 58, Tel. 2619217 und 2619218.

*Galerie Rampoldt* (Zeitgenössische Kunst), 12, Giesebrechtstr. 13, Tel. 8833162.

*Galerie Redmann* (Kunst der Gegenwart), 15, Fasanenstr. 30, Tel. 8811135.

*Mechthild Reulens* (Antiquitäten), 21, Alt-Moabit 95, Tel. 3921015.

*Galerie am Savignyplatz* (Zeitgenössische realistische Kunst), 12, Carmerstr. 10, Tel. 3136564.

*Galerie scanart* (Zeitgenössische nordeuropäische und deutsche Kunst), 15, Fasanenstr. 41a, Tel. 8823528.

*Ruth Schmidt* (Ostasiatische Kunst), 30, Keithstr. 19, Tel. 2136049.

*Joachim A. Schröder* (Antiquitäten, Möbel), 30, Fuggerstr. 4, Tel. 2116734.

*Galerie Schüler* (Zeitgenössische Kunst), 15, Kurfürstendamm 51, Tel. 8816361.

*Seidel & Sohn* (Kunsthandel), 15, Fasanenstr. 70; 30, Eisenacher Str. 113, Tel. 8821621 und 2161850.

*Galerie Folker Skulima* (Zeitgenössische Kunst, Klassische Moderne) 12, Niebuhrstr. 2, Tel. 8818280.

*Karin Sonnenthal* (Galerie, Antiquitäten), 30, Keithstr. 19, Tel. 2137683 (214 2121).

*Leo Spik KG* (Kunst- und Auktionshaus, Gemälde, Antiquitäten), 15, Kurfürstendamm 66, Tel. 8836179 und 8836170.

*Galerie Springer* (Aktuelle Kunst, Klassische Moderne), 12, Fasanenstr. 13, Tel. 3139088.

*Adelbert Stahlmach* (Kunsthandel), 30, Kalckreuthstr. 16, Tel. 2136722.

*Wolf-R. Stolle GmbH* (Antike Rahmen, Graphik, Kleinkunst), 30, Bayreuther Str. 9a, Tel. 241666.

*Galerie Tableau* (Gemälde alter und neuer Meister, Auktionen), 12, Kantstr. 13, Tel. 3124186.

*Galerie Taube* (Zeitgenössische gegenständliche Kunst), 15, Pariser Str. 54, Tel. 8835694.

*G. H. H. Venzke* (Ostasiatische Kunst, Antiquitäten), 15, Fasanenstr. 71; 30, Eisenacher Str. 8, Tel. 8836117 und 243676.

*Galerie Verein Berliner Künstler* (Zeitgenössische Kunst), 30, Schöneberger Ufer 57, Tel. 2612399.

*Villa Grisebach Auktionen* (Organisationsgesellschaft GmbH), 15, Fasanenstr. 25, Tel. 8826811.

*Peter Wall* (Antiquitäten), 30, Eisenacher Str. 119, Tel. 2151888.

*Ben Wargin-Baumpaten e. V.*, 21, Joseph-Haydn-Str. 1, Tel. 3926049.

*Wilhelm Weick* (Möbel und Kunstgewerbe des 18. und Gemälde des 19. Jh.), 30, Eisenacher Str. 10, Tel. 247500.

*Galerie Westphal* (Kunst des 20. Jh., auch der DDR; Antiquitäten), 15, Fasanenstr. 68, Tel. 882 1162.

*Wewerka Galerie* (Zeitgenössische Kunst), 15, Fasanenstr. 41a und Pariser Str. 63, Tel. 8826739 und 8826639.

*Angelika Wittenborn-Czubaszek* (Antiquitäten), 15, Fasanenstr. 61, Tel. 8831101.

*Galerie Brigitte Wölffer* (Zeitgenössische Kunst und Naivenkabinett), 15, Kurfürstendamm 206, 5. OG, Tel. 8837153.

*Kunsthandlung Reinhard Wolff* (Gemälde – speziell 19. Jh., Alte Graphik – Berolinensien), 15, Lietzenburger Str. 92, Tel. 8822808.

*Werner Wormuth* (Antike Rahmen, Restaurierungen), 30, Eisenacher Str. 2, Tel. 243337.

*Zellermayer Galerie* (Aktuelle Kunst), 15, Ludwigkirchstr. 14, Tel. 8834144.

*Galerie 2000* (Realismus und figurative Kunst), 15, Knesebeckstr. 56/58, Tel. 8838467.

## Theaterfreuden für jeden Geschmack

Auf den rund zwanzig großen Bühnen West-Berlins kann das Theaterpublikum, über das Jahr verteilt mehr als neunzig Premieren miterleben, wobei die schier unübersehbare Zahl der freien Gruppen und Ensembles noch gar nicht mitgerechnet ist.

Unter den **staatlichen Bühnen** präsentiert die *Deutsche Oper* – einzige Opernbühne West-Berlins – in ihrem 1961 errichteten Betonbau Musik- und teilweise hervorragende Ballettveranstaltungen, während im *Schloßparktheater* – mit eher konservativem Repertoire – Klassiker von Molière bis Kleist, gelegentlich auch moderne Autoren zur Aufführung kommen. Über die Grenzen Berlins hinaus bekannt geworden ist das *Schillertheater* mit einem Ensemble von über hundert Schauspielern, das großes Sprechtheater von der Klassik bis zur Moderne pflegt, mit seinem Ableger, der *Werkstatt*, die – in intimerer Atmosphäre – auch schon mal Experimentelles auf die Bühne bringt.

Wesentlich breiter ist das Spektrum der **privaten Theater**, das die Extreme des harmlosseichten Boulevard-Komödien-Theaters, aufgemotzt und attraktiv gemacht durch bekannte Stars, bis hin zum hochsubventionierten bestausgestatteten Repräsentationstheater vereint. Die *Schaubühne am Lehniner Platz* (früher Hallesches Ufer), eng verbunden mit dem Namen ihres ehemaligen Intendanten Peter Stein, hat sich mit ambitionierten, teils heftig umstrittenen Inszenierungen von Marivaux bis Botho Strauß bereits heute einen festen Platz in der Theatergeschichte gesichert. Durch außergewöhnliche Qualität glänzt auch die *Freie Volksbühne*, deren Intendant Hans Neuenfels die von Piscator nach dem Krieg begonnene kritische Theatertradition mit großem Erfolg fortführt. Eher dem Unterhaltungsgenre verschrieben haben sich das *Theater des Westens*, dessen Interieur, wie böse Zungen behaupten, sehenswerter ist als seine – wenn auch zum Teil vielumjubelten – Musicalaufführungen sowie das *Renaissance-Theater* mit starkem Ensemble und anspruchsvollem Repertoire.

Unter den **freien Theatergruppen**, die abseits vom etablierten Kulturbetrieb in stillgelegten Depots, Kellern oder Hinterzimmern neue Konzepte zu verwirklichen suchen, zum Teil auch ohne feste Spielstätten, sprießen mancherlei seltsame Blüten und verschwinden ziemlich bald wieder, was die Szene zwar in dauernder Bewegung hält, eine Auflistung dieser Gruppen jedoch jeweils nur zu einer momentanen Bestandsaufnahme machen kann, die am nächsten Tag möglicherweise bereits überholt ist. Es empfiehlt sich auf jeden Fall die aktuellen Veranstaltungshinweise in den Stadtmagazinen zu beachten.

In der Sparte des **Kindertheaters** hat Berlin bereits zwei echte ›Klassiker‹ hervorgebracht, die durch Tourneen im Bundesgebiet weit über die Stadt hinaus auf sich aufmerksam gemacht haben: *Grips-Theater* und *Rote Grütze* wollen nicht passiven Kulturgenuß bieten, sondern zu Kreativität und spontanen Reaktionen aufrufen – ein Konzept, das sich auch anderweits bereits durchgesetzt hat.

*Renaissance-Theater*

Von derber Komik über Anzügliches bis hin zur beißenden Politsatire reicht das Angebot der **Kabaretts**, unter denen die *Stachelschweine* das älteste und bekannteste, nicht immer jedoch das bissigste darstellen. Neben den festen Ensembles wie dem *Bügelbrett* und den *Wühlmäusen* – Hauskabarett Dieter Hallervordens – treten freie Gruppen auf verschiedenen Spielstätten auf, deren Programm oft origineller und gewagter ist als das der etablierten.

### *Theater*

Staatliche Bühnen

*Deutsche Oper Berlin,* 10, Bismarckstr. 35, Oper, Klassische Operette, Ballett. Vorverkauf: Mo-Fr 14-20, Sa und So 10-14 Uhr, Tel. 3414449.
*Schiller-Theater,* 12, Bismarckstr. 110. Vorverkauf: Mo-So 10-19, So 15-19 Uhr, Tel. 3195236 (Schiller-Theater-Werkstatt).
*Schloßpark-Theater,* 41, Schloßstr. 48. Vorverkauf: Mo-So 10 Uhr bis Vorstellungsbeginn, Tel. 7911213.
*Theater des Westens*, 12, Kantstr. 12. Vorverkauf: Mo-So 10-19, So 15-19 Uhr, Tel. 3121022 und 3125015.

Privattheater

*Freie Volksbühne Berlin*, 15, Schaperstr. 24. Vorverkauf: Mo-So 10-14 Uhr, Tel. 8813742.
*Hansa-Theater*, 21, Alt-Moabit 48. Vorverkauf: Mo-Sa 10-19, So 15-18 Uhr, Tel. 3914460.

*Hebbel-Theater*, 61, Stresemannstr. 29, Tel. 25127735 (z.Z. geschlossen).
*Junges Theater*, 61, Friesenstr. 14. Vorverkauf: an der Abendkasse 18-20 Uhr, Tel. 6928735.
*Kleines Theater*, 41, Südwestkorso 62. Vorverkauf: an der Abendkasse 18-20 Uhr, Tel. 8213030.
*Komödie*, 15, Kurfürstendamm 206. Vorverkauf: Mo-Sa 10-19, So 15-19 Uhr, Tel. 8827893.
*Renaissance-Theater*, 12, Hardenbergstr. 6. Vorverkauf: Mo-Sa 10.30-18.30, So 15.30-18.30 Uhr, Tel. 3124202.

*Freie Volksbühne Berlin, ›Emilia Galotti‹*

*Schaubühne am Lehniner Platz*, 31, Kurfürstendamm 153. Vorverkauf: Mo-Sa 10-19, So 10-14 und ab 17 Uhr, Tel. 890023.
*Theater am Kurfürstendamm*, 15, Kurfürstendamm 209. Vorverkauf: Mo-Sa 10-19, So 15-19 Uhr, Tel. 8823789.
*Theatermanufaktur am Halleschen Ufer*, 61, Nr. 32. Vorverkauf ab 14 Uhr, Tel. 2510941 und 2510655.
*Tribüne*, 12, Otto-Suhr-Allee 18. Vorverkauf: Mo 14-18, Di-So 14-19 Uhr, Tel. 3412600.
*Vagantenbühne*, 12, Kantstr. 12a. Vorverkauf: Mo 10-17, Di-Fr 10-19 und Sa und So 17-19 Uhr, Tel. 3124529.

Freie Theatergruppen

*Atelier Internationale Kunst*, 12, Dahlmannstr. 11, Tel. 3138201/3244098.
*Ballhaus Naunynstr.*, 36, Naunynstr. 27, Tel. 25882525.
*Freie Theateranstalt Berlin e. V.*, 19, Klausener Platz 19, Tel. 3215889.
*Hans Wurst Nachfahren*, 61, im Mehringhof, Gneisenaustr. 2, Tel. 6933791.
*Mehringhoftheater,* Tel. 6915099.
*Pfifferling Figurentheater*, dieselbe Adresse wie oben, Tel. 7846460.
*Ratibortheater*, 36, Kiezpalast im Kerngehäuse, Cuvrystr. 20, Tel. 6186198.
*TAK im Souterrain*, 61, Möckernstr. 66, Tel. 7867849.
*Tanzfabrik*, 61, Möckernstr. 68, Tel. 7865861.
*Tanztangente*, 41, Kuligkshofstr. 4, Tel. 7929124.
*Theater zum Westlichen Stadthirschen*, 61, im Kreuzbergmarkt, Kreuzbergstr. 37/38, Tel. 8511590 und 7857033.
*Transformtheater*, 61, Hasenheide 54, Tel. 6923239.

Theater ohne feste Spielstätten

*Berliner Compagnie*, 12, Schillerstr. 97, Tel. 3136134.
*Berliner Kammeroper*, 61, Tempelhofer Ufer 5, Tel. 2516669.
*Berliner Mäusetheater*, 44, Sanderstr. 26, Tel. 6928340.
*Logo-Theater*, 12, Kantstr. 105a, Tel. 3241343.
*Mimentheater Magma*, 62, Eisenacherstr. 68, Tel. 7846807.
*Neuköllner Oper*, 61, Kottbusser Damm 79, Tel. 6933028.
*Zan-Pollo-Theater*, 41, Rheinstr. 44/46, Tel. 8522002.
*Zentrifuge*, 36, Mariannenplatz 2, Tel. 6215599.

### Kindertheater

*Berliner Kammerspiele*, 21, Alt-Moabit 99, Tel. 3915543.
*Grips-Theater*, 21, Altonaer Str. 22, Tel. 3914004.
*Rote Grütze*, 61, Mehringdamm 51, Tel. 6926618.

### Kabaretts und Kleinkunst

*Die Stachelschweine*, 30, Europa-Center, Tel. 2614795.
*Die Wühlmäuse*, 30, Nürnberger Str. 33, Tel. 2137047.
*Bügelbrett*, in der Filmbühne am Steinplatz, 12, Hardenbergstr. 12, Tel. 3129012.
*Klimperkasten*, 12, Otto-Suhr-Allee 102, Tel. 3127007.
*CaDeWe* (Cabaret des Westens). Kontaktadresse: Gneisenaustr. 2, Tel. 6915099.
*Chez Nous* (Transvestitenkabarett), 30, Marburger Str. 14.
*Lützower Lampe* (Transvestitenshow), 10, Behainstr. 21.

### Zirkus

*Tempodrom*, zwischen Kongreßhalle und Reichstag, Tel. 3944045.
*Fabrik-Zirkus*, Ufa-Fabrik, 42, Viktoriastr. 13, Tel. 7528085.

*Kammermusiksaal der Philharmonie*

## Musik von Klassik bis Rock und Jazz

### Klassische Musik

*Berliner Philharmonisches Orchester*, 30, Kemperplatz, Matthäikirchstr. 1. Konzertkase: Tel. 2614383.
*Radio-Symphonie-Orchester*, Großer Sendesaal des Senders Freies Berlin, 19, Masurenallee 8-10. Kartenbüro: Tel. 3027242.
*Akademie der Künste*, 30, Hanseatenweg 10, Tel. 3911031.
*Konzertsaal der Hochschule der Künste*, 12, Hardenbergstr. 33. Konzertkasse: Fasanenstr. 1, Tel. 3185-2374.
*Kaiser-Wilhelm-Gedächtniskirche*, Breitscheidplatz. Auskunft: Tel. 245023.

### Musikalische Großveranstaltungen

*ICC (Internationales Congress Centrum)*, 19, Messedamm, Tel. 3038-1.
*Deutschlandhalle*, 19, Messedamm 26, Tel. 3038-1.
*Waldbühne*, 19, auf dem Maifeld hinter dem Olympiastadion.

### Livemusik von Jazz bis Rock

*Café Swing*, 30, Nollendorfplatz 3-4, Tel. 2166137.
*Celtic Cottage*, 41, Markelstr. 13, Tel. 7924507 (Folk).
*Eierschale 1*, 33, Podbielskiallee am Bhf., Tel. 8327097, und *Eierschale 2*, 30, Rankestr. 1, Tel. 8825305 (Dixie, Country, Jazz).
*EMPIRE*, 62, Hauptstr. 30, Tel. 784865 (Reggae, Funk, African Music).
*Flöz*, 31, Nassauische Str. 37, Tel. 8611000 (Jazz und Jazzverwandtes).
*GoIn*, 12, Bleibtreustr. 17, Tel. 8817218 (Folk, Liedermacher).
*Quartier Latin*, 30, Potsdamer Str. 96, Tel. 2613707 (Rock, Jazz, Heavy Metal, Avantgarde).
*Quasimodo*, 12, Kantstr. 12a, Tel. 3128086 (Jazz).
*Regenbogenfabrik*, 36, Lausitzer Str. 22, Tel. 6116875 (Jazz, Blues, Rock).
*Salsa*, 12, Wielandstr. 13, Tel. 3241642 (Latino).
*Tempodrom*, 21, In den Zelten, Tel. 3944045.
*Ufa-Fabrik*, 42, Viktoriastr. 19, Tel. 7528085 (Rock, Jazz, Klassik).
*Villa Kreuzberg*, 61, Kreuzbergstr. 62, Tel. 2588-2580 (Drei Konzertreihen: ›Signale‹, ›Anklang‹, ›Musik im Cafe‹).
*Zeleste*, 30, Marburgerstr. 2, Tel. 2116445 (Jazz, Blues).

## Nachtleben ohne Grenzen

Berlins Nachtleben ist vielfältig, bunt und unüberschaubar wie die Stadt selbst. Die über 5000 Lokale sind an keine Sperrstunde gebunden und können folglich nach Lust und Laune öffnen und schließen. Die Öffnungszeiten richten sich oft nach dem Publikum, das anvisiert wird, und umgekehrt, und wenn das eine Etablissement seine Tore schließt, öffnet das andere gerade – oft kann man mit dem letzten Drink nahtlos das Frühstück bestellen.

Da die Konkurrenz untereinander groß und die Fluktuation entsprechend hoch ist, können Empfehlungen weder Anspruch auf Vollständigkeit noch auf dauerhafte Gültigkeit erheben und müssen daher zwangsläufig relativiert werden. Im folgenden trotzdem eine kleine Auswahl.

### Diskotheken

*Abraxas*, 12, Kantstr. 134, Tel. 3129493.
*Ballhaus Tiergarten*, Perleberger Str. 62, Tel. 3943081.
*Big Apple*, 15, Bundesallee/Hohenzollerndamm, Tel. 8834625.
*Blue Note*, 30, Courbièrestr. 13, Tel. 247248.
*Cha Cha*, 30, Nürnberger Str. 50, Tel. 242447.
*Crème Frech*, 15, Kurfürstendamm 142/143, Tel. 8916833.
*Die 2* (nur für Frauen), 30, Martin-Luther-Str. 22, Tel. 245449.
*Dschungel*, 30, Nürnberger Str. 53, Tel. 246698.
*Far Out*, 31, Kurfürstendamm 156, Tel. 3200070.
*Glückstein*, 21, Bachstr. Bogen 475, Tel. 3917929.
*Ku-Dorf*, 15, Joachimsthaler Str. 15, Tel. 8836666.
*Linientreu*, 30, Budapester Str. 42, Tel. 2614410.
*Madow*, 15, Pariser Str. 23-24, Tel. 8839260.
*Metropol*, 30, Nollendorfplatz 5, Tel. 2162787.
*Sox*, 36, Oranienstr. 39, Tel. 6143573.
*Tolstefanz*, 31, Brandenburgische Str. 35, Tel. 8927793.
*Trash*, 36, Oranienstr. 40-41, Tel. 6141970.

*Straßencafé an der Knesebeckstraße*

### Tanzlokale

*Café Huthmacher* im Hochhaus am Zoo, 12, Hardenbergstr. 29d, Tel. 2611509.
*Café Keese* (mit reiner Damenwahl), 12, Bismarckstr. 108, Tel. 312911.
*Café des Westens* im Ku'damm-Eck, Kurfürstendamm 227, Tel. 8837337.
*Dachgarten Inter-Continental*, 30, Budapester Str. 2, Tel. 26020.
*VIP-Club im Europa-Center*, Tel. 2612452.

### Bars und Pubs

*Bristol Bar* im Hotel Kempinsky, Kurfürstendamm 27, Tel. 881091.
*Galerie Bremer*, 15, Fasanenstr. 37, Tel. 8813988.
*Harp Irish Pub*, 12, Giesebrechtstr. 15, Tel. 8827739.
*Irish Inn*, 31, Damaschkestr. 28, Tel. 3235839.
*Irish Pub*, 30, Eisenacher Str. 6, Tel. 242917.
*Piano Bar Chez Alex*, Kurfürstendamm 160, Tel. 8916022.
*Pianoforte-Bar*, 30, Wittenbergplatz 5, Tel. 2114964.
*Rififi*, 30, Fuggerstr. 34, Tel. 241823.
*Rum Trader*, 15, Fasanenstr. 40, Tel. 8811428.
*Schöneberger Weltlaterne*, 30, Motzstr. 61, Tel. 2116247 (18-3 Uhr; jüngeres Publikum, preiswerte portugiesische Küche).

### Nachtcafés, Kneipen und Treffs

*Café Einstein*, 30, Kurfürstenstr. 58, Tel. 2615096 (10-2 Uhr).
*Café im Wintergarten*, 15, Fasanenstr. 23.
*Dicke Wirtin*, 12, Carmerstr. 9, Tel. 3124952 (12-6, So ab 17 Uhr).
*Filmbühne am Steinplatz*, 12, Hardenbergstr. 12, Tel. 3129012 (10-2 Uhr).
*Florian*, Grolmannstr. 52, Tel. 3139184 (18-3 Uhr).
*New York* (Musikcafé, Cocktail-Bar), 15, Olivaer Platz 15, Tel. 8836258 (10-4 Uhr; ›schickes‹ Szenepublikum).
*Paris-Bar*, 12, Kantstr. 152, Tel. 3138052 (Prominententreff).
*Schwarzes Café*, 12, Kantstr. 148, Tel. 3138038. (Rund um die Uhr geöffnet, Mo Ruhetag.)
*Sunset* (Bistro, Bar, Café), 12, Hardenbergstr. 29c, Tel. 2624766 (10-2 Uhr).
*Zwiebelfisch*, 12, Savignyplatz 7, Tel. 317363 (12-6 Uhr; literarische Bohème).

### Kneipen und Pinten

*Laternchen*, 19, Horstweg 2, Tel. 3221674.
*Loretta im Garten*, 15, Lietzenburger Str. 89, Tel. 8823354.
*Mommsen-Eck*, 12, Mommsenstr. 45, Tel. 3242580.
*Spreeathen*, 12, Leibnizstr. 60, Tel. 3241733.
*Zur Nolle*, 30, im U-Bahnhof Nollendorfplatz, Tel. 2167546.

## Cafés und Frühstückskneipen

Wer die erste Mahlzeit des Tages nicht am Hotelbuffet einnehmen kann oder will, hat in Berlin verschiedene Möglichkeiten, da sich die hiesige Gastronomie voll auf die unterschiedlichen Bedürfnisse von Früh- und Spätaufstehern sowie verspäteten Nachtschwärmern eingestellt hat. Vielfach bekommt man sogar in denselben Lokalen, in denen man die Nacht ›durchgemacht‹ hat, zu fortgerückter Morgenstunde ein Frühstück serviert, das allerdings von teilweise sehr unterschiedlicher Qualität und – in anderen Städten unvorstellbar! – manchmal bis 14 Uhr und länger. Zunächst einige der **traditionellen Cafés** am Ku'damm, in denen man zu den üblichen Zeiten in gepflegter Umgebung das klassische Frühstück serviert bekommt und die sich natürlich auch für den nachmittäglichen Kaffeeklatsch eignen:

*Bristol*, Kurfürstendamm 35.
*Café Kranzler*, Kurfürstendamm 18/19 (ab 7 Uhr).
*Café Leysieffer*, Kurfürstendamm 213 (ab 7 Uhr).
*Café Möhring*, Kurfürstendamm 218 (ab 9 Uhr; Selbstbedienung).
*Kempinski Eck*, Kurfürstendamm 27.

Neben den genannten Nachtcafés (siehe S. 146), die schon kurz nach Beendigung ihres nächtlichen Betriebs wieder für Frühstücksgäste die Türen öffnen, im folgenden einige weitere **Cafékneipen** mit Frühstücksmöglichkeit bis in die frühen Nachmittagsstunden:

*Ausflugslokal ›Blockhaus Nikolskoe‹ am Wannsee*

*Ausflugslokal in Lübars*

*Café Bleibtreu*, 12, Bleibtreustr. 45 (ab 9.30 Uhr).
*Café Kronenbourg*, 15, Pfalzburger Str. 11 (ab 10 Uhr).
*Cafétarium*, 12, Knesebeckstr. 76 (ab 10 Uhr).
*Café Tomasa*, 30, Motzstr. 60 (durchgehend geöffnet; Frühstück ab 4 Uhr).
*Café Voltaire*, 12, Stuttgarter Platz 14 (durchgehend geöffnet).
*Schalander*, 15, Olivaer Platz 4 (ab 8.30 Uhr).

## Restaurants, von gutbürgerlich bis international

Im folgenden eine kleine Auswahl aus dem Riesenangebot von über 2000 Restaurants in West-Berlin. Die von uns gewählten Kategorien überschneiden sich zuweilen und sollen nur Anhaltspunkte und Anregungen bieten. Augenmerk wurde in erster Linie auf zentrale Lage gelegt, so daß es vorkommen kann, daß ebenso empfehlenswerte Lokale in entlegeneren Gegenden fehlen. Für näher Interessierte liegt ein Führer ›Essen in Berlin‹ (Verlag InBerlin) vor, der alle Bezirke berücksichtigt. Telephonische Vorbestellung wird allgemein empfohlen.

### *Ausflugslokale und historische Gaststätten*

*Alter Dorfkrug*, Reinickendorf, Altlübars 8, Tel. 4027174.
*Alter Krug Dahlem* (Weinstube), Königin-Luise-Str. 52, Tel. 8325089.
*Blockhaus Nikolskoe*, Wannsee, Nikolskoer Weg, Tel. 8052984.

*Funkturmrestaurant* im Funkturm am Messedamm, Tel. 3038-2996. (Herrliche Fernsicht, ab 10 Uhr geöffnet.)
*Historische Gaststätte auf der Zitadelle*, Spandau, Am Juliusturm, Tel. 3242106. (Mittelalterliche Küche!)
*Huthmacher Wannseeterrassen*, Wannseebadweg, Tel. 8034024.
*Kleine Orangerie*, Charlottenburg, Spandauer Damm 20, Tel. 3222021.
*Schloßrestaurant Glienicke*, an der Glienicker Brücke, Königstr., Tel. 8054000.

**Restaurants der Spitzenklasse**

*Alt-Berliner Schneckenhaus*, Kurfürstendamm 37, Tel. 8835937.
*Anselmo* (italienisch), Damaschkestr. 17, Tel. 3233094.
*Avec*, Mommsenstr. 42, Tel. 3237925.
*Conti-Fischstuben* im Ambassador (bekanntes Fischrestaurant), Bayreuther Str. 42, Tel. 219020.
*Diekmann*, Meinekestr. 7, Tel. 8833321.
*Grillroom im Hotel Berlin*, Kurfürstenstr. 62, Tel. 269291.
*Grillroom im Kempinski*, Kurfürstendamm 27, Tel. 881091.
*Le Connaisseur*, Wielandstr. 26a, Tel. 8819173.

**Gutbürgerliche Küche zu günstigen Preisen, Atmosphäre inklusive servieren**

*Großbeerenkeller*, Kreuzberg, Großbeerenstr. 90, Tel. 2513064.
*Hardtke*, Meinekestr. 27, Tel. 8819827.
*Luise*, Königin-Luise-Str. 40, Tel. 8328487.
*Nante 2*, Suarezstr. 39, Tel. 3215973.
*Schultheiss Bräuhaus*, Kurfürstendamm 220, Tel. 8817050.
*Zillemarkt*, Bleitreustr. 48a, Tel. 8817040.
*Zum Ambrosius*, Einemstr. 14, Tel. 2612993.
*Zur Kneipe*, Rankestr. 9, Tel. 8838255. (Berliner Buffet).

**Internationale Küche**

**Ägyptisch/Arabisch**

*Restaurant am Nil*, Kaiserdamm 114, Tel. 3214406.
*Alexandria*, Kantstr. 105a, Tel. 3235349.

**Afghanisch**

*Katschkol*, Pestalozzistr. 84, Tel. 3123472.

**Böhmische und ungarische Küche**

*Schipkapass*, Hohenzollerndamm 185, Tel. 871941.
*Schwejk*, Ansbacherstr. 4, Tel. 2137892.
*Zlaha Praha*, Meinekestr. 4, Tel. 8819750.

**Chinesische Küche**

*Dschingis-Khan*, Martin-Luther-Str. 41, Tel. 246064.
*Hongkong*, Kurfürstendamm 210, Tel. 8815756.
*Jangtsekiang*, Hardenbergstr. 28, Tel. 8812239.
*Pagode*, Schlüterstr. 55, Tel. 8816628.

**Deutsche Küche**

*Alt-Luxemburg* (deutsch/französisch), Pestalozzistr. 70, Tel. 3238730.
*Florian* (fränkisch), Grolmannstr. 52, Tel. 3139184.
*Friesenhof*, Uhlandstr. 185, Tel. 8836079.
*Landsknecht*, Schlüterstr. 29, Tel. 3237096.
*Laternchen*, Horstweg 2, Tel. 3221674.
*Marjellchen* (ostpreußisch), Mommsenstr. 9, Tel. 8832676.
*Olive*, Tegeler Weg 97, Tel. 3443396.
*Spirale* (schwäbisch), Moabit, Levetzowstr. 19, Tel. 3918592.
*Tiroler Bauernstuben*, Heerstr. 137, Tel. 3043274.
*Waldbaude*, Tegel, Bernauer Str. 139, Tel. 4323483.

**Elsässisch**

*Dorfgasthaus*, Sächsische Str. 7, Tel. 88192 39.

**Französisch**

*Altberliner Schneckenhaus*, Kurfürstendamm 37, Tel. 8835973.
*Auberge du Nord*, Waidmannsluster Damm 164, Tel. 4142002.
*Epikur*, Prinzregentenstr. 53, Tel. 8536226.
*Le Bou Bou*, Kurfürstendamm 103, Tel. 8911036.
*Le Paris*, Kurfürstendamm 211, Tel. 8815242.
*Manderley*, Horstweg 5, Tel. 3217123.
*Paris-Bar*, Kantstr. 152, Tel. 3138052.

**Griechisch**

*Alexis Sorbas*, Winterfeldtstr. 58, Tel. 2152374.
*Fofis Estiatorio*, Fasanenstr. 70, Tel. 8818785.

*Tatavia*, Mommsenstr. 10, Tel. 3241821.
*Terzo Mondo*, Grolmannstr. 28, Tel. 8815261.

**Indisch**

*Ashoka Taj*, Leibnizstr. 62, Tel. 3236074.
*Kalkutta*, Bleibtreustr. 17, Tel. 8836293.

**Indonesisch**

*Bali*, Steglitz, Feuerbachstr. 16, Tel. 7922845.
*Java*, Nestorstr. 6, Tel. 8912230.
*Tuk-Tuk*, Großgörschenstr. 2, Tel. 7811588.

**Italienisch**

(Eine winzige Auswahl aus den fast 140 Adressen)

*Anselmo*, Damaschkestr. 17, Tel. 3233094.
*Bacco*, Marburgerstr. 5, Tel. 2118687.
*Don Camillo*, Schloßstr. 7, Tel. 3223572.
*Il Gattopardo*, Dahlem, Schorlemer Allee 5, Tel. 8242352.
*Il Sorriso*, Kurfürstenstr. 76, Tel. 2621313.
*La Bocca*, Kurfürstenstr. 126, Tel. 244000.
*Ponte Vecchio*, Spielhagenstr. 3, Tel. 3421999.

**Japanisch**

*Daitokai*, Europa-Center, Breitscheidplatz, Tel. 2618090.
*Sapporo-Kan*, Schlüterstr. 52, Tel. 8812973.
*Yuki Guni*, Kantstr. 30, Tel. 3121978.

**Jugoslawisch**

*Novo Skopje*, Kurfürstendamm 58, Tel. 8838549.

**Österreichisch**

*Alter Krug*, Zehlendorf, Potsdamer Str. 3, Tel. 8015380.
*Der Eulenwinkel*, Kaiserdamm 4, Tel. 3222337.
*Tiroler Bauernstuben*, Heerstr. 137, Tel. 3043274.

**Polnisch**

*Krakowiak*, Nürnberger Str. 14, Tel. 245566.

**Portugiesisch**

*Litfaß*, Sybelstr. 49, Tel. 3232215.
*Lusiada*, Kurfürstendamm 132a, Tel. 8915869.

**Russisch**

*Samowar*, Luisenplatz 3, Tel. 3414154.

**Schweizerisch**

*Tessiner Stuben*, Bleibtreustr. 33, Tel. 8813611.

**Skandinavisch**

*Kopenhagen*, Kurfürstendamm 203, Tel. 881 62 19.
*Svensson's*, Markgraf-Albrecht-Str. 10, Tel. 3247840.

**Spanisch**

*El Bodegon*, Schlüterstr. 61, Tel. 3124497.
*El Borriquito*, Wielandstr. 6, Tel. 3129929.
*El Pepito* (Weinrestaurant), Kantstr. 134, Tel. 3128213.

**Türkisch**

*Foyer*, Uhlandstr. 28, Tel. 8814268.
*Istanbul*, Knesebeckstr. 77, Tel. 8832777.
*Karavan*, Kurfürstendamm 11, Tel. 8815005.
*Mustafa-Grill*, Kaiser-Friedrich-Str. 61a, Tel. 3237053.

**Vegetarisch**

*Hakuin*, Martin-Luther-Str. 1, Tel. 242027.
*Simsalat*, Ansbacher Str. 11, Tel. 2119034.
*Verena*, Kurfürstendamm 67, Tel. 8812625.

## Berliner Cafés, Restaurants und Bistros der Aktion ›Dinner for Two‹

*Alt Berliner Weißbierstube* im Berlin Museum (Berliner Buffet), 61, Lindenstr. 14, Tel. 2510121.
*Alter Krug* (Gehobene deutsche Küche), 37, Potsdamer Str. 3, Tel. 8015380.
*Anatol* (Französische und neudeutsche Küche), 30, Fuggerstr. 37, Tel. 2135643.
*Barbagia* (Sardische Spezialitäten), 15, Joachimsthalerstr. 14, Tel. 8837126.
*Barbecue* (Argentinische Steaks), 10, Tegeler Weg 25, Tel. 3444634.
*Beiz* (Restaurant, Weingewölbe), 12, Schlüterstr. 38, Tel. 8838957.
*Bijou-Cafe-Restaurant* (Französische und deutsche Küche), 15, Knesebeckstr. 49, Tel. 8836812.
*Bistro Calypso*, 31, Kurfürstendamm 142, Tel. 8931174.
*Café ›Blisse 14‹* (Behindertengerecht), 31, Blissestr. 14, Tel. 8211091.
*Café del Rio*, 30, Nachodstr. 1, Tel. 2119460.
*Café Harlekin*, 49, Steinstr. 26, Tel. 7467953.
*Café Melanie*, 47, Buckower Damm 213, Tel. 6045012.
*›Chez Philippe‹* (Restaurant Français), 51, Aroser Allee 89, Tel. 4561946.
*Choice* (Chinesische Spezialitäten), 45, Osdorfer Str. 124, Tel. 7126614.
*Dal Felice Vagabondo* (Spanische und italienische Spezialitäten), 37, Fischerhüttenstr. 45, Tel. 8017803.
*El Torro* (Argentinische, spanische und italienische Küche), 47, Britzer Damm 63/67, Tel. 6079363.
*Fasanerie, Wiener Caffeehaus* 15, Uhlandstr. 170a (in der Fasanenpassage), Tel. 8825910.
*Fontane Stuben*, 26, Wilhelmsruher Damm 142c, Tel. 4162234.
*Grung Thai* (Thailändische Spezialitäten), 12, Ku'Damm-Passage/Knesebeckstr./Kurfürstendamm 202, Tel. 8815350.
*Image*, 42, Parkstr. 8, Tel. 7514599.
*Kalkutta* (Indische Spezialitäten), 12, Bleibtreustr. 17, Tel. 8836293.
*La Argentina* (Steakhaus), 47, Fritz-Erler-Allee 57, Tel. 6037003.
*Landlord* (Kneipe-Restaurant), 39, Alsenstr. 29 (Wannsee) Tel. 8053946.
*La Rochelle* (Restaurant Français), 28, Hermsdorfer Damm 133, Tel. 4045043.
*Matchball* (Deutsche Küche), 26, Treuenbrietzener Str. 36 (im Squash- und Tenniscenter), Tel. 4152001.
*Neretva-Grill* (Balkan-Spezialitäten), 21, Jagowstr. 6–7, Tel. 3933426.
*Neu-Delphi* (Griechische Spezialitäten), 28, Öschelbronner Weg 10, Tel. 4021573.
*Paglia e Fieno* (Toskanische Küche), 28, Waldseeweg 33, Tel. 4041989.
*Portugal Galerie-Restaurant*, 31, Pfalzburgerstr. 53, Tel. 8621183, 8616412.
*Ratskeller Reinickendorf*, 26, Eichborndamm 215, Tel. 4145971.
*Ristorante Firenze* (Toskanische Spezialitäten), 27, Alt-Tegel 15, Tel. 4339591.
*Siphon* (Alt-Berliner Buffet, heiß und kalt), 37, Neue Str. 25, Tel. 8018974/8016784.
*Som Tropical* (Brasilianisches Restaurant), 12, Kaiser-Friedr. Str. 40, Tel. 3134562.
*Steve's Pepperkorn* (Amerikanische Spezialitäten), 45, Hildburghauser Str. 115, Tel. 7116942.
*Stingray Café-Restaurant* (Deutsche Küche), 12, Stuttgarter Platz 15, Tel. 3248584.
*Svensson's* (Schwedisches Restaurant), 31, Markgraf-Albrechtstr. 10, Tel. 3247840.
*Tai-Fong*, 51, Ollenhauerstr. 13, Tel. 4964069.
*Texas Steak*, 37, Sachtlebenstr. 18, Tel. 8159504.
*Torero am Waldhaus* (Argentinisches Steakhaus und Café), 38, Potsdamer Chaussee 71, Tel. 8055373.
*Toulouse im Tegeler Forst* (Französische Spezialitäten), 27, Schwarzer Weg, Tel. 4337063.
*Haus Trinitatis am See*, 22, Imchenallee 62, Tel. 3654262.
*Warsteiner Residenz*, 51, Alt-Reinickendorf 1-3, Tel. 4961027.
*White Wedding* (Deutsches Frühstück und Abendessen), 65, Kleine Behmstr. 2, Tel. 4947331.
*Zum Fleischermeister*, 42, Germaniastr. 153, Tel. 7525024.

# „Herzlich willkommen in Berlin."

Wir begrüßen Sie als Gast in unserer Stadt und wünschen Ihnen einen angenehmen Aufenthalt. Wenn Sie uns brauchen, sind wir gern für Sie da und helfen Ihnen mit Rat und Tat weiter.

Wir freuen uns auf Ihren Besuch:

| | |
|---|---|
| Montag + Mittwoch: | 9.00–15.30 Uhr |
| Dienstag + Donnerstag: | 9.00–18.00 Uhr |
| Freitag: | 9.00–12.30 Uhr |

An unseren Geldautomaten können Sie sich auch außerhalb der Öffnungszeiten mit Bargeld versorgen, zum Beispiel in der City:
Bismarckstraße 68 · Kurfürstendamm 182
Kurfürstendamm 217 · Tauentzienstraße 1
Hardenbergstraße 27 · Theodor-Heuss-Platz 2

**Deutsche Bank Berlin**
Otto-Suhr-Allee 6/16,
mit Zweigstellen im gesamten Stadtgebiet

# Adressen, Öffnungszeiten et cetera

## Informationsstellen

**VERKEHRSAMT BERLIN**

**Europa-Center**, 30, Eingang Budapester Str., Tel. 2123-4 und 2626031. Tägl. 7.30-22.30 Uhr geöffnet.

**Flughafen Tegel** (Haupthalle), Tel. 41013145. Tägl. 8-22.30 Uhr geöffnet.

**Kontrollpunkt Dreilinden**, Tel. 8039057. Tägl. 8-23 Uhr geöffnet.

**Kontrollpunkt Staaken**, Tel. 3634021/-22. Tägl. 8-23 Uhr geöffnet.

**Informationszentrum Berlin**, 12, Hardenbergstr. 20, Tel. 310040. Mo-Fr 8-19, Sa 8-16 Uhr.

**AMK Berlin**, Ausstellungs-Messe-Kongress GmbH, 19, Messedamm 22, Tel. 3038-3.

**Kulturinformation** – Infoladen der Berliner Festspiele, 30, Budapester Str. 48, Tel. 254890. Di-Fr 12-18 Uhr geöffnet.

**Bundesbahnauskunft**, 20, Hardenbergstr. 20, Pavillon am Zoo, Tel. 3121042. Mo-Fr 8.30-18.30, Sa 8.30-13 Uhr geöffnet.

**Auskunfts- und Beratungs-Center** für Neuberliner (abc), Hohenzollerndamm 125, Tel. 82008260/1. Di-Fr 16-20, Sa 11-14 Uhr geöffnet.

## Informationsschriften und Literatur

*Berlin für Behinderte.* Kostenlos erhältlich beim Landesamt für Zentrale soziale Aufgaben, Abt. IV, Informations- und Beratungsgruppe, Sächsische Straße 28-30, 1000 Berlin 31, Tel. 8671.

*Schiffsausflug auf dem Landwehrkanal*

*Berlin für junge Leute*, herausgegeben vom Informationszentrum Berlin (siehe oben), ebenfalls kostenlos.

*Kurzgefaßt Berlin.* Eine Einführung in Geschichte, politische, wirtschaftliche und kulturelle Situation. Kostenlos beim Informationszentrum.

*Museen in Berlin.* Ein Führer durch 68 Museen und Sammlungen; mit Überblick über die wichtigsten Museen in Ostberlin, München 1987.

Über das laufende kulturelle Programm in Berlin informieren das monatlich erscheinende *Berlin Programm* sowie die beiden 14tägig erscheinenden Stadtillustrierten *tip-Magazin* und *zitty*, die besonders auch die aktuelle ›Szene‹ berücksichtigen. Darüber hinaus gibt das Fremdenverkehrsamt Berlin im Europa-Center (Adresse siehe oben) regelmäßig *Informationsbroschüren* mit Veranstaltungshinweisen heraus.

## Kartenvorverkauf

**Box Office**, 30, Nollendorfplatz 7, Tel. 2151951, 2155463.

**Centrum**, 15, Meinekestr. 25, Tel. 8827611.

**Hertie** (Neukölln), Karl-Marx-Str. 92-98, Tel. 6874000; (Charlottenburg) Wilmersdorfer Str. 118-120, Tel. 3129090.

**KaDeWe**, 30, Tauentzienstr. 21, Tel. 248036.

**Karstadt**, 61, Hermannplatz, Tel. 6908434.

**Sasse-Henning**, 15, Kurfürstendamm 24, Tel. 8827360.

**Theaterkasse Kiosk am Zoo**, 12, Kantstr. 3, Tel. 8813603.

**Wertheim**, 15, Kurfürstendamm 231, Tel. 8822500; (Steglitz) Schloßstr. 11-15, Tel. 7922800.

## Stadtrundfahrten

**Berliner Bären-Stadtrundfahrten**, Rankestr. 35, Tel. 2134077.

**Berolina-Stadtrundfahrten**, Kurfürstendamm 25, Tel. 8833131.

**BvB-Stadtrundfahrten**, Kurfürstendamm 228, Tel. 8822063.

**Severin & Kühn**, Kurfürstendamm 216, Tel. 8831115.

**Holiday Sightseeing Berlin**, Fasanenstr. 67, Tel. 8842071l.

**Alternative Stadtrundfahrten** bietet das Kultur Kontor, Savignyplatz 9/10, Tel. 310888.

## Ausflugsorte

Soweit nicht im Text genannt.

**Reinickendorf:** Lübars, Heiligensee, Konradshöhe.

**Spandau:** Gatow, Kladow.

## Schiffsausflüge

**Havelrundfahrten.** Auskunft: ›Reederverband der West-Berliner Personenschiffahrt‹, 20, Sedanstr. 3, Tel. 3315017, sowie: Stern- und Kreisschiffahrt, 37, Sachtlebenstr. 60, Tel. 8100040.

**Spree-** und **Landwehrkanalfahrten.** Reederei ›Spreefahrten‹ Horst Duggen, Tel. 3944954, und von Mai bis September die Reederei Heinz Riedel, 61, Planufer 78, Tel. 6934646.

## Flohmärkte, Bazare und Wochenmärkte

**Arminius-Markthalle**, Arminiusstr. 2 (Tiergarten). Mo-Fr 7.30-18, Sa 7.30-13 Uhr.

**Krempelmarkt** am Reichpietschufer/Linkstraße, Berlin 30, Sa und So 8-15.30 Uhr.

**Ku'damm-Karree**, Kurfürstendamm 207. Mi-Fr 15-22, Sa und So 12-22 Uhr (Antiquitäten und Museumskneipe).

**Nolle** im U-Bahnhof Nollendorfplatz, Berlin 30. Tägl. außer Di 11-19 Uhr. (Kommerzieller Flohmarkt in ausgemusterten U-Bahn-Wagen mit Altberliner Kneipe ›Zur Nolle‹ und *Zille-Museum*.)

**Trödelmarkt an der Straße des 17. Juni**, Berlin 12. Sa und So 8-15.30 Uhr.

**Türkenmarkt**, Maybachufer (Neukölln), Di und Fr 12-18.30 Uhr.

**Türkischer Bazar**, Historischer Hochbahnhof Bülowstraße. Tägl. außer Di 10-21 Uhr. (Türkische Läden, türkische Disko).

**Wochenmarkt** am Winterfeldplatz (Schöneberg). Mi und Sa 8-13 Uhr. (Größter Berliner Wochenmarkt.)

## Messen, Ausstellungen, Festivals und Festspiele

Die Messen finden – soweit nicht anders angegeben – in den Messehallen unter dem Funkturm statt. Die genauen Termine können von Jahr zu Jahr schwanken. *Auskunft* erteilt das AMK Berlin, Messedamm 22, Postfach 191740, Berlin 19, Tel. 33081.

**Internationale Filmfestspiele**, jährlich Januar oder Februar.

**Internationale Grüne Woche**, Landwirtschafts- und Verbrauchsausstellung der Superlative, jährlich im Januar oder Februar.

**Internationale Tourismus-Börse**, jährlich, meist Anfang März.

**Freizeit-Ausstellung Berlin**, jährlich Mitte März.

**Sammlerbörse**, jährlich Ende März und Oktober.

**Berliner Kunsttage** mit Ausstellungen, Veranstaltungen, Atelierbesuchen rund um die Berliner Kunstszene, jährlich im April.

**Freie Berliner Kunstausstellung**, jährlich im April.

**Theatertreffen**, jährlich jeweils Ende Mai oder Juni: ein Querschnitt durch deutsche Theater-Inszenierungen, ausgewählt von einer Fach-Jury, mit umfangreichem Rahmenprogramm.

**Bachtage**, jeweils im Juli.

*Flohmarktszenerie*

**Internationale Funkausstellung**, Selbstdarstellung der Medien und der Unterhaltungsindustrie, alle zwei Jahre, jeweils im ungeraden Jahr, im August/September.

**Berliner Festwochen**, jedes Jahr von September bis in den Oktober, mit Orchestern, Theatergruppen und Künstlern international besetzt.

**Jazz-Fest**, jährlich Ende Oktober/Anfang November: renommiertes Festival mit etablierten Künstlern und unbekannten Talenten.

**Antiqua** (Antiquitätenmesse), jährlich im November bis Anfang Dezember.

**Weihnachtsmarkt**, rund um die Gedächtniskirche, jedes Jahr im Dezember.

## Museen und Schlösser

**Abgußsammlung antiker Plastik**, 19, Schloßstr. 69, Tel. 8383714-2.

**Ägyptisches Museum**, 19, Schloßstr. 70, Tel. 32091-261/267. Sa bis Do 9-17 Uhr geöffnet.

**Antikenmuseum**, 19, Schloßstr. 1, Tel. 32091-216. Sa bis Do 9-17 Uhr geöffnet.

**Anti-Kriegs-Museum**, 65, Genter Str. 9, Tel. 4617837. Tägl. 16-20 Uhr geöffnet.

**Bauhaus-Archiv**, 30, Klingelhöferstr. 14, Tel. 2611618. Mi bis Mo 11-17 Uhr geöffnet.

**Berliner Kinomuseum**, 61, Großbeerenstr. 57. Filmhistorische Vorführungen Mi, Fr und Sa 20.30 und 22.30 (Sa auch 18 Uhr).

**Berliner Panoptikum**, 15, Ku'damm-Eck, Kurfürstendamm 227/228, Tel. 8939000. Tägl. 10-23 Uhr geöffnet.

**Berliner Post- und Fernmeldemuseum**, 30, An der Urania 15, Tel. 2128-201. Di bis Fr 10-16, Sa und So 10-13 Uhr.

**Berlinische Galerie**, 61, Gropius-Bau, Stresemannstr. 110, Tel. 25486303 und -02. Di bis So 10-18 Uhr geöffnet.

*Berliner Post- und Fernmeldemuseum: Posthausschild, ›Preußen 1776‹*

**Berlin Museum**, 61, Lindenstr. 14, Tel. 2586-2839. Di bis So 11-18 Uhr.

**Botanischer Garten** und **Botanisches Museum Berlin-Dahlem**, 33, Königin-Luise-Str. 6-8, Tel. 83006-0.

*Botanischer Garten:* Tägl., auch sonn- und feiertags geöffnet, November bis Februar 9-16, März und Oktober 9-17, April und September 9-19, Mai bis August 9-20 Uhr.
*Schaugewächshäuser*: November bis Februar 9-15.15, März und Oktober 9-16.15, April bis September 9-17.15 Uhr geöffnet (sonn- und feiertags ab 10 Uhr).
*Schaumuseum*: Di bis So 10-17, Mi 10-19 Uhr geöffnet.

**Bröhan-Museum**, 19, Schloßstr. 1a, Tel. 3214029. Di bis So 10-18 Uhr geöffnet.

**Brücke-Museum**, 33, Bussardsteig 9, Tel. 8312029. Mi bis Mo 11-17 Uhr geöffnet.

**Deutsches Rundfunk-Museum**, 19, Hammarskjöldplatz 1, Tel. 3028186. Mi bis Mo 10-17 Uhr geöffnet.

**Deutschlandhaus**, 61, Stresemannstr. 90, Tel. 2611046. Mo bis Fr 9-19, Sa und So 14-17 Uhr (Sonderausstellungen Mo bis Fr 12-18 Uhr) geöffnet.

**Domäne Dahlem**, Freilichtmuseum, 33, Königin-Luise-Str. 49, Tel. 8325000. Tägl. 9-18 Uhr geöffnet.

**Freimaurermuseum**, 31, Emser Str. 12-13. Geöffnet Do 16-19 Uhr und nach Vereinbarung.

**Friedensmuseum**, 61, Stresemannstr. 27, Tel. 2510186. Tägl. 16-20 Uhr geöffnet.

**Galerie der Romantik**, Staatliche Museen Preußischer Kulturbesitz, 19, Schloß Charlottenburg, Ostflügel, Tel. über Nationalgalerie 2662650/51. Di bis So 9-17 Uhr geöffnet.

**Gaslaternen-Freilichtmuseum**, 21, Joseph-Haydn-Str., Hof des Berlin-Pavillons.

**Gedenkstätte Deutscher Widerstand**, 30, Stauffenbergstr. 13-14, Tel. 2604-2202/13. Mo bis Fr 9-18, Sa und So 9-13 Uhr geöffnet.

**Gemäldegalerie**, Staatliche Museen Preußischer Kulturbesitz, 33, Arnimallee 23, Tel. 8301-216. Di bis So 9-17 Uhr geöffnet.

**Haus am Checkpoint Charlie**, 61, Friedrichstr. 44, Tel. 2511031. Tägl. 9-22 Uhr geöffnet.

**Archiv ›Kreuzberg – Museum für Stadtentwicklung und Sozialgeschichte‹**, 36, Mariannenplatz 2, Tel. 2588-2506.

**Emil-Fischer-Heimatmuseum**, Museum für Stadtkultur und Regionalgeschichte, 44, Ganghoferstr. 3-5, Tel. 6809-2535. Mi 16-20, Do, Fr und So 12-16, Sa 13-18 Uhr geöffnet.

**Heimatmuseum Reinickendorf**, 28, Alt-Hermsdorf 35-38, Tel. 4044062. Mi bis So 10-18 Uhr geöffnet.

**Heimatmuseum Schöneberg**, 62, Haus am Kleistpark, Grunewaldstr. 6-7, Tel. 783-2234, -3032. Mo bis Fr 10-13, Do 16-19 Uhr geöffnet.

**Stadtgeschichtliches Museum Spandau**, 20, Zitadelle Spandau, am Juliusturm,

*Gedenkstätte Deutscher Widerstand*

Tel. 3391-297. Di bis Fr 9-16.30, Sa und So 10-16.30 Uhr geöffnet.

**Museum und Archiv des Heimatvereins für den Bezirk Steglitz**, gegr. 1923 e. V., 45, Drakestr. 64a, Tel. 8332109.
*Museum:* Mi 15-18, So 10-12 Uhr geöffnet.
*Archiv*: Mi 15-18 Uhr geöffnet.

**Heimatmuseum Tempelhof**, 42, Alt-Mariendorf 43, Tel. 7022-465. Di 14-19, Fr 10-16, Sa 13-18, So 11-17 Uhr geöffnet.

**Heimatmuseum Tiergarten**, 21, Zwinglistr. 2, Tel. 3905-2728, -2343.

**Heimatarchiv Wedding**, 65, Pankstr. 47, Tel. 457-3053. Mi 11-19 Uhr geöffnet.

**Kommunales Museum für Stadtteilgeschichte**, 31, Hohenzollerndamm 177, Tel. 8689-7910. Mo, Mi und Fr 10-14, Di und Do 14-18 Uhr geöffnet.

**Heimatmuseum Zehlendorf**, 37, Clayallee 355, Tel. 8151119. Do 16-18.30 und nach Vereinbarung geöffnet.

**Historische Ausstellung ›Fragen an die deutsche Geschichte‹ im Reichstagsgebäude**, 21, Reichstagsgebäude, Tel. 3977-141. Di bis So 10-17 Uhr geöffnet.

**Jagdschloß Grunewald**, Staatliche Schlösser und Gärten, 33, am Grunewaldsee, Tel. 8133597. Di bis So, April bis September 10-18, März und Oktober 10-17, November bis Februar 10-16 Uhr geöffnet.

**Georg Kolbe Museum**, 19, Sensburger Allee 25, Tel. 3042144. Di bis So 10-17 Uhr geöffnet.

**Käthe-Kollwitz-Museum Berlin**, Fasanenstr. 24, Tel. 8825210. Mi bis Mo 11-18 Uhr geöffnet.

**Kunstgewerbemuseum**, Staatliche Museen Preußischer Kulturbesitz, 30, Tiergartenstr. 6, Tel. 2662902/03. Di bis So 9-17 Uhr geöffnet.

**Kupferstichkabinett**, Staatliche Museen Preußischer Kulturbesitz, 33, Arnimallee 23-27, Tel. 8301-228. Di bis So 9-17, *Studiensaal* Di bis Fr 9-16 Uhr geöffnet.

**Museum für Blindenwesen**, an der Johann-August-Zeune-Schule für Blinde, 41, Rothenburgstr. 14, Tel. 7912243, 7916045. Mi 15.30-18 Uhr und nach Vereinbarung geöffnet.

**Museum für Deutsche Volkskunde**, Staatliche Museen Preußischer Kulturbesitz, 33, Im Winkel 6/8, Tel. 832031. Di bis So 9-17 Uhr geöffnet.

**Museum für Indische Kunst**, Staatliche Museen Preußischer Kulturbesitz, 33, Takustr. 40, Besuchereingang Lansstr. 8, Tel. 8301-361. Di bis So 9-17 Uhr geöffnet.

**Museum für Islamische Kunst**, Staatliche Museen Preußischer Kulturbesitz, 33, Takustr. 40, Besuchereingang Lansstr. 8, Tel. 8301-392. Di bis So 9-19 Uhr geöffnet.



**Museum für Ostasiatische Kunst**, Staatliche Museen Preußischer Kulturbesitz, 33, Takustr. 40, Besuchereingang Lansstr. 8, Tel. 8301-382. Di bis So 9-17 Uhr geöffnet.

**Museum für Verkehr und Technik**, 61, Trebbinerstr. 9, Tel. 25484-0. Di bis Fr 9-18 Uhr, Sa und So 10-18 Uhr geöffnet.

**Museum für Völkerkunde**, Staatliche Museen Preußischer Kulturbesitz, 33, Arnimallee 27, Besuchereingang Lansstr. 8, Tel. 8301-226. Di bis So 9-17 Uhr geöffnet.

**Museum für Vor- und Frühgeschichte**, Staatliche Museen Preußischer Kulturbesitz, 19, Schloß Charlottenburg, Westflügel (Langhansbau), Tel. 32091-233. Sa bis Do 9-17 Uhr geöffnet.

**Museumsdorf Düppel**, Freilichtmuseum, 37, Clauertstr. 11, Tel. 8026671. Mai bis Oktober So 10-13 Uhr geöffnet.

**Musikinstrumenten-Museum des Staatlichen Instituts für Musikforschung**, Preußischer Kulturbesitz, 30, Tiergartenstr. 1, Tel. 25481-102. Di bis Sa 9-17, So 10-17 Uhr geöffnet.

**Nationalgalerie**, Staatliche Museen Preußischer Kulturbesitz, 30, Potsdamer Str. 50, Tel. 2662650/51. Di bis So 9-17 Uhr geöffnet.

**Arbeitsgruppe Pädagogisches Museum**, 33, Schorlemer Allee 23, Tel. 8241111. Bestandsbesichtigung nach Voranmeldung.

**Polizeihistorische Sammlung**, 42, Platz der Luftbrücke 6, Tel. 69935050. Mo 14-15 Uhr und nach Vereinbarung geöffnet.

**Scheringianum**, 65, Fennstr. 10, Tel. 4682404. Fr 10-15 Uhr und nach telephonischer Vereinbarung geöffnet.

**Schloß Charlottenburg**, Staatliche Schlösser und Gärten, 19, Luisenplatz, Tel. 32091-1. Di bis So 9-17 Uhr geöffnet.

**Schloß und Landschaftsgarten Glienicke**, Staatliche Schlösser und Gärten, 39, nördlich der Königsstraße, Tel. 8053041. Tägl. geöffnet.

*Nationalgalerie: Adolph von Menzel, ›Flötenkonzert‹, Ausschnitt*

**Schloß und Landschaftsgarten Pfaueninsel**, Staatliche Schlösser und Gärten, 39, Wannsee, Tel. 8053042.
*Landschaftsgarten:* Täglich November bis Februar 10-16, März und Oktober 9-17, April und September 8-18, Mai bis August 8-20 Uhr geöffnet.
*Schloß:* Di bis So April bis September 10-17, Oktober 10-16 Uhr geöffnet.

**Schloß Tegel/Humboldt-Museum**, 27, Adelheidallee 19-21, Tel. 4343156. Mi und So 14-18, Park 13-19 Uhr geöffnet.

**Skulpturengalerie**, Staatliche Museen Preußischer Kulturbesitz, 33, Arnimallee 23/27, Tel. 8301–252. Di bis So 9-17 Uhr geöffnet.

**Staatliche Museen Preußischer Kulturbesitz**, (Hauptverwaltung), 30, Stauffenbergstr. 41, Tel. 266-6.

**Ständige Ausstellung Umweltschutz**, 33, Bismarckplatz 1, Tel. 8903-1. Do 13-17 Uhr und nach Vereinbarung geöffnet.

**Teddy-Museum Berlin**, 15, Kurfürstendamm Karree, 1. Etage, Tel. 8814171. Mi bis Mo 15-22 Uhr geöffnet.

**Waldlehrschau** der Schutzgemeinschaft Deutscher Wald, 33, in und am Jagdschloß Grunewald, siehe Jagdschloß Grunewald.

**Werkbund-Archiv**, Museum der Alltagskultur des 20. Jahrhunderts, 61, Gropius-Bau, Stresemannstr. 110, Tel. 25486-909. Di bis So 10-18 Uhr geöffnet.

**Heinrich-Zille-Museum**, 30, Nollendorfplatz, Tel. 2167546. Mi bis Mo 11-19 Uhr geöffnet.

**Zoologischer Garten Berlin**, 30, Hardenbergplatz 8, Tel. 2611101.
*Zoologischer Garten*: Tägl. 9-19 Uhr geöffnet.
*Aquarium*: Tägl. 9-18 Uhr geöffnet.

**Zucker-Museum**, 65, Amrumer Str. 32, Tel. 3147520. Zu besichtigen nach Vereinbarung.

## Bibliotheken und Archive

**Amerika-Gedenkbibliothek**, 61, Blücherplatz 1, Tel. 69050, Mo 16-20, Di-Sa 11-20 Uhr.

**Bauhaus-Archiv**, 30, Klingelhöferstr. 13, Tel. 2611618, Mo-Fr 9-13 Uhr.

**Bildarchiv Preußischer Kulturbesitz**, 61, Hallesches Ufer 76, Tel. 2662425, Besuch nur nach Voranmeldung.

**Geheimes Staatsarchiv** Preußischer Kulturbesitz, 33, Archiv-Str. 12/14, Tel. 832031, Mo, Mi, Do, Fr 8-15.30, Di 8-19.30 Uhr.

**Ibero-Amerikanisches Institut** Preußischer Kulturbesitz, 30, Potsdamer Str. 37, Tel. 2665, Mo-Fr 9-19 Uhr.
*Buchausleihe* bis 18 Uhr, Sa 2-13 Uhr.

**Kunstbibliothek** Preußischer Kulturbesitz, 12, Jebensstr. 2, Tel. 310116, Mo, Do 13-21, Di, Mi, Fr 9-17 Uhr.

**Landesarchiv**, 30, Kalckreuthstr. 1, Tel. 7831, Mo, Di, Mi und Fr 9-15, Do 9-18 Uhr.

**Landesbildstelle**, Zentrum für audiovisuelle Medien, 21, Wikingerufer 7, Tel. 390921.
*Bildarchiv:* Mo-Fr 9-15 Uhr, Mi bis 12 Uhr.
*Bibliothek:* Mo-Fr 9-15 Uhr.

**Senatsbibliothek**, 12, Straße des 17. Juni 112, Tel. 31831/App. 2606, Mo-Do 9-16.30, Fr 9-18 Uhr.

**Staatsbibliothek Preußischer Kulturbesitz**, 33, Potsdamer Str. 33, Tel. 2661, Mo-Fr 9-19, Sa 9-13 Uhr.

**Universitätsbibliothek der FU** Berlin, 33, Gary-Str. 39, Tel. 838 4273, Mo-Fr 9-12, Sa 9-17 Uhr.

**Universitätsbibliothek der TU** Berlin, 12, Straße des 17. Juni 135, Tel. 3142956. Mo-Fr 9-20, Sa 9-13 Uhr.
*Plansammlung,* 10, Dovestr. 1-5, Tel. 314316, Mo-Do 13-16 Uhr.

 *Rechts: Turm der Marienkirche. Im Vordergrund der Neptunbrunnen von Begas [vgl. Nr. 27 und 28]*

Ost-Berlin
40
Sehenswürdigkeiten

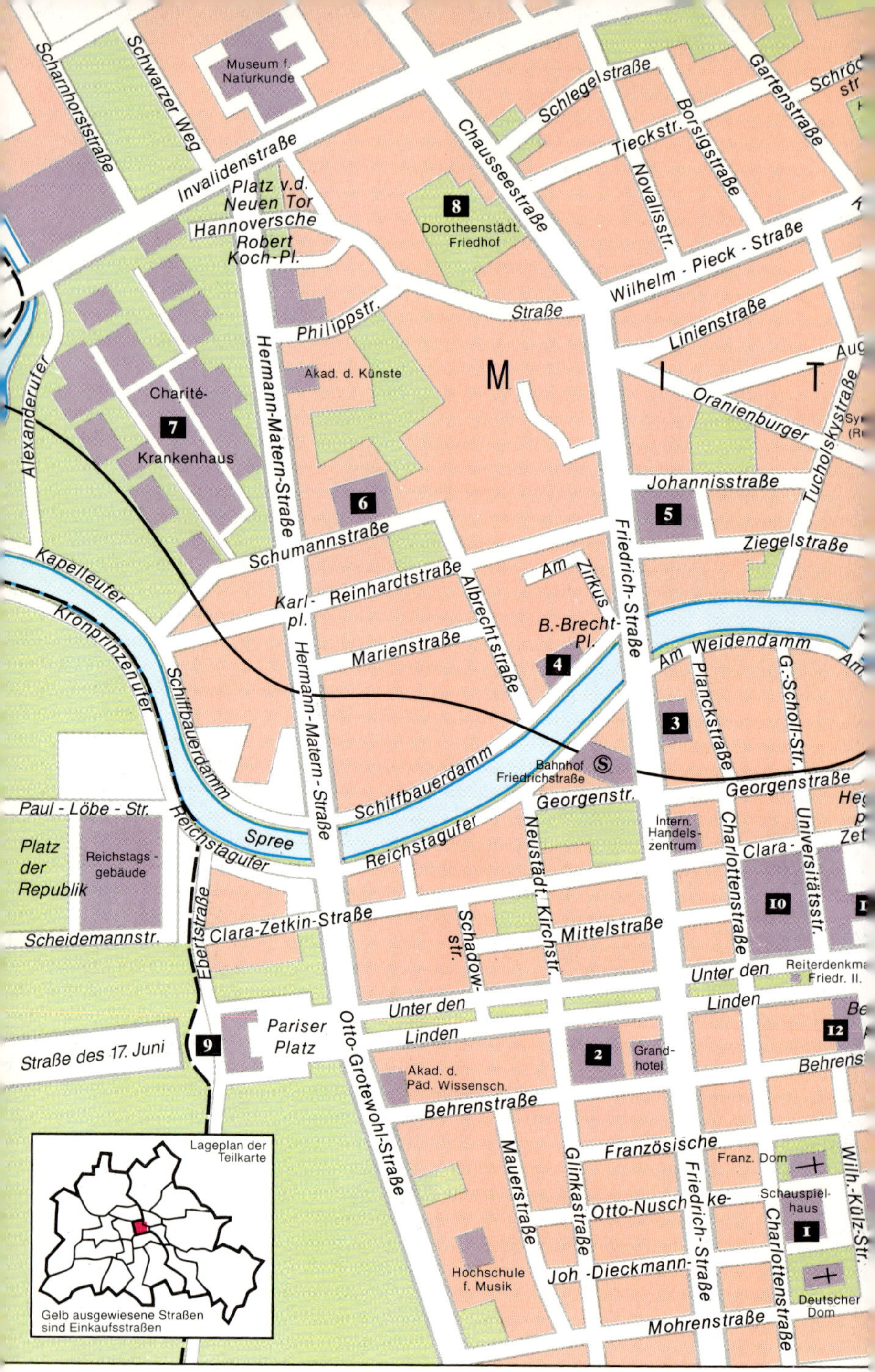


# Ost-Berlin
# Bezirk Mitte

1 Platz der Akademie mit ehemaligem Schauspielhaus *Seite 160*
2 Komische Oper *161*
3 Haus der Presse mit Metropol-Theater *161*
4 Berliner Ensemble *161*
5 Neuer Friedrichstadtpalast *161*
6 Deutsches Theater/Kammerspiele *161*
7 Charité *162*
8 Dorotheenstädtischer Friedhof und Brechthaus *162*
9 Brandenburger Tor *163*

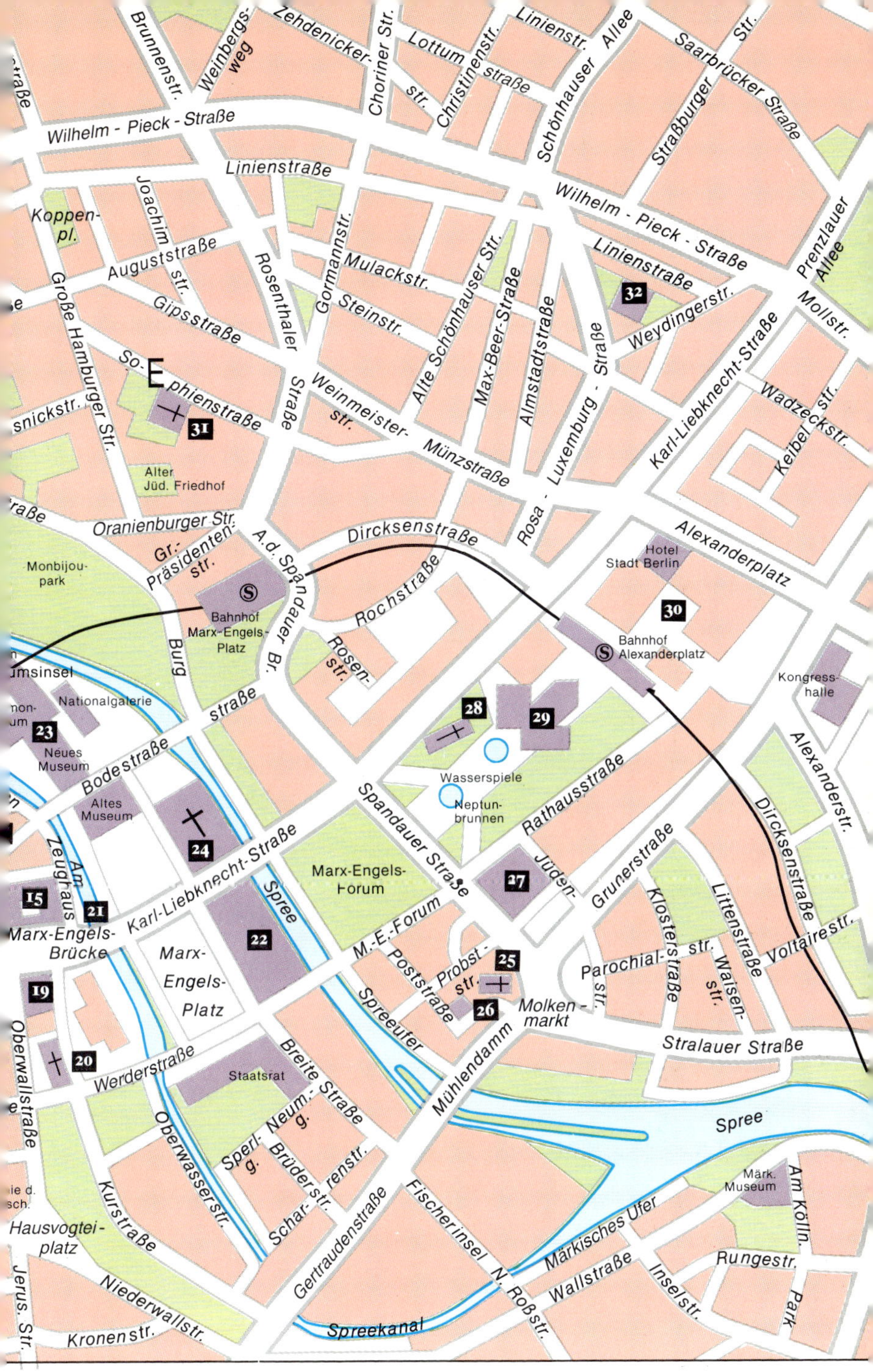


**10** Deutsche Staatsbibliothek *163*
**11** Humboldt-Universität *164*
**12** Alte Bibliothek *165*
**13** Deutsche Staatsoper *165*
**14** Sankt-Hedwigs-Kathedrale *166*
**15** Ehem. Zeughaus – Museum für Deutsche Geschichte *166*
**16** Neue Wache *167*
**17** Maxim-Gorki-Theater *167*
**18** Operncafé *168*
**19** Palais Unter den Linden *168*
**20** Friedrichwerdersche Kirche *169*
**21** Marx-Engels-Brücke *170*
**22** Palast der Republik *171*
**23** Museumsinsel *172*
**24** Berliner Dom *174*
**25** Nikolaiviertel mit Nikolaikirche *174*
**26** Palais Ephraim *175*
**27** Rotes Rathaus *175*
**28** Marienkirche *176*
**29** Fernsehturm *176*
**30** Alexanderplatz *176*
**31** Sophienkirche *177*
**32** Volksbühne *177*

# Bezirk Mitte

*Der Bezirk Mitte umfaßt den ältesten Teil Berlins mit den Anfang des 13. Jh. gegründeten Städten* **Berlin** *und* **Cölln.** *Nach dem Bau des Berliner Schlosses (1470) wurde Berlin die Residenz der brandenburgischen Kurfürsten. 1709 wurde die Stadt zur königlichen Residenz erhoben und mit den Städten* **Friedrichwerder, Dorotheenstadt** *und* **Friedrichstadt** *vereinigt. Hinzu kamen im Norden die* **Friedrich-Wilhelm-Stadt,** *die* **Spandauer Vorstadt** *und die* **Königstadt,** *im Osten die* **Stralauer Vorstadt** *und im Süden die* **Luisenstadt.** *Damit hatte Berlin bis 1860 etwa die Ausdehnung des heutigen Bezirks Mitte, mit einer Fläche von 10,71 km², das sind 1,2 Prozent der Gesamtfläche von Groß-Berlin. 1939 lag die Einwohnerzahl des Bezirks bei 264000. Im Krieg wurden 60 Prozent des Wohnraumes zerstört. Die Einwohnerzahl heute: 82000, mit steigender Tendenz.*

*Für einen Tagesbesuch in Ost-Berlin bieten sich drei Schwerpunkte an: Die* Friedrichstraße, *die zusammen mit der* Chausseestraße *die Nord-Süd-Achse des Bezirks bildet; die Straße* Unter den Linden, *bis zur* Marx-Engels-Brücke, *die den Bezirk von Westen nach Osten durchschneidet, und die* Karl-Liebknecht-Straße *bis zum* Alexanderplatz, *die deren Fortsetzung in nordöstlicher Richtung bildet.*

*Das ehemalige Schauspielhaus von Schinkel am Platz der Akademie, heute Konzertsaal*

## *Friedrichstraße*

*An ihre Bedeutung als prächtige Geschäftsstraße mit riesigen Hotels und Amüsierbetrieben, die die ca. 3,5 km lange Friedrichstraße im kaiserlichen Berlin um die Jahrhundertwende besaß, soll ihre neue Bebauung wieder anknüpfen: Auf der Westseite das* **Grand-Hotel** *und das* **Metropol,** *für Gäste, die über frei konvertierbare Währungen verfügen. Auf der Ostseite, zwischen Clara-Zetkin- und Georgenstraße, das 25geschossige* **Internationale Handelszentrum** *(1978). Ihm gegenüber entsteht der* Wintergarten *neu, mit einem Premierenkino, Varieté und Restaurantbetrieb. Im Süden durchschneidet am* Checkpoint Charlie *[siehe West-Berlin Nr. 47] – Ausgangspunkt unseres Rundgangs – die Grenze die Friedrichstraße, die sich in West-Berlin bis zum Mehringplatz [siehe dort Nr. 51] fortsetzt.*

### 1 Platz der Akademie mit ehemaligem Schauspielhaus

*Schönstes Platzensemble Ost-Berlins mit beherrschendem Theater-Prachtbau von Schinkel, einem Hauptwerk des romantischen Klassizismus.*

Den Mittelpunkt des ehemaligen *Gendarmenmarktes,* heute eines der wichtigsten klassizistischen Ensembles Ost-Berlins, bildet das 1818-21 von Schinkel auf den Grundmauern des ehem. Nationaltheaters errichtete **Schauspielhaus** mit *Giebelfiguren* von Ch. F. Tieck, das 1984 als Konzerthaus [Abb. S. 190] wiedereröffnet wurde. Flankiert wird es im Norden vom **Französischen Dom** der ehemaligen Hugenottengemeinde, einem Hauptbau des spätbarocken Klassizismus, 1701 bis 1705 von L. Cayard und A. Quesnay errichtet und heute *Hugenottenmuseum.* Bei der Umgestaltung des Gendarmenmarktes unter Friedrich II. erhielt der Bau, wie sein gegenüberliegendes Pendant, der **Deutsche Dom,** 1701-08 von M. Grünberg erbaut, 1780 den auffälligen *Kuppelturm* nach Plänen von C. F. Gontard. Auf der Ostseite die **Akademie der Wissenschaften** der DDR – seit 1950 Namensgeberin des Platzes, 1700 auf Initiative des Philosophen G. W. Leibniz von Kurfürst Friedrich III. gestiftet und eng verbunden mit Namen wie Euler, Einstein, den Brüdern Grimm, Humboldt, Planck und Virchow.

## 2 Komische Oper

Unter den Linden 41/Zuschauereingang: Behrenstraße 55-57

*Traditionstheater des 19. Jh. hinter moderner Fassade von K. Nierade. Unter der Leitung von W. Felsenstein (1947-76) Wegweiser des modernen Musiktheaters.*

Hier stand einst das 1891-92 von F. Fellner und H. Helmer erbaute *›Theater Unter den Linden‹*, bis 1945 *›Metropol-Theater‹*, das im Zweiten Weltkrieg völlig zerstört wurde. 1966 besorgte K. Nierade Umbau und Modernisierung des Gebäudes, wobei der *Zuschauerraum* in seiner ursprünglichen Form erhalten blieb.

## 3 Haus der Presse mit Metropol-Theater

Friedrichstraße 101/2

*Sitz des Journalistenverbandes der DDR mit Ost-Berlins bekanntestem Kabarett, der ›Distel‹.*

Das **Metropol-Theater,** 1910 von H. Schweitzer und A. Diepenbrock als ›Admiralspalast‹ – repräsentative Bade- und Eislaufhalle mit reichem Fassadenschmuck – um einen Binnenhof errichtet, wurde 1922 von Cremer und Wolffenstein zum Theater umgebaut und ist heute Spielstätte der Operette.

## 4 Berliner Ensemble

Bertolt-Brecht-Platz

*Unter Brecht berühmtes Schauspielensemble der Nachkriegszeit.*

Das **Theater am Schiffbauerdamm,** 1891-92 nach Entwürfen von H. Seeling mit üppig spätbarocker Innenausstattung erbaut, erhielt 1903-05 im Sinne der Reinhardtschen Theaterreform Orchesterraum und berühmt gewordene Drehbühne, auf der später die Weigel als ›Mutter Courage‹ brillierte. 1928 war es Uraufführungsort von Brechts ›Dreigroschenoper‹, dessen **Berliner Ensemble** – seit 1949 im ›Deutschen Theater‹ [siehe Nr. 6] – ab 1954 dem Theater seinen Namen gab. Vor dem Theater ein **Brechtdenkmal** von F. Cremer.

*Fassade des Neuen Friedrichstadtpalastes*

## 5 Neuer Friedrichstadtpalast

Friedrichstraße 107

*Revuetheater der Superlative als Nachfolgebau des ›Großen Schauspielhauses‹, legendäres Reinhardt-Theater.*

Der **Alte Friedrichstadtpalast,** 1985 wegen Baufälligkeit abgerissen, war 1869 als erste Markthalle Berlins errichtet worden und diente ab 1874 als Zirkus. 1919 wurde er von H. Poelzig zum **Großen Schauspielhaus** umgebaut – wegen seines bizarr verzierten Zuschauerraumes ›Tropfsteinhöhle‹ genannt –, das unter Max Reinhardt seine Glanzzeit erlebte.
Der **Neue Friedrichstadtpalast,** von M. Prasser südlich davon errichtet und 1984 eröffnet, birgt neben modernster Bühnentechnik Platz für über 2000 Zuschauer.

## 6 Deutsches Theater/Kammerspiele

Schumannstraße 13a

*Traditionstheater der Vorkriegszeit und Meilenstein der deutschen Kulturgeschichte: Mit seinem Rangfoyer in italienischen Renaissanceformen einer der wenigen in Originalgestalt erhaltenen Festräume des späten 19. Jh.*

Unter Max Reinhardt (1905-20, 1924-32) erlangte das 1849-50 von Schinkel-Schüler

*Kammerspiele und Deutsches Theater*

E. Titz als ›Friedrich-Wilhelmstädtisches Theater‹ erbaute, 1883 zum **Deutschen Theater** umgebaute Haus Weltruhm. Nach der Übernahme von O. Brahm ließ Reinhardt 1906 die benachbarten ›Emberger Säle‹ zu den **Kammerspielen** umbauen, mit denen es heute zu einem Gemeinschaftsbau vereinigt ist. Zu seinen Protagonisten gehörte die Elite des deutschsprachigen Theaters von Balser bis Wegener, von Bergner bis Krauss, Kortner, Bassermann, Deutsch. In der NS-Zeit wurde es nach Reinhardts Emigration von H. Hilpert in dessen Sinne geleitet. Grundlegend rekonstruiert, erstrahlte es zum 100jährigen Jubiläum am 29. 9. 1983 in neuem Glanz.

## 7 Charité

Robert-Koch-Platz

*Größtes Universitätsklinikviertel der DDR mit bedeutender Lehr- und Forschungstradition.*

1710 von Friedrich I. als Pesthaus gegründet, seit Gründung der Berliner Universität 1810 Universitätsklinik, umfaßt das Gelände der Charité, die 1945 nach schwersten Zerstörungen fast völlig wiederaufgebaut werden mußte, heute insgesamt 14,7 ha. Auf der Ostseite des Robert-Koch-Platzes das 1977-81 errichtete Hochhaus des **Chirurgischen Zentrums,** ehrgeizigstes Projekt des DDR-Gesundheitswesens. Davor von L. Tuaillon (1916) ein **Robert-Koch-Denkmal,** der neben Persönlichkeiten wie Ch. W. Hufeland, R. Virchow, E. v. Leyden, I. P. Pawlow, F. Sauerbruch und A. v. Graefe den großen wissenschaftlichen Ruf der Klinik begründete.
In der Hermann-Matern-Straße 58-60 die 1960 als Nachfolgerin der 1696 gestifteten ›Preußischen Akademie der Künste‹ neugegründete **Akademie der Künste der DDR.**

*Grabmal K. F. Schinkels auf dem Dorotheenstädtischen Friedhof*

## 8 Dorotheenstädtischer Friedhof und Brechthaus

Chausseestraße 126

*Camposanto des kulturellen Berlin.*

Auf dem 1762 angelegten Friedhof ruhen u. a.: die Philosophen J. G. Fichte (1814) und G. W. F. Hegel (1831), der Finanzrat P. Beuth (1853), die Bildhauer und Architekten K. F. Schinkel (1841), Ch. D. Rauch (1857), A. Stüler (1865) und G. Schadow (1850), die Industriellen A. Borsig (1854) und L. Schwartzkopff (1892) und der Drucker E. Litfaß, Erfinder der Litfaßsäule (1874).
In neuerer Zeit sind hinzugekommen: H. Mann (1950), B. Brecht (1956) und H. Weigel (1971), J. R. Becher (1958), der Komponist H. Eisler (1962), der Erfinder der politischen Foto-Montage J. Heartfield (1968), A. Seghers (1983) und A. Zweig (1968).

Direkt am Friedhof liegt das dreigeschossige spätklassizistische **Brecht-Haus** (Chausseestr. 125), letzte Arbeitsstätte und Wohnung von B. Brecht und H. Weigel von 1953 bis zu ihrem Tode, heute wissenschaftlich genutzt als **Bertolt-Brecht-** und **Helene-Weigel-Archiv.**

## *Unter den Linden*

*Die einstige Prachtstraße mit Ausrichtung auf das* **Brandenburger Tor** *[Nr. 9] bildete einst das kulturelle Zentrum Berlins. Seit 1573 kurfürstlicher Reitweg vom Schloß zum Tiergarten, wurde sie 1647 unter dem Großen Kurfürsten von Hofgärtner Hauff 6reihig bepflanzt. Ihre repräsentative Gestalt bekam die 1,2 km lange, 60 m breite Straße jedoch erst unter Friedrich I. und Friedrich dem Großen, dessen* **Reiterstandbild** *von Ch. D. Rauch [Abb. S. 165] vor dem* **Alten Palais** *[Nr. 12] steht. Durch die Bauten des* **Forum Fridericianum** *[siehe S. 164] nach Plänen von Knobelsdorff bestimmte er sie zur zentralen Achse. Ihr östlicher Abschluß zwischen Kastanienwäldchen und Marx-Engels-Brücke wurde zu Beginn des 19. Jh. nach Plänen von Schinkel vollendet. Der im Zweiten Weltkrieg schwer zerstörte Straßenzug wurde seit 1948 in seiner historischen Bebauung rekonstruiert.*
*Heute besteht der westliche Teil der Straße zwischen Friedrichstraße und Pariser Platz hauptsächlich aus Neubauten, verschiedenen* Botschaftsgebäuden, *dem* **Ministerium für Außenhandel** *sowie der* **Komischen Oper** *[Nr. 2], mit Ausnahme der* **Sowjetischen Botschaft,** *1950-53 im damals in der UdSSR üblichen Stil mit Ehrenhof errichtet.*
*Im östlichen Teil dagegen, der mit den einander gegenüberliegenden Neubauten des* **Hotels ›Unter den Linden‹** *und des Konzertcafés* **›Lindenkorso‹** *beginnt, wurden die historischen Gebäude wiederhergestellt.*

*Blick von Osten auf das Brandenburger Tor. Im Hintergrund die Siegessäule, bereits in West-Berlin*

## 9 Brandenburger Tor
Pariser Platz

*Einer der frühesten Torbauten des europäischen Klassizismus: Einst westlicher Abschluß und Point de vue der Prachtstraße ›Unter den Linden‹, heute Symbol der geteilten Stadt.*

Auf dem Areal eines alten Stadttores 1789-92 von C.G. Langhans nach dem Vorbild der Propyläen auf der Akropolis zu Athen geschaffen, wurde der Torbau 1793 durch J.G. Schadows **Quadriga** mit Siegesgöttin und Wagen vollendet, die nach der Niederlage Preußens auf Befehl Napoleons nach Frankreich gebracht wurde und erst 1814 ihren Platz wieder einnahm. 1867/68 nach Abbruch der alten Zollmauer durch Umgestaltung von J.H. Strack städtebaulich neu eingeordnet, wurde das Brandenburger Tor im Zweiten Weltkrieg schwer beschädigt und 1956-57 wiederaufgebaut, die neu getriebene Quadriga in Blickrichtung Osten umgedreht.

## 10 Deutsche Staatsbibliothek
Unter den Linden 8

*Größte wissenschaftliche Bibliothek der DDR in einem neobarocken Repräsentationsbau von 1903-14 nach Plänen von E. v. Ihne.*

Die als ›Churfürstliche Bibliothek‹ 1661 vom Großen Kurfürsten gegründete, im ›Apothekenflügel‹ des Berliner Schlosses, seit 1780 in der unter Friedrich d. Gr. errichteten ›Alten Bibliothek‹ [Nr. 12] untergebrachte ehemalige Preußische Staatsbibliothek erhielt mit diesem 1903-14 errichteten **Neubau** von E. v. Ihne ein neues, größeres Domizil. Von dem Bestand von 3 Mio. Bänden ging im Krieg ein Teil verloren, ein größerer Teil wurde in den Westen ausgelagert, von wo er nach Kriegsende in die West-Berliner Staatsbibliothek zurückkehrte [siehe dort Nr. 38]. Der heutige **Bestand** umfaßt über 5 Mio. Bände, davon eine Handbibliothek von 130000 Bänden, zu benutzen in 12 Lesesälen. Im hinteren Teil des Gebäudes (Eingang Clara-Zetkin-Straße 27) ist auch die **Hauptbibliothek der Akademie der Wissenschaften der DDR** untergebracht und die **Universitätsbibliothek** mit einem Bestand von 4 Mio. Bänden und einer Sammlung von 1 Mio. Dissertationen.

*Die Deutsche Staatsoper, ein Meisterwerk von Knobelsdorff*

## *Lindenforum*

*Unter dem* **Forum Fridericianum,** *heute* **Lindenforum** *genannt, versteht man das städtebauliche Ensemble rund um den* Bebelplatz *(früher Opernplatz), das Friedrich d. Gr. zusammen mit seinem Architekten G. W. v. Knobelsdorff plante.*

*Tatsächlich ausgeführt wurden jedoch – neben dem bereits vorhandenen* **Zeughaus** *[Nr. 15] – nur die* **Königliche Hofoper** *[Nr. 13] sowie auf der Nordseite das Palais für Prinz Heinrich, die heutige* **Humboldt-Universität** *[Nr. 11], und der Südseite die* **Alte Bibliothek** *[Nr. 12] und die katholische* **St.-Hedwigs-Kathedrale** *[Nr. 14].*

## 11 Humboldt-Universität

Unter den Linden

*Nachfolgerin der traditionsreichen Friedrich-Wilhelm-Universität.*

Der **Bau** entstand 1748-53 nach Plänen von J. Boumann d. Ä. als Palais für Prinz Heinrich, den Bruder Friedrichs d. Großen, und wurde 1809-10 auf Betreiben von W. v. Humboldt für die 1809 gegründete Universität freigegeben. Der 1913/20 von L. Hoffmann durch die nördlichen Flügelanlagen erweiterte Komplex wurde im Krieg schwer zerstört und 1949-67 restauriert. Beiderseits des Portals **Denkmäler** der Brüder Humboldt von P. Otto und R. Begas (1883). Unter den Dozenten der 1949 nach ihrem Initiator W. v. Humboldt umbenannten Universität: ihr erster Rektor J. G. Fichte, Hegel, Schleiermacher, die Brüder Grimm, Mommsen, Einstein, Planck und Virchow.

*Hauptportal der Humboldt-Universität*

*Die Alte Bibliothek mit ihrer barock geschwungenen Hauptfassade, gen. ›Kommode‹*

## 12 Alte Bibliothek

Bebelplatz

*Wiener Reichsbarock für Preußens Hauptstadt: Südlich-beschwingter Kontrapunkt zum strengen Klassizismus des ›Forum Fridericianum‹.*

In Nachahmung des Michaelertrakts der Wiener Hofburg von J.E. Fischer v. Erlach wurde die Bibliothek 1775-80 nach Plänen von G.C. Unger von G.F. Boumann als letztes **Gebäude** des ›Forums‹ errichtet. Paradoxerweise war die Kopie früher fertiggestellt als das Original, das 1723-30 zwar begonnen, aber erst 1889-93 vollendet wurde. 1945 ausgebrannt, war der wegen seiner großzügig geschwungenen Hauptfassade ›Kommode‹ genannte Komplex 1967-69 von W. Kötteritzsch neu aufgebaut worden. Bereits seit 1914 dient er als Institutsgebäude der Universität.
An die Alte Bibliothek grenzt das **Alte Palais,** von C.F. Langhans d.J. 1834-36 in straffen, klaren Formen des Klassizismus für den späteren Kaiser Wilhelm I. erbaut, der bis zu seinem Tod 1888 dort wohnte. Seit seinem Wiederaufbau nach schwerem Brand 1963/64 unter F. Meinhardt wird das Palais ebenfalls von der Humboldt-Universität genutzt.

## 13 Deutsche Staatsoper

Unter den Linden 7

*Erster von einem Schloß funktionell unabhängiger Theaterbau Deutschlands; die Schauseite frühestes Werk des Palladianismus in Berlin.*

Die 1741-43 nach Plänen von Knobelsdorffs in norddeutschem Rokoko-Klassizismus in Form eines korinthischen Tempels errichtete ehemalige Hofoper brannte 1843 vollständig nieder und wurde im Jahr darauf von C.F. Langhans neu aufgebaut. Erneute Wiederherstellung nach dem Zweiten Weltkrieg unter R. Paulick und K. Hemmerling bis 1955 und umfassende Modernisierung 1986 [Abb. S. 191].

*Friedrich der Große von Ch. D. Rauch*

*Die katholische St.-Hedwigs-Kathedrale, Hauptkirche des Bistums Berlin*

## 14 Sankt-Hedwigs-Kathedrale

Bebelplatz

*Neben dem Dom einziger von Friedrich II. geförderter Kirchenbau Berlins. Beispiel religiöser Toleranz und architektonischen Dilettierens des Königs: Eine römische Bauform für die römische Kirche.*

Die Bischofskirche des Bistums Berlin, nach Skizzen von Friedrich d. Gr. und Plänen von Jean Legeay 1747-73 von J. Boumann d. Ä. errichtet, wurde 1943 ein Opfer der Bombenangriffe und 1952-63 wieder aufgebaut, wobei der mit grauem Marmor verkleidete Innenraum von H. Schwippert eine moderne Gestaltung erhielt.

## 15 Ehem. Zeughaus – Museum für Deutsche Geschichte

Unter den Linden

*Führendes historisches Museum der DDR im schönsten Barockbau Berlins mit bedeutender Architekturplastik von Schlüter.*

Das **Gebäude** des Zeughauses mit 90 m langer klar gegliederter Fassade auf quadratischem Grundriß, 1695 von J. A. Nering begonnen, fertiggestellt unter M. Grünberg, A. Schlüter und J. de Bodt, diente von 1730 bis 1875 als Waffenarsenal. Bis 1944 beherbergte es nach Innenumbau durch F. Hitzig als Armeemuseum die größte historische Waffensammlung Europas. Nach dem Krieg unter O. Haesler wieder aufgebaut, dient es seit 1952 als **Museum für Deutsche Geschichte.** Im **Schlüterhof** 22 *Masken sterbender Krieger** von A. Schlüter, ein Hauptwerk der europäischen Barockskulptur.

*St.-Hedwigs-Kathedrale: Kreuzabnahme über dem Hauptportal*

*Das ehem. Zeughaus, der bedeutendste Barockbau Berlins, heute Museum für Deutsche Geschichte*

## 16 Neue Wache

Unter den Linden

*Schöpfungsbau des Schinkelschen Klassizismus.*

Erbaut 1816-18 nach Plänen von Schinkel mit klassizistischem dorischen Säulenportikus – am Gebälk 10 Viktorien nach J. G. Schadow, Giebelrelief von A. Kiß (1842) –, wurde das Gebäude 1931 nach Entwurf von H. Tessenow zum *Gefallenendenkmal* und 1960 zum *Mahnmal für die Opfer des Faschismus und Militarismus* umgestaltet. Seit 1962 **Ehrenwache** durch Soldaten der Nationalen Volksarmee (Wachablösung jede volle Stunde; Kleiner, mittwochs und an Gedenktagen Großer Wachaufzug tägl. 14.30 Uhr).

## 17 Maxim-Gorki-Theater

(ehem. Singakademie)

Am Festungsgraben 2

*Als ehemaliger Konzertsaal Mittelpunkt im Berliner Kulturleben des 19. Jh., heute Theaterforum russischer und zeitgenössischer Autoren.*

Das **Gebäude** [Abb. S. 168] wurde 1825-27 von Schinkelschüler K. Th. Ottmer auf Anregung des Leiters und Goethe-Freundes K. F. Zelter für die 1792 gegründete Singakademie erbaut, der **Innenraum,** einst weltberühmt wegen seiner Akustik, zum Theatersaal umgestaltet.

Östlich davon das ehem. Palais der Preußischen Finanzminister, 1751-53 von Ch. F. Feldmann errichtet und von 1804-09 Wohnsitz des Freiherrn von Stein, heute **Zentralhaus der Deutsch-Sowjetischen Freundschaft.**

*Kriegermaske von A. Schlüter, im Schlüterhof des Zeughauses*

*Unter den Linden mit (v. l.) ehem. Zeughaus, Marx-Engels-Brücke und Palast der Republik. Im Hintergrund: Dom und Funkturm*

## 18 Operncafé

Unter den Linden 5

*Rekonstruktion des ehem. Prinzessinnenpalais.*

1733 von F. W. Dieterich aus zwei Wohnhäusern als langgezogenes Barockpalais mit Mansarddach für den Preußischen Finanzminister erbaut, seit 1810 Wohnsitz der Preußenprinzessinnen, mußte der Bau wegen völliger Kriegszerstörung 1962-63 neu aufgeführt werden. Es wird heute als Restaurant mit Gartenterrasse und Nachtbar gastronomisch genutzt.
In der Grünanlage zwischen Staatsoper und Operncafé die **Bronzedenkmäler** der Heerführer der Befreiungskriege, Scharnhorst, Gneisenau, Blücher und Graf Yorck v. Wartenburg, von Ch. D. Rauch.

## 19 Palais Unter den Linden

Unter den Linden 3

*Ehemaliger Wohnsitz für Kronprinz Friedrich II. in Nachkriegsrekonstruktion von R. Paulick, heute* **Gästehaus des Magistrats.**

1687 von J. A. Nering gebaut, 1732 von Ph. Gerlach im Auftrag Friedrich Wilhelms I. im barocken Stil als **Kronprinzenpalais** umge-

*Operncafé im ehem. Prinzessinnenpalais*

*Maxim-Gorki-Theater, ehem. Singakademie*

*Das ehem. Kronprinzenpalais, heute Palais unter den Linden*

baut und 1810 als Stadtpalais des Königs mit dem Prinzessinnenpalais [Nr. 18] verbunden, wurde der Bau 1857-58 von J. H. Strack für Kronprinz Friedrich III. um Seitentrakt, Attikageschoß und Mittelrisalit mit dem Portikus über der Auffahrt erweitert. 1968-69 wurde er auf der Grundlage von alten Stichen völlig rekonstruiert.

In den **Pavillon** an der Werderschen Rosenstraße eingefügt das linke **Portal*** der im Zweiten Weltkrieg ausgebrannten, 1961 abgetragenen *Bauakademie* von Schinkel (Terrakottareliefs und Türflügel Ch. F. Tieck und A. Kiß). Auf dem Areal der ehemaligen Bauakademie, zwischen Niederlagstraße und Spreekanal, erhebt sich heute der monumentale 10stöckige Neubau des **DDR-Außenministeriums** mit Stahl-Aluminium-Fronten, errichtet 1964-67 von J. Kaiser.

Am östlichen Ende der Straße ›Unter den Linden‹ das 1981 wiedererrichtete **Denkmal des Freiherrn von Stein** von H. Schievelbein und H. Hagen (1875).

## 20 Friedrichwerdersche Kirche
Am Werderschen Markt

*Erster neugotischer Backsteinbau Berlins von Schinkel als Versuch der Verschmelzung des deutschen Klassizismus mit gotischen Elementen: Einziges Bauwerk Schinkels in Berlin, das außen und innen nach seinen Plänen rekonstruiert wurde.*

Der 1824-30 erbaute, nach Kriegszerstörung bis 1987 restaurierte zweitürmige Saalbau mit Sternengewölbe zeigt heute als **Schinkelmuseum** eine Ausstellung von Plastiken des genialen Architekten [Abb. S. 170].

In der Freianlage am Werderschen Markt der **Bärenbrunnen** mit dem Wappentier Berlins von H. Lederer (1928).

*Wachablösung vor dem Mahnmal für die Opfer des Faschismus und Militarismus, der ehem. Neuen Wache*

*Die Marx-Engels-Brücke, früher ›Schloßbrücke‹ mit Figurengruppen nach Schinkel*

## 21 Marx-Engels-Brücke

*Ehem. ›Schloßbrücke‹: Imposantes Entree zur* ***Spreeinsel,*** *dem Herzstück des alten Berlin.*

Nach Zeichnungen Schinkels wurde der steinerne Brückenbau mit acht Postamenten und gußeisernem *Geländer* mit Delphinen, Seepferdchen und Tritonen in den Brüstungsfeldern 1819 errichtet. Die acht marmornen *Figurengruppen* mit Siegesgöttinnen und Kriegern, 1845-57 nach Entwürfen Schinkels geschaffen, wurden nach Auslagerung ins West-Berliner Lapidarium bis 1981/1984 wieder aufgestellt.

*Die Friedrichwerdersche Kirche, heute Schinkelmuseum*

*Prinzessinnengruppe Luise und Friederike von G. Schadow, 1794-97, Schinkelmuseum*

### *Marx-Engels-Platz*

*Bevor es 1950-51 – trotz vieler Proteste und wohl hauptsächlich aus ideologischen Gründen – abgetragen wurde, stand hier das* Berliner Stadtschloß, *das zwar im Krieg beschädigt worden war, aber doch nicht so schwer, daß dieser grandiose Barockbau, der 1698 durch A. Schlüter seine endgültige, imposante Form erhalten hatte, nicht hätte restauriert werden können. Auf dem Areal seines früheren Ostflügels steht heute der*

*Das Alte Museum mit Granitschale von Cantian*

**Palast der Republik** *[Nr. 22] mit großem Aufmarschplatz. Vom Schloß übriggeblieben ist lediglich das 1713 von Eosander v. Göthe ausgeführte* Portal IV★, *von dem aus K. Liebknecht 1918 die Räterepublik ausrief, heute in das auf der Südseite des Platzes 1964 errichtete* **Staatsratsgebäude** *integriert. Auf der Nordseite befand sich bis 1935, was von dem 1645 vom Großen Kurfürsten als Park, botanischer Garten und Küchengarten angelegten* Lustgarten *übriggeblieben war, nachdem Anfang des 19. Jh. der größte Teil der* **Museumsinsel** *[Nr. 23] hatte weichen müssen. Die Nordostseite des Platzes beherrscht der* **Berliner Dom** [Nr. 24].

## 22 Palast der Republik

Marx-Engels-Platz

*Repräsentativer Identifikationsbau der DDR und Sitz der Volkskammer als moderne städtebauliche Dominante des Zentrums.*

Hinter der Fassade des zweiteiligen Komplexes aus getöntem Spiegelglas und weißem Marmor, 1973-76 nach Plänen des Architektenkollektivs H. Graffunder erbaut, befinden sich der **Plenarsaal** der **DDR-Volkskammer** mit Arbeitsräumen der neun vertretenen Fraktionen sowie ein **Kongreßsaal** für bis zu

*Der Palast der Republik*

*Die Freitreppe vor der Nationalgalerie (Ausschnitt) mit Reiterdenkmal Friedrich Wilhelms IV. von Calandrelli*

5000 Personen und mehrere Gastronomiebetriebe. Im Hauptfoyer, das beide Gebäudeteile verbindet, die **Galerie im Palast** mit Werken zeitgenössischer DDR-Künstler und das **Theater im Palast (tip)** mit 250 Plätzen.

## 23 Museumsinsel

Am Kupfergraben

*Einzigartiges Ensemble von fünf bedeutenden Museen, nach Gesamtkonzeption Schinkels im Geiste antiker Tempelanlagen errichtet als eine Art ›Akropolis des Geistes‹.*

Das **Alte Museum**, ein Hauptwerk des romantischen Klassizismus [Abb. S. 171], wurde nach einem Entwurf Schinkels als drittältester Museumsbau Deutschlands – nach dem Fridericianum in Kassel und der Münchner Glyptothek – 1825-30 erbaut. Seine in eine von 18 ionischen Säulen getragene Vorhalle führende Freitreppe wird flankiert von den Bronzeskulpturen **Kämpfende Amazone** von A. Kiß (1842) und **Löwenkämpfer** von A. Wolff (1858). Auf der Kuppelverkleidung über der Eingangsrotunde vier **Figurengruppen** von Ch. F. Tieck (1827-28), H. Hagen und H. Schievelbein (1861).
Nach schwerem Brand im Zweiten Weltkrieg 1958-66 wieder aufgebaut, beherbergt das Museum heute die Abteilung *Kunst der DDR*, die *Sammlung der Handzeichnungen der Nationalgalerie* mit Werken von Menzel, Schinkel und Blechen, das *Kupferstichkabinett* – eine der bedeutendsten europäischen Sammlungen druckgraphischer Blätter vom 15. Jh. bis zur Gegenwart – sowie als 1964 eröffnete *Neue Berliner Galerie* einen Teil der *Abteilung des 20. Jh. der Nationalgalerie* von der Nachkriegszeit bis hin zu jüngsten DDR-Produktionen.

Vor dem Eingang eine 1830 aus einem Findling geschliffene **Granitschale** (Durchmesser 6,9 m) von C. G. Cantian, eigentlich für die Rotunde vorgesehen und zur Zeit ihrer Aufstellung ein vielbewundertes Kuriosum.

Vom Bombenhagel des Zweiten Weltkriegs am schwersten betroffen war das **Neue Museum,** ein Werk des Schinkel-Schülers F. A. Stüler (1843-47). Nach Beendigung des 1986 begonnenen Wiederaufbaus sollen hier wieder das Ägyptische Museum und das Museum für Ur- und Frühgeschichte, zur Zeit im Bode-Museum, untergebracht werden.

Auch für die **Nationalgalerie** lieferte Stüler die Entwürfe, die 1866-67 von J. H. Strack als korinthischer Tempel auf hohem Sockel mit doppelläufiger Freitreppe ausgeführt wurde. Über dem Rundbogeneingang das **Reiterdenkmal Friedrich Wilhelms IV.** von A. Calandrelli (1886).
Ein großer Teil der ursprünglichen Bestände befindet sich heute in der Neuen Nationalgalerie in West-Berlin [siehe Nr. 39]. Das Zentrum des heutigen Bestandes bildet die *Sammlung ›Kunst des 19. Jh.‹*, darunter die größte Werkkollektion J. G. Schadows, und die Abteilung *Kunst des 20. Jh.* mit Werken des Impressionismus, der Bauhauskunst und der Neuen Sachlichkeit. Als Dependence zeigt das **Otto-Nagel-Haus** (Märkisches Ufer 16-19) die *Sammlung proletarisch-revolutionärer und antifaschistischer Kunst*.

Das **Bode-Museum,** ein Neobarockbau von E. v. Ihne (1897-1904) auf dreieckigem, der Inselspitze angepaßtem Grundriß, von star-

*Bode-Museum (links) und Pergamonmuseum*

*Der Pergamonaltar, 2. Jh. v. Chr.*

ker stadtbildakzentuierender Wirkung, ursprünglich ›Kaiser-Friedrich-Museum‹, wurde 1958 nach seinem Begründer W. v. Bode (1845-1929) umbenannt, seit 1872 Leiter der Sammlung, der sich große Verdienste beim Aufbau der Berliner Museen erwarb. Im Treppenhaus des Kuppelbaus ein Bronzeabguß von Schlüters **Reiterdenkmal des Großen Kurfürsten** (Original vor Schloß Charlottenburg in West-Berlin, Nr. 23).

Das Bode-Museum umfaßt heute das *Ägyptische Museum*, die *Papyrus-Sammlung* – eine der größten ihrer Art auf der Welt –, die *Frühchristlich-byzantinische Sammlung*, das *Museum für Ur- und Frühgeschichte*, *Gemäldegalerie* mit Europäischer Kunst des 15. bis 18. Jh. und *Münzkabinett*. Ein großer Teil des Bestandes der *Skulpturensammlung* befindet sich im Museum Dahlem in West-Berlin [siehe Nr. 66].

Im Zentrum der Museumsinsel, mit Zugang über den Kupfergraben, das **Pergamonmuseum.** Die mächtige Dreiflügelanlage wurde 1909-30 als eines der ersten Architekturmuseen der Welt nach Plänen von A. Messel und L. Hoffmann in Formen eines gräzisierenden Neoklassizismus erbaut und 1982 um die Eingangshalle ergänzt.

Kernstück des Museums und berühmteste Sehenswürdigkeit der *Antikensammlung* ist der *Pergamonaltar** aus dem 2. Jh. v. Chr., der 1878-86 von C. Humann ausgegraben

*Pergamonmuseum:*
*Links: Pergamonaltar (Detail)*
*Rechts: Prozessionsstraße aus Babylon aus der Zeit Nebukadnezars II. (Detail)*

*Das Nikolaiviertel mit Nikolaikirche*

wurde. Weitere Sammlungen des Museums das *Vorderasiatische Museum,* das *Islamische Museum,* die *Ostasiatische Sammlung* und das auf eine Privatsammlung des Arztes R. Virchow zurückgehende *Museum für Volkskunde.*

Südlich der Karl-Liebknecht-Straße zwischen Spreeufer und Spandauer Straße erstreckt sich das 1985-86 als neues städtebauliches Zentrum konzipierte **Marx-Engels-Forum,** eine Anlage mit **Denkmal** der Begründer des Kommunismus von L. Engelhardt und Bildwerken von W. Stötzer und M. Midell zu Unterdrückung und Würde des Menschen.

## 24 Berliner Dom

Marx-Engels-Platz

*Grabkirche der Hohenzollern: ein monströses Beispiel des wilhelminischen Historismus.*

Der Vorläufer des Domes, unter Friedrich d. Gr. von J. Boumann d. Ä. als schlichter Kuppelbau mit zwei Seitenflügeln errichtet und unter Schinkel 1820-22 im gleichen Sinne verändert, mußte 1893 auf kaiserlichen Druck Wilhelms II. einem repräsentativeren Bauwerk ›als Hauptkirche des preußischen Protestantismus in Berlin‹ weichen. Nach heftig umstrittenem Entwurf von J. Raschdorff entstand 1894 bis 1905 das imposante, mit Kuppeln und Türmen überladene Bauwerk in Anlehnung an die italienische Hochrenaissance, in dessen Gruft – zur Zeit nicht zugänglich – rund 95 *Sarkophage der Hohenzollern* ihre Ruhestätte fanden, darunter das *Bronzegrabmal für Kurfürst Johann Cicero*★ von P. Vischer aus Nürnberg (1530) und der *Prunksarg Friedrichs I.*★ von A. Schlüter sowie Bildwerke von C.D. Rauch und F. Tieck. Die Außenrenovierungen nach starker Kriegsbeschädigung waren 1982 abgeschlossen, die Restaurierung des Innenraums als Kirchenmusiksaal und Museum soll bis 1990 andauern.

## 25 Nikolaiviertel mit Nikolaikirche

Südöstlich des Marx-Engels-Forums

*Pittoresker, auf dem Reißbrett wiedererstandener ältester Kern Berlins rund um die Nikolaikirche, das älteste Baudenkmal der Stadt.*

Der Neuaufbau des alten **Nikolaiviertels** unter Leitung von G. Stahn wurde rechtzeitig zur 750-Jahr-Feier 1987 abgeschlossen als ein Versuch, die historische Geschlossenheit und verwinkelte Enge unter Einbeziehung historischer Gebäudeteile als neue Ensembleplanung wiedererstehen zu lassen. Im Zentrum des Viertels steht die historisch bedeutende **Nikolaikirche,** die älteste Pfarrkirche Berlins, in der 1559 die Reformation eingeführt wurde. Ursprünglich eine vor 1244 errichtete dreischiffige Feldsteinbasilika, wurde sie im 13. Jh. zur gotischen Hallenkirche umgebaut. Um 1470 erstand an deren Stelle der Backsteinhallenbau, der später verschiedene Turmaufsätze erhielt. 1817 von Schinkel umgestaltet, erhielt er bei einem neuerlichen Umbau unter H. Blankenstein nach Plänen Stülers 1876-78 durch die neugotischen Zwillingstürme eine neue Silhouette. Im Krieg wurde die Kirche bis auf die Umfassungsmauern zerstört und erst 1980-82 wieder aufgebaut. Heute beherbergt sie als Unterabteilung des **Märkischen Museums,** Museum für Berliner Stadt- und Kulturgeschichte (Am Köllnischen Park 5, Abb. S. 191), die Ausstellung ›Berlin zwischen 1237 und 1648‹.
An der Nordseite des Nikolaikirchplatzes die Altberliner Gaststätte **Zum Nußbaum,** früher auf der Fischerinsel, in der O. Nagel und der Zeichner des ›Berliner Miljöhs‹, H. Zille, Stammgäste waren.

## 26 Palais Ephraim

Poststraße 16

*Architektonisches Juwel des Rokoko: Ehemals ›Schönste Ecke Berlins‹.*

Das 1761-64 nach Entwurf von F.W. Dieterichs für den Bankier, Hofjuwelier und Münzpächter Friedrichs d.Gr., Veitel Heine Ephraim, erbaute Palais mit abgerundeter Eckfassade, 1935-36 aus verkehrstechnischen Gründen abgetragen, wurde seit 1985 mit originalen Fassadenteilen – bis 1983 nach West-Berlin ausgelagert – neu aufgebaut. Im Inneren eine Ausstellung über das historische Stadtbild Berlins.

## 27 Rotes Rathaus

Rathaus-/Ecke Spandauer Straße

*Breit gelagerter Repräsentationsbau des 19. Jh. im Stil italienischer Neorenaissance: Sitz der Ostberliner Stadtverwaltung.*

Neben der ›Rathausbrücke‹ – früher ›Lange Brücke‹ und ›Kurfürstenbrücke‹ – stand von 1307 bis 1514 das *älteste Berliner Rathaus* für das Ratskollegium von Berlin und Cölln, die von 1442 an getrennte Verwaltungen hatten. 1692-95 baute A. Nering anstelle der alten Holzbrücke die erste massive Steinbrücke in Berlin, auf der 1703 Schlüters *Reiterdenkmal des Großen Kurfürsten* aufgestellt wurde, heute in Charlottenburg [siehe Nr. 23].
Das 1270 auf dem heutigen Gelände errichtete Rathaus wurde 1861-69 aus Platzgründen durch den Neubau des wegen der Farbe seiner Klinkersteinfassade so genannten **Roten Rathauses,** einer Mehrflügelanlage mit drei Innenhöfen und beherrschendem Turm, nach Plänen von H.F. Waesemann ersetzt. Rund um das Gebäude zieht sich als *Reliefflies* in roter Terrakotta die *›Steinerne Chronik‹** Berlins von L. Brodwolf, R. Schweinitz, A. Calandrelli und O. Geyer (1876-79).
Seit Behebung der Kriegsschäden bis 1955 ist das Rote Rathaus Sitz von Oberbürgermeister, Magistrat und Stadtverordnetenversammlung von Ost-Berlin.

Vor dem Haupteingang des Rathauses die beiden Bronzefiguren **Trümmerfrau** und **Aufbauhelfer** im Stil des Sozialistischen Realismus von F. Cremer (1958).
In die Freianlage zwischen Rathaus und Fernsehturm [Nr. 29] wurde 1969 der **Neptunbrunnen*** von R. Begas (1881) verlegt [Abb. S. 157], der seit 1891 als einer der größten Brunnen der Welt auf dem Schloßplatz stand. Die Figurengruppen in pathetischem Neobarock verkörpern Neptun und vier Frauengestalten als Personifizierung der Flüsse Elbe, Weichsel, Oder und Rhein.

*Oben: Der Turm des Roten Rathauses*
*Unten: Am Neptunbrunnen (Detail)*

*Links: Berliner Dom, Eingangsseite (Detail)*

*Die Weltzeituhr von E. John am Alexanderplatz*

## *Rund um den Alexanderplatz*

*Der ›Alex‹ hieß früher Ochsenplatz, Georgenplatz, Alter Wollmarkt und Paradeplatz, bis er 1805 anläßlich eines Besuchs des Zaren Alexander I. umbenannt wurde. Sein Zentrum bildete das 1885 aufgestellte Kolossaldenkmal der* Berolina *von E. Hundrieser – später eingeschmolzen –, das wie der im gleichen Jahr errichtete Ziegelbau des* Polizeipräsidiums *und des* Stadtgefängnisses *von H. Blankenstein jahrzehntelang sein Bild bestimmte. Durch die S-Bahn, drei U-Bahn-, 17 Straßenbahn- und vier Omnibuslinien entwickelte sich der Platz um die Jahrhundertwende zum größten Verkehrsknotenpunkt des Berliner Ostens. Nordwestlich des Alexanderplatzes lag das* Scheunenviertel, *ein Elendsquartier aus dem Osten zugewanderter Juden mit katastrophalen Wohnverhältnissen. Nicht von ungefähr wählte Döblin 1929 für seinen Roman über das Berlin der zwanziger Jahre den Titel ›Berlin Alexanderplatz‹.*
*Der Zweite Weltkrieg hinterließ den ›Alex‹ als Trümmerfeld, in den sechziger Jahren wurde er in völlig neuer städtebaulicher Konzeption unter J. Näther und P. Schweizer neu gestaltet, der Verkehr fließt heute um den Platz herum.*

*Brunnen der Völkerfreundschaft (Detail) von W. Womacka auf dem Alexanderplatz*

## 28 Marienkirche
Neuer Markt

*Zweite Pfarrkirche Berlins, ausgestattet mit bedeutenden Schätzen Berliner Sakralkunst.*

1270 errichtet, wurde das **Gebäude** nach dem Stadtbrand von 1380 erneuert und 1418 um die dreischiffige Vorhalle erweitert. Der Turm [Abb. S. 157], 1466/67 von S. Boxthude begonnen, 1663-66 von M. M. Smids im niederländischen Barock umgestaltet, erhielt 1789/90 von C. G. Langhans seine heutige Gestalt. Unter den Kunstwerken in dem betont schlichten, eleganten **Innenraum** ein bronzenes *Taufbecken*⋆ von 1437, die Barock-*Kanzel*⋆ von A. Schlüter (1703), die *Orgel*⋆ von J. Wagner (1720-21), das Fresko *Totentanz*⋆, wohl nach der Pestepidemie von 1484 entstanden. Das *Sühnekreuz*⋆ vor dem Hauptportal erinnert an die Ermordung des Propstes Nikolaus von Bernau 1325.

## 29 Fernsehturm

*Höchstes Bauwerk Berlins und Wahrzeichen Ost-Berlins.*

Gebaut nach einer Idee von H. Henselmann und Plänen von F. Dieter und G. Franke 1965-69, enthält der 365 m hohe Ost-Berliner ›Telespargel‹ in seinem kugelförmigen Turmkopf in 203 m Höhe einen **Aussichtsrundgang,** in 207 m Höhe ein sich stündlich einmal um die Achse drehendes **Tele-Café,** die beide einen herrlichen Panoramablick über die Stadt ermöglichen und über zwei Schnellaufzüge erreicht werden. In den Pavillons am Fuße des Turmes befindet sich das **Ostberliner Informationszentrum** mit Dauerausstellung. Eine Treppenanlage mit Wasserspielen und Lichteffekten nimmt die hexagonale Geometrie der Pavillons wieder auf und bindet sie ein in eine **Parkanlage,** deren Zentrum der Neptunbrunnen [siehe Nr. 27] ist.

## 30 Alexanderplatz

*Ehemaliger Markt- und Exerzierplatz und zentraler Verkehrsknotenpunkt, heute neuer städtebaulicher Mittelpunkt als Fußgängerzone, mit vorbildlicher verkehrstechnischer Lösung umgestaltet.*

Von den alten Bauten sind nur das **Berolinahaus,** heute Sitz des Bezirksrathauses, und das **Alexanderhaus,** jetzt Kaufhaus, auf der Südseite des Platzes übriggeblieben, beide 1928-30 nach Entwurf von P. Behrens erbaut. Vor dem Alexanderhaus seit 1969 die monumentale **Weltzeituhr*** von E. John. Die Nordseite dominiert das 120 m hohe, 39geschossige **Hotel Stadt Berlin,** 1970 als eines der höchsten Gebäude der Stadt errichtet. Vor dem 1967-70 von J. Kaiser und G. Kuhnert gebauten Warenhaus **Centrum,** dem größten der DDR, steht der **Brunnen der Völkerfreundschaft*** von W. Womacka (1969). An der Ecke zur Hans-Beimler-Straße das **Haus des Reisens,** Reisebüro der DDR mit Informationszentrum, 1969-71, von P. Korn, J. Brieske und R. Steiger. An der Ostseite des Platzes das 1961-64 von H. Henselmann errichtete **Haus des Lehrers** mit 125 m langem umlaufenden *Fries* von W. Womacka, daneben der Flachkuppelbau der **Kongreßhalle.**

*Marienkirche, Innenraum. Im Vordergrund das bronzene Taufbecken*

## 31 Sophienkirche

Sophienstraße

*Von der Gemahlin Friedrichs I. gestifteter früher sakraler Barockbau mit einzigem original erhaltenen Barockturm Berlins in Anlehnung an Schlüters Münzturm und die ehemalige Potsdamer Garnisonskirche.*

Der schlichte Saalbau mit den beiden 1834 angefügten Sakristeien wurde 1712 erbaut, 1792 von A. Heyden und K. Berndt verändert, sein Turm – einer der schönsten Berlins – 1729-35 von J. F. Grael hinzugefügt. Auf dem **Kirchhof** die Gräber des Komponisten K. F. Zelter (1758-1832), Gründer der Sing-

*Barockturm der Sophienkirche*

akademie [siehe Nr. 17], und des Historikers L. von Ranke (1795-1886).
Südlich davon der älteste **jüdische Friedhof** Berlins, 1672 eingeweiht. Hier fand der Philosoph M. Mendelssohn (1729-86) seine letzte Ruhestatt. 1827 geschlossen, wurde der Friedhof in der NS-Zeit eingeebnet und nach 1945 als Park wiederhergestellt.

## 32 Volksbühne

Rosa-Luxemburg-Platz

*Erstes modernes Theater Berlins, für den privaten Theaterverein ›Freie Volksbühne‹ 1913-14 erbaut.*

Der von O. Kaufmann in klaren einfachen Formen errichtete Bau wurde letztlich durch die Mitgliedsbeiträge der ›kleinen Leute‹ finanziert. Im Zweiten Weltkrieg ausgebrannt, wurde er 1952-54 in vereinfachter Form unter H. Richter wieder aufgebaut, dabei auf den Figurenschmuck von F. Metzner verzichtet.

*Volksbühne*

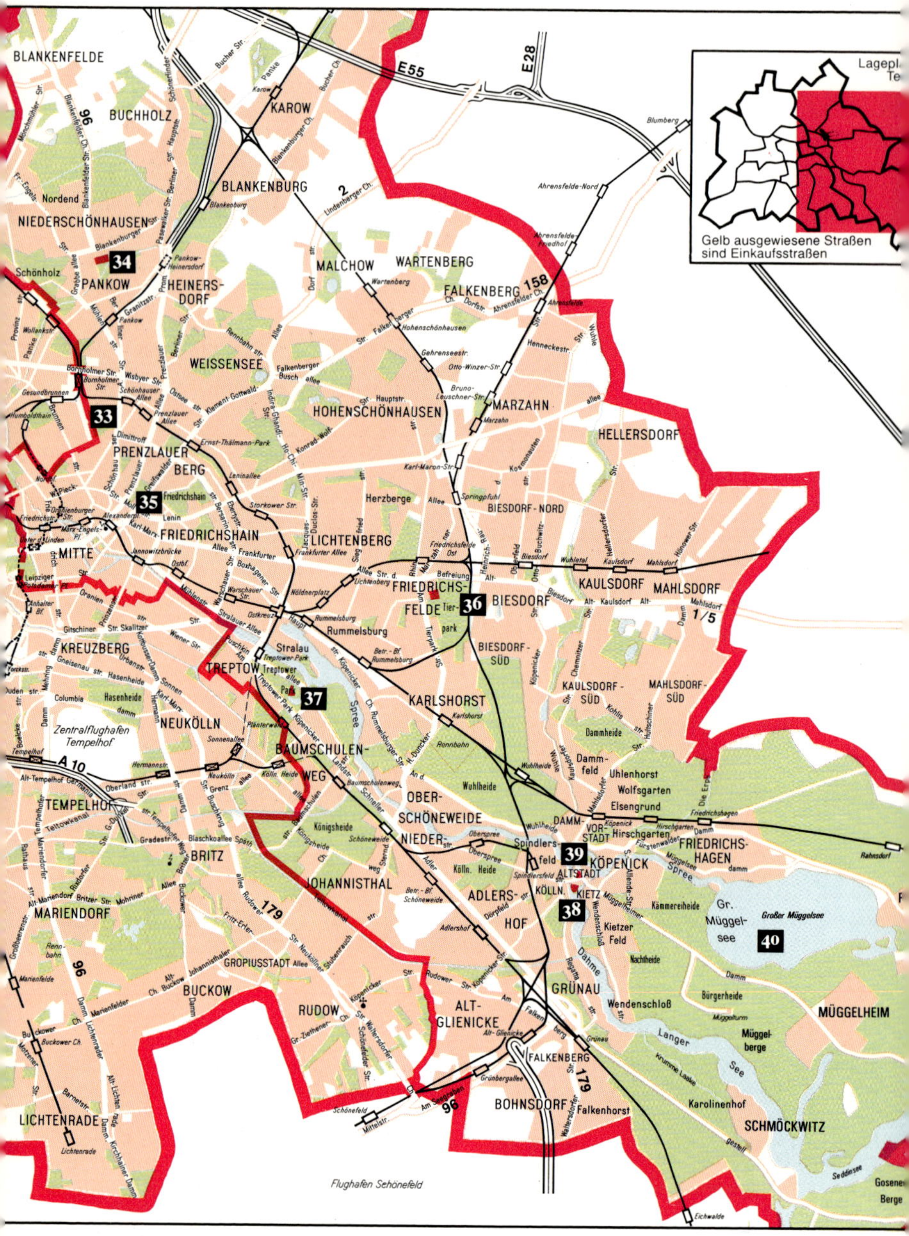




## *Prenzlauer Berg*

*Mit einer Einwohnerzahl von 173 000 auf einer Fläche von 10,8 qkm der am dichtesten besiedelte Bezirk Ost-Berlins. Dabei lebten hier Anfang des 19. Jh. nur etwa hundert Menschen, Kleinbauern, die den lehmhaltigen Boden bewirtschafteten. Wie der benachbarte West-Berliner Wedding, entwickelte sich der Prenzlauer Berg zu einem typischen Arbeiterbezirk mit fünfstöckigen Mietskasernen, Hinterhöfen und Quergebäuden. Die drei Hauptausfallstraßen, die den Bezirk in nordöstlicher bzw. nördlicher Richtung durchschneiden, sind die* Greifswalder Straße, *die* Prenzlauer Allee *und – am interessantesten, weil auch die Hauptgeschäftsstraße – die* Schönhauser Allee, *bereits 1743 mit Linden und Kastanien bepflanzt.*

## 33 Schönhauser Allee

*Heute wie schon im Mittelalter wichtigste Verkehrsverbindung zu den Dörfern* ***Pankow*** *und* ***Niederschönhausen*** *und Zufahrt zum dortigen Schloß, der Residenz der Gattin Friedrichs II.*

Am **Senefelderplatz,** wo die U-Bahn ans Tageslicht kommt, erinnert ein **Denkmal** von R. Pohle (1892) an dessen Namensgeber, den Erfinder der Lithografie, Alois Senefelder. Östlich der Allee, Richtung stadtauswärts, liegt der 1827 nach Entwurf von F.W. Langerhans angelegte **Jüdische Friedhof** mit Gräbern des Komponisten G. Meyerbeer (1791-1864) und des Malers M. Liebermann (1847-1935).
Auf dem ehemaligen Mühlenberg, damals höchster Punkt nördlich des Zentrums, an der Belforter Straße liegt in einer Grünanlage als eines der Wahrzeichen des Bezirks der runde **Wasserturm,** Teil eines Wasserwerkes, das 1853-56 als erstes seiner Art an der Spree erbaut wurde, heute als Kindertagesstätte genutzt. Etwas weiter nördlich, im Hinterhof der Rykestraße 53 die **Synagoge,** 1903/04 von J. Hoeninger, dem Gemeindebaumeister der Jüdischen Gemeinde errichtet, eine der wenigen, die nicht in der Pogromnacht vom 9. November 1938 zerstört wurden. Am Kollwitzplatz das **Käthe-Kollwitz-Denkmal,** von G. Seitz 1958 nach einem Selbstbildnis der Künstlerin gestaltet. Wo die engagierte Grafikerin und Bildhauerin, deren Ehemann als Armenarzt in dem Bezirk tätig war, in der nach ihr benannten Straße von 1891-1943 gewohnt hatte (Nr. 25), steht jetzt eine Kalksteinkopie ihrer Plastik **Die Mutter*** von F. Dietrich.

*Die Schönhauser Allee*

## *Pankow*

*Der nördlichste und flächenmäßig zweitgrößte Bezirk Ost-Berlins hat seinen Namen von der Panke, einem kleinen Nebenfluß der Spree. Bereits im 19. Jh. bevorzugter Standort für noble Patrizierlandsitze, wurde der Ort seit 1704 durch den Bau des Schlosses und den Ausbau der Schönhauser Allee direkter an die Residenzstadt angebunden. Von seiner Fläche von 78,5 qkm werden 3595 ha landwirtschaftlich genutzt. Pankow wurde 1920 mit mehreren Landgemeinden und Gutsbezirken zum 19. Verwaltungsbezirk von Groß-Berlin zusammengeschlossen. Einwohnerzahl heute: 138000.*

## 34 Schloß Niederschönhausen

Schloßallee

*Neben Köpenick das einzige original erhaltene – wenn auch unzugängliche – Schloß im Ost-Berliner Stadtgebiet: Die reich dekorierten Räume eine Stilgeschichte des Wohnens in der 2. Hälfte des 18. Jh.*

Der Amtssitz des ersten Präsidenten der DDR, Wilhelm Pieck, heute Gästehaus der DDR-Regierung, ist von Mauern und Zäunen umgeben und kann nur noch aus der Entfernung gesehen werden. Das **Schloß** wurde 1691-93 von A. Nering auf den Grundmauern eines von der Gräfin Dohna 1664 errichteten Herrenhauses im Auftrag Friedrichs III. gebaut und 1704 von Eosander v. Göthe erweitert. 1760 von russischen Truppen verwüstet, wurde es vier Jahre später von J. Boumann d. Ä. noch einmal umgebaut und erhielt ein kunstvolles *Treppenhaus*.
Den **Park,** ursprünglich ein Rokoko-Lustgarten im französischen Stil, verwandelte P.J. Lenné 1828-31 in eine englische Parklandschaft mit weiten Rasenflächen. Der Teil südlich der Panke ist für die Öffentlichkeit zugänglich.

Gegenüber dem Park, westlich der Ossietzkystraße, wohnten Wilhelm Pieck am *Majakowskiring Nr. 29* und der erste Ministerpräsident der DDR, Otto Grotewohl, auf *Nr. 48*. Piecks Wohnhaus ist heute **Klubhaus des Verbandes Bildender Künstler der DDR** und jenes von Grotewohl **Klubhaus des Verbandes der Schriftsteller der DDR.**

## *Friedrichshain*

*Der mit 9,8 qkm flächenmäßig kleinste Bezirk Ost-Berlins, vor dem Krieg dichtbesiedelter Arbeiterwohnbezirk, im Krieg zu über 50 Prozent zerstört, hat heute nur noch rund 125000 Einwohner. Er erstreckt sich östlich des Stadtkerns zwischen nördlichem Spreeufer und der nördlichen Grenze des gleichnamigen* **Volksparks** *[Nr. 35]. Seine Hauptachse von Westen nach Osten bilden* **Karl-Marx-** *und* **Frankfurter Allee.** *Am ehem. Königstor, Friedenstraße 1, die neogotische* **Bartholomäuskirche,** *1854-58 von F. Adler nach Entwurf Stülers errichtet und nach dem Krieg in vereinfachter Form wiederaufgebaut.*
*Die Nachkriegsbebauung um die Karl-Marx-Allee, nach Plänen verschiedener Architekten, spiegelt den Wandel in der sozialistischen Architekturauffassung vom rein funktionellen Bauen zu einer historisierenden und wieder zurück zur*

*Schloß Friedrichsfelde von A. Nering*

*rationellen Bauweise. Die turmartig hervortretenden Bauten am* **Strausberger Platz** *(*Haus Berolina *und* Haus des Kindes*) nach Plänen des Kollektivs H. Henselmann sind Beispiele der stalinistischen Architektur, der* Fontänenbrunnen *stammt von F. Kühn (1967). Auf der Nordseite der Karl-Marx-Allee repräsentiert das größte Uraufführungskino Ost-Berlins, das* **Kosmos-Filmtheater** *von J. Kaiser und H. Aust (1961-62), die Zeit nach dem ›Historismus‹. Die beiden gegenüberliegenden* **Turmhochhäuser** *mit aufgesetzten Rotunden am* **Frankfurter Tor** *wiederum, 1957-60 nach Entwurf von H. Henselmann erbaut, knüpfen an den Berliner Klassizismus der Gontardschen Domtürme auf dem Platz der Akademie an [siehe Nr. 1].*

*Der Märchenbrunnen (Detail) von L. Hoffmann im Volkspark Friedrichshain*

## 35 Leninplatz und Volkspark Friedrichshain

Der **Leninplatz** besteht aus einem Ensemble von 11geschossigen Wohnhäusern und einem dreifach gestuften Hochhauskomplex (insgesamt 1250 Wohnungen), das in den Jahren 1968-70 nach einem Wettbewerbsentwurf von H. Henselmann entstanden ist. Vor dem 24geschossigen Hochhaus das 19 m hohe **Lenindenkmal** aus ukrainischem roten Granit von N. Tomski. In dem an das Hochhaus angeschlossenen Flachbau das Restaurant **Baikal.**

Der nahegelegene **Volkspark Friedrichshain,** 1840 anläßlich des 100. Jahrestages der Thronbesteigung Friedrichs d. Gr. als östliches Gegenstück zum Tiergarten initiiert, ist mit 52 ha der größte und gleichzeitig der älteste in der Ost-Berliner Innenstadt. Der westliche Teil wurde 1846-48, der östliche 1874-76 von G. Meyer, einem Schüler Lennés, angelegt. Am westlichen Rand, am ehemaligen Königstor, der neobarocke **Märchenbrunnen*** (1913, L. Hoffmann) mit Figuren aus den Märchen der Gebrüder Grimm, als kostspieliges Beispiel wilhelminischer Schauarchitektur. Am Haupteingang hinter dem Teich die kolossale von Pathos der Spätromantik inspirierte Bronzegruppe des **Hl. Georg im Kampf mit dem Drachen*** von A. Kiß (1855).

Neu im Park sind die zwei Trümmerberge, als **Mont Klamott** bekannt, mit schöner Aussicht über das Zentrum Ost-Berlins. Auf der Ostseite ein 8 ha großes *Sport- und Erholungszentrum.*

## *Lichtenberg*

*Seit der 1288 urkundlich zum erstenmal erwähnte Bezirk an den 1979 neu gegründeten Bezirk* **Marzahn** *seine im Osten gelegenen ländlichen Gebiete abgeben mußte, hat er wieder annähernd die Größe, die er vor der Eingemeindung in Groß-*

*Berlin als Stadt hatte, nämlich eine Fläche von 26,7 qkm. Die Einwohnerzahl von 187000 ist nur um 10000 geringer als der Höchststand von 1939.*

## 36 Schloß Friedrichsfelde und Tierpark Berlin

Das **Schloß** wurde 1694 von A. Nering für den Generaldirektor der kurfürstlichen Marine B. Raule im holländischen Landhausstil gebaut. 1719 wurde es von M. Böhme erweitert und Anfang des 19. Jh. mit Mansarddach versehen. 1821 wurde der dazugehörige barocke **Park** von P. J. Lenné umgestaltet und nach Osten hin ausgedehnt. Nach mehrjährigen Restaurierungs- und Rekonstruktionsarbeiten können die 16 historischen Räume, das kunstvolle *Treppenhaus* und der 1785 entstandene frühklassizistische *Festsaal* im Obergeschoß seit 1981 wieder besichtigt werden.

Auf dem Gelände des Schloßparks wurde 1954-64 nach Entwürfen von H. Graffunder, E. Bendig und O. Köster der **Tiergarten Berlin** angelegt und 1955 eröffnet, mit einem Areal von 160 ha einer der ausgedehntesten Zoologischen Gärten der Welt und sicher auch einer der schönsten, mit zur Zeit rund 5300 Tieren in 900 Arten in über 150 Tierhäusern, Freisichtgehegen und Gewässern. Vom Schloß führt eine Allee zum Terrassencafé und zu der dahinterliegenden **Eisbärenanlage** deren schwarzblaues Gestein größtenteils aus den Trümmern der ehemaligen Reichsbank stammt. Östlich davon ein **Kindertierpark** mit **Kindercafé** und **Kinderreitbahn.** Der Weg am **Kinderzirkus** vorbei führt direkt zum **Alfred-Brehm-Haus,** 1956-63 als Universal-Warmhaus für Großkatzen, Kleinsäuger, Vögel und Reptilien errichtet.

*Treptower Park mit Ehrenhain. Im Hintergrund das Sowjetische Ehrenmal*

## Treptow

*Der 15. Verwaltungsbezirk von Groß-Berlin südlich der Spree grenzt im Nordwesten an den West-Berliner Bezirk Kreuzberg, im Südwesten an Neukölln. Er besteht aus den Ortsteilen* Treptow, Baumschulenweg, Niederschönweide, Johannisthal, Adlershof, Alt-Glienicke *und* Bohnsdorf.
*In Adlershof wurde 1956-57 gegenüber dem S-Bahnhof das* **Fernsehzentrum der DDR** *nach einem Entwurf des Kollektivs F. Ehrlich gebaut. In Johannisthal wurde 1909 der* **Flugplatz** *angelegt, noch heute offenes Gelände, der im Ersten Weltkrieg als Zentrum des Flugzeugbaus und der Fliegerausbildung eine große Rolle spielte. Schon O. Lilienthal hatte hier Flugversuche unternommen.*
*Treptow hat eine Fläche von 40,6 qkm und 117000 Einwohner und ist heute der zweitgrößte Industriebezirk Ost-Berlins. Trotzdem wird er noch immer durch seine Spreelandschaft, den* **Treptower Park** *und die* **Königsheide** *geprägt.*

## 37 Treptower Park

*Volkserholungsstätte für den Berliner Osten im Stil englischer Landschaftsgärten.*

Der Treptower Park, 1876-82 von G. Meyer angelegt, bedeckt eine Fläche von 53 ha. An seinen Erbauer erinnert eine **Marmorbüste** auf rotem Granitsockel (1890) auf der Denkmalwiese östlich des S-Bahnhofs. Nördlich der breiten, von Platanen gesäumten Puschkinallee eine Dampferanlegestelle der **Weißen Flotte;** östlich davon der **Rosengarten** mit über 5000 Rosenstöcken, 1973 anläßlich der x. Weltfestspiele der Jugend und Studenten gepflanzt. Von der Allee führt ein Weg in südwestlicher Richtung zum **Sowjetischen Ehrenmal** (1946-49) von J. B. Belopolski, J. V. Wutschetitsch und S. S. Walerius aus Material der zerstörten Reichskanzlei. In dem 500 m langen und 200 m breiten **Ehrenhain** liegen sowjetische Soldaten begraben, die in und um Berlin gefallen sind. Auf einem Hügel am Ende der Anlage das zylindrische **Mausoleum,** als Kuppelbau mit Bronzestatue eines Sowjetsoldaten mit Kind, der mit seinem Schwert ein Hakenkreuz zerschlägt. Im Vorhof zum Ehrenhain die Steinfigur einer trauernden **Mutter Heimat.**

Die **Archenhold-Sternwarte,** benannt nach dem Astronomen F. S. Archenhold (1861-1939), wurde 1896 anläßlich der Berliner Gewerbeausstellung erbaut und 1908-09 als wissenschaftlich-technisches Denkmal rekonstruiert. Seit 1970 Forschungsstätte für die Geschichte der Astronomie und Zeiss-Planetarium, bildet ihre Hauptattraktion heute ein 21 m langes *Riesenfernrohr* (Führungen Mi 18-20, Sa, So 16-18 Uhr).

Am Ende der Puschkinallee das 1822 von C. F. Langhans erbaute **Restaurant Zenner,** nach Kriegszerstörungen 1955-56 vereinfacht wieder aufgebaut. Die frühere Abteiinsel in der Spree, heute **Insel der Jugend,** besitzt ein

*Schloß Köpenick, Gartenfassade, seit den sechziger Jahren Kunstgewerbemuseum der Staatlichen Museen Berlin*

Freilichttheater und einen großen Badestrand.
Östlich des Treptower Parks, zwischen Spree und Neuer Krugallee, liegt der 109 ha große **Plänterwald,** nördlich davon der 12 ha große **Kulturpark** mit Riesenrad, Achterbahn und anderen Attraktionen, 1969 von W. Hinkefuß entworfen.

*Der Wappensaal im Köpenicker Schloß*

## *Köpenick*

*Mit 127,3 qkm der großflächigste Bezirk Berlins mit den Ortsteilen* Oberschöneweide, Friedrichshagen, Rahndorf, Müggelheim, Grünau *und* Schmöckwitz, *auch der wald- und seenreichste; mit einer Einwohnerzahl von 124000 zugleich der am dünnsten besiedelte.*
*Schon im 12. Jh. als Wasserburg an der Einmündung der Dahme in die Spree erwähnt, erhielt Köpenick um 1230 das Stadtrecht. Im 18. und 19. Jh. erlebte Köpenick durch Textilindustrie einen Aufschwung. Noch heute ist der Bezirk der größte Industriestandort Ost-Berlins.*
*Im Waldgebiet der Wuhlheide (13,5 qkm) wurde 1950 der* **Pionierpark Ernst Thälmann** *auf 120 ha angelegt, mit Stadion, großer Freilichtbühne, Kindergaststätte, Schwimmhalle, Badesee, Verkehrsgarten und einer Pioniereisenbahn. 1979 kam der* **Pionierpalast** *hinzu (G. Stahn) mit Großem Saal, Foyersaal, Kleinem Saal und 40 Arbeitsgemeinschaftsräumen für Junge Historiker, Techniker, Naturforscher und Künstler.*
*Kern des Bezirks ist die* **Köpenicker Altstadt,** *die als mittelalterliche Stadtanlage rekonstruiert wird, mit* **Rathaus** *[Nr. 38] und* **Schloß** *[Nr. 39] auf der durch einen Graben von der Altstadt getrennten* **Schloßinsel.**

### 38 Rathaus Köpenick
Straße Alt Köpenick

*Schlanker Bau der norddeutschen Backsteingotik, der durch Zuckmayers literarische Verarbeitung der skurrilen ›Köpenickiade‹ zu Weltruhm gelangte.*

Das **Rathausgebäude,** 1901-04 von H. Schütte im neogotischen Stil errichtet, war 1906 Schauplatz des tragikomischen Husarenstücks, mit dem der Schuster Wilhelm Voigt, als ›*Hauptmann von Köpenick*‹ in die Geschichte und Literatur eingegangen, die Obrigkeitsgläubigkeit der Bürokratie demaskierte, deren sture Bestimmungen ihm nach einem Gefängnisaufenthalt die Rückkehr in eine bürgerliche Existenz verwehrten. Als Hauptmann verkleidet, unterstellte er vor der Militärbadeanstalt in Plötzensee zwölf Grenadiere seinem Kommando und fuhr mit ihnen nach Köpenick, wo er den Bürgermeister verhaftete und sich die Stadtkasse aushändigen ließ – ein Ereignis, das jedes Jahr während der Festwoche ›Köpenicker Sommer‹ als Festspiel wieder auflebt.

## 39 Schloß Köpenick mit Kunstgewerbemuseum

Lange Brücke

*Einziges zugängliches, noch annähernd original erhaltenes Schloß Ost-Berlins mit ursprünglicher Raumdekoration des Hochbarock in Westflügel und Kapelle. Das höchst sehenswerte Kunstgewerbemuseum vor allem berühmt wegen seiner in Deutschland einzigartigen Möbelsammlung vom Mittelalter bis zum 19. Jh.*

Auf der Köpenicker **Schloßinsel** gab es schon im 9. Jh. eine slawische Burganlage. Im 12. Jh. befand sich hier die Burg des Slawenfürsten Jaczo (De Copnic). Das heutige **Schloß** wurde 1677-83 von R. van Langenvelt anstelle eines Jagdschlosses des 16. Jh., in dem der Schwedenkönig Gustav Adolf 1631 sein Hauptquartier aufgeschlagen hatte, im Stil des holländischen Barock erbaut und ist einer der bedeutendsten Profanbauten der Mark Brandenburg aus der Zeit vor Schlüter. In dem prunkvollen *Wappensaal* fand 1730 das Kriegsgericht über den Kronprinzen Friedrich (später: Friedrich II.) und dessen Freund Leutnant v. Katte statt, nach dem Katte dann vor den Augen Friedrichs in Küstrin enthauptet wurde. Die **Schloßkapelle,** ein besonders schönes Beispiel des Barock, entstand 1682-84 nach Plänen von J. A. Nering.

Seit 1963 dient das Schloß als **Kunstgewerbemuseum** der Staatlichen Museen Berlins.

## 40 Müggelsee mit Müggelturm

*Größter See im Berliner Stadtgebiet und eines der schönsten Ausflugsgebiete der gesamten Stadt.*

Das Erholungsgebiet rund um den 7,46 qkm großen **Müggelsee** verfügt über Spielplätze, Sportstrecken, Waldparkplätze, Schutzhütten und Gaststätten. Der See bietet die Möglichkeit zu Dampferfahrten mit der **Weißen Flotte.** An seinem Nordufer das große **Strandbad Müggelsee,** das 1930 von M. Wagner und P. R. Henning ausgebaut wurde, und eine Freilichtbühne. Am Südufer die Gaststätten **Rübezahl** und **Müggelseeperle.** Um den kleinen **Teufelssee** etwas weiter südlich die bewaldeten **Müggelberge** mit **Großem** (115 m) und **Kleinem Müggelberg** (92,3 m), auf dem sich der 30 m hohe **Müggelturm** mit Restaurant befindet, dessen oberste Plattform einen weiten Rundblick über die Wälder und Seen des Ostens und über die Stadtgrenze Berlins hinaus bietet.

*Die barocke Schloßkapelle in Köpenick von J. A. Nering*

*Innenansicht der Schloßkapelle von Köpenick*

# Sehenswürdigkeiten in Potsdam

*Wegen der komplizierten Modalitäten empfiehlt es sich unbedingt, vor Planung einer Reise nach Potsdam die Hinweise auf S. 188 zu beachten.*

## Schloß und Park von Sanssouci

**Schloß Sanssouci.** Nach Skizzen Friedrichs d. Gr. von Knobelsdorff 1745-47 errichtete Sommerresidenz mit heiterer Note: langgestreckter Rokokobau mit arkadenähnlichen Fenstertüren, der *plastische Schmuck* von F.C. Glume, die Nordseite offizieller mit Ehrenhof, eingefaßt von Säulenkolonnaden. Die symmetrisch um den zentralen *Marmorsaal* angeordneten von A. Nahl ausgestatteten Innenräume Höhepunkte der Rokokoraumkunst, die *Bibliothek** in Zedernholz mit Bronzebeschlägen und das *Konzertzimmer** mit Wandgemälden von A. Pesne. Einzigartig die Verschmelzung mit umgebender **Parklandschaft,** seit 1816 von Lenné gestaltet, die die verschiedenartigen Bauten zu einer natürlichen Einheit zusammenschließt.

**Neue Kammern,** im Westlichen Lustgarten, 1747 von Knobelsdorff als ›Orangerie‹ erbaut, mit *Fassadenschmuck* von F.C. Glume, 1771-74 unter G.C. Unger als Gästehaus umgebaut, die Laternenkuppel der Bildergalerie angeglichen, die *Statuen* vor der Gartenfassade von italienischen Künstlern des 18. Jh.

Die **Bildergalerie** als östliches Pendant zu den Neuen Kammern von J.G. Büring, 1755 bis 1763, *Architekturplastik* von Benckert, Giese und Heymüller, die *Schlußsteinköpfe* über den Fenstern der Gartenfront von G. Jenner (1755) zeigen deutsche, niederländische und italienische Maler.

Die reizvolle **Holländische Windmühle,** an die sich die Legende um den Gerechtigkeitssinn Friedrichs d. Gr. knüpft, 1790 erbaut, ging erst 1850 in königlichen Besitz über.

Die **Orangerie,** Ausdruck der Italiensehnsucht Friedrich Wilhelms IV., nach Plänen von L. Persius 1851-57 von Stüler und Hesse errichtet, in starker Anlehnung an italienische Renaissancebauten; *Fassadenplastik* von Rauch-Schülern. Unterhalb ihrer Terrassen die **Jubiläumsterrassen,** 1913 von Wilhelm II. anläßlich seines 25jährigen Regierungsjubiläums angelegt.

Das achteckige **Drachenhaus** wurde 1770 von Gontard nach dem Vorbild der Pagode von Chambers, England, erbaut, das **Belvedere,** kreisförmiger Kuppelbau mit Säulenumgang auf dem Drachenberg, 1770-72 von G.C. Unger als Nachbildung des Marcellums von Kaiser Nero.

**Neues Palais,** von G. Büring, H.L. Mayer, J.L. Legeay und Gontard 1765-69 errichtete zweite Sommerresidenz Friedrichs II. zur Demonstration preußischer Macht; nach hollän-

*Schloß Sanssouci, das herrliche Rokoko-Konzertzimmer mit Wandgemälden von A. Pesne*

*Schloß Sanssouci über den Terrassen. Apollo (1752) und ›Das Wasser‹ (1749)*

disch-westfälischen Vorbildern, Rückgriff auf schwere üppige Formen des Hochbarock, der reiche *Figurenschmuck* u.a. von Benkkert, Heymüller, den Brüdern Räntz, Eckstein und Wohler. Im *Inneren,* gestaltet von Hoppenhaupt und Gontard, in prächtigem Rokoko mit reichem naturalistischen Ornament *Marmor**- und *Spiegelsaal**; das *Schloßtheater* im südlichen Flügel das einzige unversehrt erhaltene Beispiel dieser Art.

**Communs,** in achsensymmetrischer Anordnung zum ›Neuen Palais‹ für Wirtschaftseinrichtungen und Gefolgezimmer, 1765-69 von Gontard nach Entwurf J.L. Legeays erbaut; zwischen den Kopfbauten mit doppelläufiger Freitreppe, Portikus und Kuppel halbkreisförmige *Säulenkolonnaden* als eindrucksvoller westlicher Abschluß des Schloßparks.

**Antikentempel,** einer der ersten eigenständigen Museumsbauten, 1778 von Gontard in Anlehnung an das römische Pantheon geschaffen; als Pendant entstand 1768 der **Freundschaftstempel** mit Darstellungen antiker Freundespaare in den *Medaillons,* im Inneren als *Sitzfigur* Wilhelmine von Bayreuth, Lieblingsschwester Friedrichs d. Gr., der der Tempel gewidmet ist, von J. und L. Räntz (1772).

**Chinesisches Teehaus,** erbaut 1754-57 von J.B. Büring, ein Musterbeispiel für die Mode der Chinoiserie, jedoch noch eng dem Naturalismus des Rokoko verbunden; *Porzellanausstellung* des 18. Jh.

**Römische Bäder,** 1829-36 von L. Persius errichtete Anlage: *Gärtnerhaus* im italienischen Villenstil, *Pavillon* nach Art eines Prostylos-Tempels und *Römisches Bad* mit vorgelagerter Arkadenhalle, in der von Lenné gestalteten Landschaftsidylle als gelungene Synthese klassizistischer und romantischer Stilelemente.

**Schloß Charlottenhof,** für den Kronprinzen Friedrich Wilhelm nach Plänen Schinkels unter dessen Schüler L. Persius 1826-28 entstandener schlichter antikisierender Landhausbau von ausgewogenen Proportionen. Das *Humboldtzimmer,* das dieser 1835-40 bewohnte, in Anspielung auf seine Weltreisen als Zelt gestaltet.

*Der Mitteltrakt des Neuen Palais*

*Der Alte Markt mit Nikolaikirche, Obelisk und Knobelsdorffhaus*

## Stadt Potsdam

**Friedenskirche,** nahe dem Haupteingang zum Park von Sanssouci. Nach Skizzen Friedrich Wilhelms IV. von L. Persius begonnen, 1845-54 von Stüler, Hesse und v. Arnim ausgeführt, der freistehende Turm nach dem Campanile von S. Maria in Cosmedin zu Rom; im Vorhof zum Marlygarten ein *Brunnen* in Nachbildung einer Christusstatue von Thorvaldsen, an der Südwand das letzte Werk C.D. Rauchs, *Moses im Gebet, von Aaron und Hur gestützt**, gegenüber das *Mausoleum Friedrichs III.* von J. Raschdorff; in der Apsis bedeutendes *Mosaik** des 12. Jh. aus Murano, in der *Gruft* unter dem Altar die Särge Friedrich Wilhelms IV. und seiner Gemahlin Elisabeth.

**Brandenburger Tor,** Leninallee. 1770 von Gontard und Unger zur Erinnerung an den Siebenjährigen Krieg errichtet; Mittelportal mit *Kartusche* von J. Gerrin.

**Ehemalige Hauptwache,** Wilhelm-Pieck-Straße/Otto-Nuschke-Straße. Interessantes Werk des den Frühklassizismus beendenden ›Zopfstils‹ 1795-97 von A.L. Krüger nach Vorbild der Langhansschen Mohrenkolonnaden in Berlin; auf der Attika *Mars* und *Bellona* mit Trophäenschmuck.

**Ehemaliges Militärweisenhaus,** Otto-Nuschke-Straße/Dortustraße. Unter dem Soldatenkönig Friedrich Wilhelm I. 1722-24 errichtetes erstes Waisenhaus für Soldatenkinder, 1739-42 erweitert, 1771-78 Neubau durch Gontard. Bemerkenswertes spiralförmiges *Treppenhaus* durch gestaffelte, durch Oberlicht verbundene Kuppelräume.

**Neuer Markt,** auf dem Areal des heutigen Rechenzentrums (Wilhelm-Külz-Straße): hier stand einst die berühmte *Garnisonskirche* von Gerlach mit dem bekannten Glockenspiel ›Üb immer Treu und Redlichkeit‹, über Jahrhunderte Wahrzeichen Potsdams, nach Kriegszerstörung Reste 1968 abgetragen. Die ehemalige **Oberrechnungskammer** (Yorkstraße 19), eines der schönsten Häuser der Stadt, 1776 von F. Titel nach Gontard erbaut, *Putten* mit Glasschleiferattributen von J.C. Wohler am Mitteltrakt weisen auf einen Besitzer, den Glasschleifer *Brockes,* dessen Arbeiten im ›Neuen Palais‹ und den ›Neuen Kammern‹ ausgestellt sind. Der **Lange Stall** (Werner-Seelenbinder-Straße) mit auffälliger Barockfassade, 1734 in Fachwerk als Reit- und Exerzierhaus von P. de Gayette errichtet; Hinzufügung des massiven Kopfbaus mit erhöhtem Eingangsportikus in Anlehnung an das Zeughaus [siehe Nr. 15] durch G.C. Unger 1781, Ornamente und *Figurenschmuck* von Sartori und Wohler. Der von Gontard-Schüler A.L. Krüger 1787-90 errichtete langgestreckte klassizistische **Kutschstall** in toskanischer Ordnung mit *Pferdegruppe* und figürlichen Genredarstellungen von Wohler und Eckstein.

**Marstall,** Friedrich-Ebert-Straße. 1675 von Nering als Orangerie des ehemaligen Lustgartens erbaut, unter Friedrich Wilhelm I. königlicher Reitstall, 1746 nach Plänen von Knobelsdorffs erweitert; Hauptakzent die bewegte *Reiter- und Pferdegruppe* von F.C. Glume auf der Attika; heute *Filmmuseum.*

**Alter Markt.** Bis zum Zweiten Weltkrieg bedeutendstes bauhistorisches Zentrum, nahe dem *Stadtschloß,* 1959 abgetragen; in der Mitte des Platzes ein **Obelisk** von Knobelsdorff (1753-55) mit *Medaillons* der bedeutendsten Potsdamer Baumeister, die seit 1979 die Porträts der adeligen Bauherren ersetzen. Barockbau des **Alten Rathauses,** nach Vorbild Palladios 1753-55 von J. Boumann und C. L. Hildebrant, mit *Figurenschmuck* von Heymüller – der Atlas auf der Turmspitze, 1776 abgestürzt, von Wohler ersetzt – heute, nach schweren Kriegsschäden rekonstruiert, *Kulturhaus,* durch einen Neubau mit dem 1750 entstandenen **Knobelsdorffhaus,** 1963-66 wiederhergestellt, verbunden. Die **Nikolaikirche,** eines der bedeutendsten klassizistischen Bauwerke Potsdams mit stadtbildbeherrschender Kuppel, unter Schinkel 1831-37 errichtet, 1843-48 von Stüler und Persius unter Hinzufügung der vier Ecktürme vollendet. Innen: *Wandmalereien* nach Schinkel, chorbeherrschender *Baldachin-Altar.* Die Kuppel 1945 ausgebrannt, bis 1960 restauriert.

**Französische Kirche,** Bassinplatz. Barocker Zentralkuppelbau mit Portikus, nach Plänen Knobelsdorffs in Anlehnung an das römische Pantheon von J. Boumann 1752/53 erbaut, im Inneren *Bildwerke* in den Nischen und *Reliefs* mit biblischen Motiven von F. C. Glume, die *Emporen* und eine *Altarwand* nach Schinkel (1832/33). Gegenüber liegt als Monument des Historismus und beherrschender Akzent des Platzes die **Peter-Pauls-Kirche** von W. Salzenberg (1867-70).

**Holländisches Viertel.** 1734-42 von dem Holländer J. Boumann in Rohziegelbauweise für niederländische Kolonisten errichtete Giebelhäuser mit hübschen Fronten, noch heute architektonische Bereicherung des Stadtbildes; am besten erhalten die *Mittelstraße.*

**Jägertor,** Hegelallee/Jägerallee. Eines der ältesten Bauwerke Potsdams, Teil der ehemaligen Stadtmauer; bei deren Erweiterung 1733 erbaut.

**Nauener Tor,** Friedrich-Ebert-Straße. Erstes von England beeinflußtes neugotisches Bauwerk auf dem Festland, nach Skizzen Friedrichs d. Gr. von J. G. Büring (1755) mit dominanten Türmen und *Masken* von B. Giese über der Durchfahrt.

**Belvedere,** Pfingstberg. Als ehrgeizige Casinoanlage im italienischen Renaissancestil von Persius, Stüler und Hesse geplante, 1849-52 und 1860-62 bescheidener ausgeführte, als Selbstzweck dienende Treppenanlage mit schönem Havelblick. In der von Lenné gestalteten Gartenanlage südlich davon der stark beschädigte **Pomonatempel** von 1800, erstes Bauwerk Schinkels in Potsdam.

Auf einer Seeterrasse im 1787-91 von J. A. Eyserbeck angelegten **Neuen Garten** als eine der reifsten Schöpfungen Gontards der Backsteinbau des **Marmorpalais** für Friedrich Wilhelm II., kubischer Bau mit durch hellgrauen Marmor gegliederten Fassaden, bekrönt von einem verglasten Belvedere, der *Reliefschmuck* von C. B. Rode, die dekorative, weitgehend antikisierende *Innenraumgestaltung* seit 1790 unter Langhans und Krüger, die beiden Hofflügel von Ph. Boumann 1797 angefügt. Seit 1961 *Armeemuseum.* 1791 von A. Krüger nach Entwurf von Langhans erbaut die **Orangerie,** über dem ›Ägyptischen Portal‹ auf der Ostseite eine *Sphinx* von J. Wohler, die schwarzen *Steinstatuen* in den Nischen von J. G. Schadow. **Schloß Cecilienhof,** Fachwerkbau, 1913-17 von P. Schulze-Naumburg nach Art englischer Landsitze erbaut, bis 1945 Wohnsitz des Kronprinzen Wilhelm und seiner Gemahlin Cecilie, heute Gedenkstätte des 1945 dort unterzeichneten ›Potsdamer Abkommens‹.

*Brandenburger Tor von Gontard und Unger*

**Einsteinturm,** Telegrafenberg über Luckenwalder Straße von E. Mendelsohn 1920/21 als Astrophysikalisches Institut erbaut, eines der bedeutendsten Beispiele und Markstein der expressionistischen Architektur; Formen in Anlehnung an die Schiffahrt, *Innenausstattung* zum Großteil aus den zwanziger Jahren.

*Einsteinturm von E. Mendelsohn*

# Informationen
# zu Ost-Berlin und Potsdam

*Telefonische Vorwahl nach Ost-Berlin: 00372*
*von West-Berlin und dem Bundesgebiet aus*

## Hinweise für Besuche in Ost-Berlin und Potsdam

Ein **Tagesbesuch in Ost-Berlin** ist für *Besucher mit Reisepaß der Bundesrepublik Deutschland* und für *Ausländer* (Österreicher, Schweizer) ohne große Formalitäten möglich. Die Gebühr für das *Tagesvisum,* das bis 24 Uhr gilt – erhältlich an den Grenzübergängen – beträgt 5,– DM, der vorgeschriebene Mindestumtausch zum Kurs 1:1 25,– DM für Erwachsene, 15,– DM für Rentner, Kinder bis zum 14. Lebensjahr sind davon befreit. Bei **Anreise mit Pkw** muß für Ein- und Ausreise derselbe Übergang benutzt werden (siehe unten). *Bürger mit West-Berliner Personalausweis* müssen mindestens zwei Tage vor dem geplanten Besuchstermin einen Einreiseantrag stellen. Auskunft erteilt das Landesverwaltungsamt in West-Berlin (Adresse siehe unten). *Alle Besucher* können für die **Einreise mit U- oder S-Bahn** den Übergang Friedrichstraße benutzen.

**Ausflüge nach Potsdam und Sanssouci** sind mit der üblichen Aufenthaltsberechtigung für Tagesbesuche in Ost-Berlin **nicht** durchführbar. Statt dessen gibt es folgende Möglichkeiten mit sowohl lang- wie kurzfristiger Anmeldung:

1. **Langfristige Voranmeldung** (jedoch nicht mit eigenem Pkw!)
Teilnahme an einer **Stadtrundfahrt** durch das historische Potsdam und/oder nach Sanssouci mit Schloßführung (zusammen etwa 6-7 Stunden) – meist nur Di, Do und Sa – bei den Unternehmen *Berliner Bären Stadtrundfahrt, Berolina Sightseeing* und *Severin & Kühn,* die auch Fahrten nach Ost-Berlin organisieren (Adressen siehe unten unter ›Stadtrundfahrten‹).
Bedingungen: Im Zusammenhang mit der Buchung eines bestimmten Ausflugstermins Beantragung eines *Berechtigungsscheines* durch Bundesbürger und Ausländer 28 Tage (durch West-Berliner 14 Tage) vor der Fahrt entweder direkt beim Berliner Unternehmen oder über ein Reisebüro in der Bundesrepublik.

2. **Kurz- und mittelfristige Planung** (auch mit eigenem Pkw)
Ein Ausflug von West-Berlin nach Potsdam und Sanssouci wie auch in andere Bezirke der DDR ist auch verhältnismäßig kurzfristig möglich, aber **nur** in Zusammenhang mit der Buchung wenigstens einer Übernachtung entweder in Ost-Berlin oder Potsdam (oder in der DDR) bei folgenden Hotels in Ost-Berlin:

a) *Hotel Metropol,* Friedrichstr. 150, Tel. (00372) 22004, Rezeption (geöffnet werktags 6-20 Uhr); Bearbeitungsdauer meist 2 Stunden (maximal 4 Stunden); Gebühren: Visum 15,– DM, Vermittlung 7,50 DM, und die Kosten für mindestens eine Übernachtung (Einzelzimmer ca. 180,– bis 200,– DM, Doppelzimmer ca. 270,– bis 300,– DM).
b) *Travel Service Interhotel* im Grand Hotel, Friedrichstr. 158-164, Tel. (00372) 20920, Rezeption (geöffnet Mo-Fr 7-21, Sa 7-14 Uhr, So geschl.).
Hier kann auch schriftlich wie telefonisch oder per Telex das Visum etwa zwei Wochen vor der Fahrt beantragt werden, das dann am vorgesehenen Grenzübergang bereit liegt und bezahlt werden muß. Dann jedoch ist die Buchung mindestens einer Übernachtung in einem Interhotel in Ost-Berlin, Potsdam oder in der DDR im Büro des Travel Service im Grand Hotel notwendig, die etwa zwei Stunden beansprucht. Erst danach ist die Weiterfahrt nach Potsdam möglich.

Die Modalitäten können immer wieder Änderungen unterliegen, so daß es sich dringend empfiehlt, sich rechtzeitig vor dem Ausflug über den aktuellen Stand des Verfahrens – sei es in West-Berlin oder in den genannten Hotels – zu informieren.

**Devisenbestimmungen:** Bargeld in DM und anderen westlichen Währungen darf unbegrenzt eingeführt werden und kann bei den Filialen der Staatsbank der DDR umgetauscht werden, Zahlungsmittel der DDR und anderer osteuropäischer Staaten dürfen weder ein- noch ausgeführt werden. Eventuelle Reste des Mindestumtauschs können bei der Staatsbank deponiert und bei späteren Besuchen abgehoben werden. *Verboten* ist außerdem die Einfuhr von Zeitungen und Zeitschriften, Büchern mit politischem Inhalt – oft sehr eng ausgelegt – sowie Ton-, Daten- und Bildträgern. Über die **Zollbestimmungen der DDR** informieren die unten angegebenen Auskunftsstellen.

## Auskunftsstellen für die Einreise

Für **Bundesbürger** und **Ausländer:** Senator für Inneres, Zentrale Melde- und Beratungsstelle für den Ost-West-Verkehr, 1000 Berlin 31, Fehrbelliner Platz 2, Tel. 887-4446, -6742, -5821 und -6963. Mo, Di, Fr 9-12, Do 16-18 Uhr geöffnet.
Für **West-Berliner:** Landesverwaltungsamt Berlin, Tel. 870231. Mo-Mi, Fr 8-17, Do 9-18 Uhr geöffnet.

## Übergangsstellen nach Ost-Berlin

Für **Bundesbürger** und **Ausländer** (mit dem Auto): Bornholmer Straße (Wedding), Heinrich-Heine-Straße (Kreuzberg).

Für **Bürger West-Berlins:** Bornholmer Straße, Chausseestraße, Invalidenstraße, Oberbaumbrücke und Sonnenallee.

**Nur für Ausländer:** Straßenübergang Friedrichstraße (Checkpoint Charlie).

Für **alle Besucher:** Bahnhof Friedrichstraße (mit U- oder S-Bahn).

## Informationsstellen in der DDR

Allgemeine touristische Information:

**Informationszentrum am Fernsehturm,** Alexanderplatz, DDR-1020 Berlin, Tel. 2124675. Mo 13-18, Di-Fr 8-18, Sa, So 10-18 Uhr geöffnet.

**VEB Reisebüro der DDR,** Haus des Reisens, Alexanderplatz 5, DDR-1026 Berlin, Tel. 2154828.
*Service für ausländische Besucher,* Tel. 21544-02/-03. Mo 13-18, Di-Fr 8-18, Sa, So 10-18 Uhr geöffnet.

**Service Städtischer Nahverkehr,** S-Bahnhof Alexanderplatz, Tel. 2462255, 4922121. Werktags 9-17 Uhr geöffnet.

**Ständige Vertretung der Bundesrepublik Deutschland,** Hannoversche Str. 30, DDR-1040 Berlin, Tel. 2825261. Publikumsverkehr Mo-Fr 9-12 Uhr.

## Kartenreservierung und Kartenvorverkauf für Ost-Berlin

**Kartenreservierungen:** VEB Reisebüro der DDR, Alexanderplatz 5 (Erdgeschoß), DDR-1026 Berlin, Tel. 21544-10/-12. Mo, Di, Fr 8.30-17.30, Mi 10-17.30, Do 8.30-19, Sa 10-14 Uhr.

**Zentraler Besucherdienst der Berliner Bühnen, Theaterkassen,** Im Palasthotel, Spandauer Str., Tel. 2125258, 2125902. Mo 13-19, Di, Mi, Fr 10-19, Do 10-20, Sa 10-13 Uhr geöffnet.

**In West-Berlin:** Theaterkasse Zehlendorf, Teltower Damm 22, 1000 Berlin 37, Tel. 8011652, 8013056.

## Stadtrundfahrten

### *Von West-Berlin aus*

**Ost-Berlin-Touren mit Museumsbesuch** sowie **Fahrten nach Potsdam** bieten u. a. an:
*Berliner Bären Stadtrundfahrten GmbH (BBS),* 30, Rankestr. 35/Ecke Kurfürstendamm, Tel. 2134077, Telex 183794, bbs 41.
*Berolina Sightseeing,* 15, Meinekestr. 3, Tel. 8833131.
*Severin & Kühn,* Berliner Stadtrundfahrt, 15, Kurfürstendamm 216, Tel. 8831015, Telex 184642, Telefax 8825618.

### *Von Ost-Berlin aus*

**Ost-Berlin-Rundfahrten** durch das **Reisebüro der DDR,** Alexanderplatz 5, DDR-1026 Berlin, Tel. 2123375.
*Vorbuchung:* Mo-Fr 9-16.30, Di, Do 9-19 Uhr.
*Tageskasse:* Mo-Fr 8-11.45, 12.30-16.45 Uhr, Sa, So 15 Minuten vor Abfahrtsbeginn.

**Fahrten nach Potsdam** durch die Hotels *Metropol* und *Grand Hotel* wie auf S. 188 beschrieben.

## Schiffsausflüge

**Reederei Weiße Flotte.** *Auskunft:* Hafen Treptow, Verkehrspavillon, Tel. 27123-27/-28. *Kartenverkauf:* Service Städtischer Nahverkehr, S-Bahnhof Alexanderplatz (siehe Informationsstellen).

## Cafés und Restaurants

Telefonische Vorbestellung in den Restaurants, über den *Zentralen Gaststätten-Service,* Tel. 2123169, Mo-Fr 10-19, Sa 9-13 Uhr, wird zwar empfohlen, ist jedoch nicht immer erfolgreich. Oft bekommt man trotzdem im Lokal selber einen Platz, der einem dann vom Ober zugewiesen wird.

### *Einige Adressen*

*Akademie,* Café-Restaurant (mit Blick auf das Schauspielhaus), Platz der Akademie.
*Alt-Cöllner Schankstuben,* Mitte, Friedrichsgracht 50, Tel. 2125972.
*Aphrodite,* Prenzlauer Berg, Schönhauser Allee 61, Tel. 4483110.
*Arcade,* Restaurant-Café, am Platz der Akademie, Französische Str. 25.
*Brecht-Keller* im Brecht-Haus, Chausseestr. 125, Tel. 2823843.
*Ephraim-Palais,* Nikolaiviertel, Mühlendamm.
*Ermeler-Hause* (historisches Ambiente mit Weinlokal im Rokokostil), Mitte, Märkisches Ufer 10-12, Tel. 2794036.
*Hotel Metropol,* Friedrichstr. 150-153, Tel. 22040.
*Jade* im Palasthotel (ausgezeichnete asiatische Küche), Karl-Liebknecht-Str., Tel. 2410.
*Lindenkorso,* Unter den Linden 17, Tel. 2202461.
*Moskau,* Karl-Marx-Allee 34, Tel. 2700341.
*Offenbacher Stuben* (gute Küche unter privater Führung), Prenzlauer Berg, Stubbenkammer Str. 8, Tel. 4484106.
*Operncafé,* Unter den Linden 5.
*Palast der Republik* mit mehreren Gastronomiebetrieben, Mitte, Marx-Engels-Platz.
*Panoramarestaurant* im 37. Stockwerk des

*Blick in den Konzertsaal des ehem. Schauspielhauses*

Hotels Stadt Berlin (herrlicher Rundblick), Alexanderplatz, Tel. 2190.
*Ratskeller* im ›Roten Rathaus‹, Rathausstr., Tel. 2125301.
*Rennsteig* (Thüringer Spezialitäten), Prenzlauer Berg, Schönhauser Allee/Wisbyer Str., Tel. 4484164.
*Zur Rippe* im Nikolaiviertel, Poststr. 17.

## Kultur und Unterhaltung

Über das aktuelle **Programm in Ost-Berlin** informiert das ›Berlin Programm Magazin‹, Rimbach Verlags GmbH + Co, 1000 Berlin 33, Hohenzollerndamm 89, Tel. 8262006, monatlich für DM 2,50 erhältlich, sowie die 14tägig in Ost-Berlin erscheinende Broschüre ›Wohin in Berlin?‹, herausgegeben vom Informationszentrum am Fernsehturm (siehe ›Informationsstellen‹).

**Spielstätten für Theater, Oper, Operette**

*bat,* Berliner Arbeiter- und Studententheater, Belforter Str. 14, Tel. 4482857.
*Berliner Ensemble,* Bertolt-Brecht-Platz, Tel. 2823160.
*Deutsche Staatsoper,* Unter den Linden 7, Tel. 2071362.
*Deutsches Theater,* Schumannstr. 13a, Tel. 2871225.
*Kammerspiele,* Schumannstr. 13a, Tel. 2871226.
*Komische Oper,* Behrenstr. 55-57, Tel. 2292555.
*Maxim-Gorki-Theater,* Am Festungsgraben 2, Tel. 2071790.
*Metropol-Theater,* Friedrichstr. 101-102, Tel. 2071739.
*Theater der Freundschaft,* Parkaue Lichtenberg (Jugendtheater), Tel. 5570306.
*Theater im Palast (tip),* im Palast der Republik, Marx-Engels-Platz, Tel. 2382354.
*Volksbühne,* Rosa-Luxemburg-Platz, Tel. 2828978.

**Revue, Varieté, Kabarett**

*Die Distel,* Friedrichstr. 101, Tel. 2071291.
*Friedrichstadt-Palast,* Friedrichstr., Tel. 2836474.
*Puppentheater Berlin,* Greifswalder Str. 81, Tel. 5650696.

**Konzerte**

*Akademie der Künste,* Robert-Koch-Platz, Auskunft: Tel. 2123124.
*Humboldt-Universität,* Unter den Linden 6, Tel. 2123124.
*Schauspielhaus,* Platz der Akademie. Konzertsaal: Tel. 2272129; Kammermusiksaal: Tel. 2272122.
*Schloß Friedrichsfelde,* Am Tierpark 125 (Friedrichsfelde), Tel. 5100111.

## Museen

**Altes Museum,** Bodestr. 1-3, Eingang Lustgarten am Marx-Engels-Platz, Tel. 2200381. Mi-So 9-18, Fr 10-18 Uhr geöffnet. Ständige Ausstellung der Nationalgalerie ›Kunst der Nachkriegszeit und der DDR bis zur Gegenwart‹, Archiv der Nationalgalerie. *Kupferstichkabinett und Slg. der Zeichnungen:* Studiensäle geöffnet Mo-Do 9-12, 13-17, Fr 10-12, 13-17 Uhr.

**Antikriegsmuseum** der evangelischen Kirche Berlin-Brandenburg, Bartholomäuskirche, Georgenkirchstraße, Tel. 4362200. Mi-Fr 17-19, Sa 13-17 Uhr geöffnet.

**Bodemuseum,** Bodestr. 1-3, Eingang Kupfergraben/Monbijou-Brücke, Tel. 2200381. Mi-So 9-18, Fr 10-18 Uhr. Ägyptisches Museum/Papyrusslg., Frühchristlich-Byzantinische Slg., Skulpturenslg. *Museum für Ur- und Frühgeschichte* und *Münzkabinett:* Mi, Do 9-12, 13-16.30 Uhr, Fr ab 10 Uhr geöffnet.

**Brecht-Haus Berlin,** Chausseestr. 125, Tel. 2829916. *Führungen* halbstündlich: Di-Fr 10-12, Do 17-19, Sa 9.30-12 und 12.30-14 Uhr.

**Handwerksmuseum,** Am Mühlendamm, Tel. 21713325. Mo 10-17, Di, Mi 9-17, Sa, So 10-18 Uhr geöffnet.

**Hugenottenmuseum** im Französischen Dom, Platz der Akademie, Tel. 2291760. Mo-Fr 10-17 Uhr geöffnet.

**Johannes-R.-Becher-Haus,** Majakowskiring 34 (Niederschönhausen), Tel. 4826162. Di 14-18, Mi, Do 9-12, 14-17, Fr 9-12 Uhr geöffnet.

*Deutsche Staatsoper (›Lindenoper‹)*

**Kunstgewerbemuseum,** Schloß Köpenick, Tel. 6571504. Mi-Sa 9-17, So 10-18 Uhr. Europäisches Kunsthandwerk aus zehn Jahrhunderten.

**Märkisches Museum,** Kulturhistorisches Museum der Stadt Berlin, Am Köllnischen Park 5, Tel. 2700514. Mi-Sa 9-17, So 9-18 Uhr geöffnet.

*Märkisches Museum*

**Museum für Deutsche Geschichte** (ehem. Zeughaus), Nationales Geschichtsmuseum der DDR, Unter den Linden 2, Tel. 2000291. Mo-Do 9-19 (März bis Oktober: bis 18 Uhr), Sa, So 10-17 Uhr.

**Museum für Naturkunde,** Invalidenstr. 43, Tel. 2897540. Di-So 9.30-17 Uhr geöffnet.

**Nationalgalerie,** Bodestr. 1-3, Tel. 2200381. Mi-So 10-18 Uhr. Gemälde und Plastiken des 19. und 20. Jh.

**Otto-Nagel-Haus,** Märkisches Ufer 16-18, Tel. 2791402. So-Do 10-18, Mi 10-20 Uhr geöffnet. Proletarisch-revolutionäre und antifaschistische Kunst der Nationalgalerie.

**Pathologisches Museum der Charité,** Charitéstr., am Karlsplatz. Di, Do 14-16 Uhr nach telefon. Voranmeldung 2863147.

**Pergamonmuseum,** Bodestr. 1-3, Eingang Kupfergraben, Tel. 2200381. Tägl. 10-18 Uhr, geöffnet (Mo und Di nur *Architektursäle* mit Pergamonaltar und des Vorderasiatischen Museums). Weitere Sammlungen: Antikenslg., Islamisches Museum, Ostasiatische Slg., Museum für Volkskunde, Zentralbibliothek.

**Postmuseum der DDR,** Leipziger Str., Tel. 2312684. Di-Sa 10-18 geöffnet.

**Schinkel-Museum,** Friedrichwerdersche Kirche, Werderscher Markt. Tel. 2081323. Mi-So 10-18 Uhr. *Führungen:* Mi-So 11 und 15 Uhr.

## Bibliotheken

**Deutsche Staatsbibliothek,** Unter den Linden 8, Tel. 20780. Mo-Fr 9-21, Sa 9-17 Uhr geöffnet.

**Universitätsbibliothek,** Clara-Zetkin-Str. 27.

# Namen- und Sachregister

*Kursiv* gesetzte Begriffe bezeichnen Objekte in Ost-Berlin bzw. in Potsdam

# Bildnachweis

AEG 119 (oben)
Anders, Jörg P. 40 (2); 41; 42 (2) (unten u. Mitte); 65; 66 (2); 67 (oben); 94 (2); 95 (unten); 96 (links oben u. unten); 97 (oben); 98 (links u. rechts oben); 130 (oben); 132 (oben)
Anger, Klaus 42 (oben); 77 (rechts oben; rechts unten)
Bauhaus Architektur, Berlin 69 (unten)
Berlin Museum 76 (unten); 77 (links oben)
Berliner Post- und Fernmeldemuseum 154
Berlinische Galerie 71 (oben)
Beyer, Klaus, Weimar 11 (links oben); 160; 164 (oben); 165 (2); 166 (unten); 167 (2); 168 (oben); 170 (Mitte); 174 (oben, rechts unten); 175 (oben); 177 (3); 182 (2); 183 (2); 184; 185 (2); 186; 187 (2); 191 (rechts); Umschlag-Rückseite
Bildarchiv Preußischer Kulturbesitz, Berlin 14 (Mitte)
Botanischer Garten und Botanisches Museum, Berlin 90 (unten)
Bartsch, Hans-Joachim 49 (unten u. Mitte)
Büsing, Margarete 46 (oben); 47
Deutsches Rundfunk-Museum, Berlin 106 (oben)
Freie Universität Berlin, Kulturhistorisches Institut 11 (links unten)
Freies Deutsches Hochstift, Frankfurter Goethe Museum 11 (Mitte rechts)
Georg-Kolbe-Museum 108 (unten)
Geske, Ingrid 48 (rechts oben u. rechts unten)
Henkelmann, Jürgen, Berlin 73; 80/81; 144
Indinger, W. 88
Jung, Ute 48 (links unten)
Käthe-Kollwitz-Museum 27 (unten)
Kunstbibliothek, Preußischer Kulturbesitz, Berlin 11 (rechts unten)
Landesbildstelle Berlin 12/13 (oben); 13 (Mitte); 15 (rechts oben, links u. rechts unten); 51 (oben)
Lehnartz, Klaus, Berlin 5; 21; 22 (3); 23; 26 (oben); 28 (unten); 29; 32 (oben); 33; 37 (unten); 54; 55 (2); 57; 62 (links oben); 69 (oben); 71 (unten); 72 (oben); 76 (oben); 79 (2); 84 (unten); 85 (unten); 88 (oben); 92; 93 (oben); 104/105; 106 (unten); 108 (oben); 109 (unten); 110 (oben); 111; 116 (oben); 118 (2); 119 (unten); 122; 123 (oben); 125 (2); 135; 137 (links); 139; 161 (2); 166 (oben); 168 (3); 169 (unten); 170 (links unten); 172 (unten); 179 (oben); 180 (2); 181
Liepe, Jürgen 46 (unten); 62 (unten); 101 (oben)
Mader, Fritz, Hamburg-Barsbüttel vordere Umschlag-Innenseite; 6/7; 17; 24 (unten); 25; 28 (oben); 30 (oben); 34; 36; 37 (oben); 44 (oben); 56; 58 (oben); 72 (Mitte); 86; 87 (2); 89 (unten); 105 (unten); 107; 113; 115; 116 (unten); 117 (oben); 127; 130/131; 132 (unten); 133 (2); 134; 137 (rechts); 147 (2); 157; 176 (oben)
Münchner Stadtmuseum, Plakatsammlung 14 (unten)
Museum für Verkehr und Technik, Berlin 74 (Mitte u. unten); 75 (oben u. unten)
Petersen 101 (unten)
Rau, Uwe, Berlin 26 (unten); 27 (oben); 58/59 (unten); 60/61; 62 (rechts oben); 78 (2); 80 (unten); 83; 84 (oben); 102 (unten); 117 (unten); 128; 129; 136; 143; 162; 171 (unten); 172 (oben); 173 (rechts unten)
Roberton, Gordon, London 102
Scheibner, Johann G., Berlin 3; 31 (oben); 32 (unten); 45 (unten); 64; 103 (unten); 110 (unten); 120; 121 (2); 138 (rechts); 148; 152; 163; 164 (unten); 170 (oben); 171 (oben); 175 (unten); 176 (unten)
Atelier Schneider, Berlin Umschlag-Vorderseite; 52; 75 (Mitte); 82 (unten); 145 (oben)
Sperber, Achim, Hamburg 20 (oben); 24 (Mitte); 30 (unten); 59 (oben); 68 (oben); 74 (oben); 91; 123 (unten); 138 (links); 146; 153; 197
Staatliche Museen Preußischer Kulturbesitz, Berlin 14 (Mitte); 40 (2); 44 (unten); 46 (unten); 63 (3); 67 (unten); 68 (unten); 93 (unten); 95 (oben); 96 (rechts); 97 (unten); 98 (links u. rechts unten); 99 (2); 100 (2); 156
Städtische Galerie im Lenbachhaus, München 12 (Mitte; links unten)
Ullstein, Hampel, Berlin 43
Urbschat, Horst, Berlin 53; 72
Verwaltung der Staatlichen Schlösser und Gärten, Berlin 38; 39 (2); 44 (unten); 45 (oben); 126 (2); 130 (unten)
Werkbund Archiv, Berlin 71 (Mitte)
Zentralblatt der Bauverwaltung Jg. 23, 1903, Nr. 83, S. 516, Abb. 34 51 (unten)

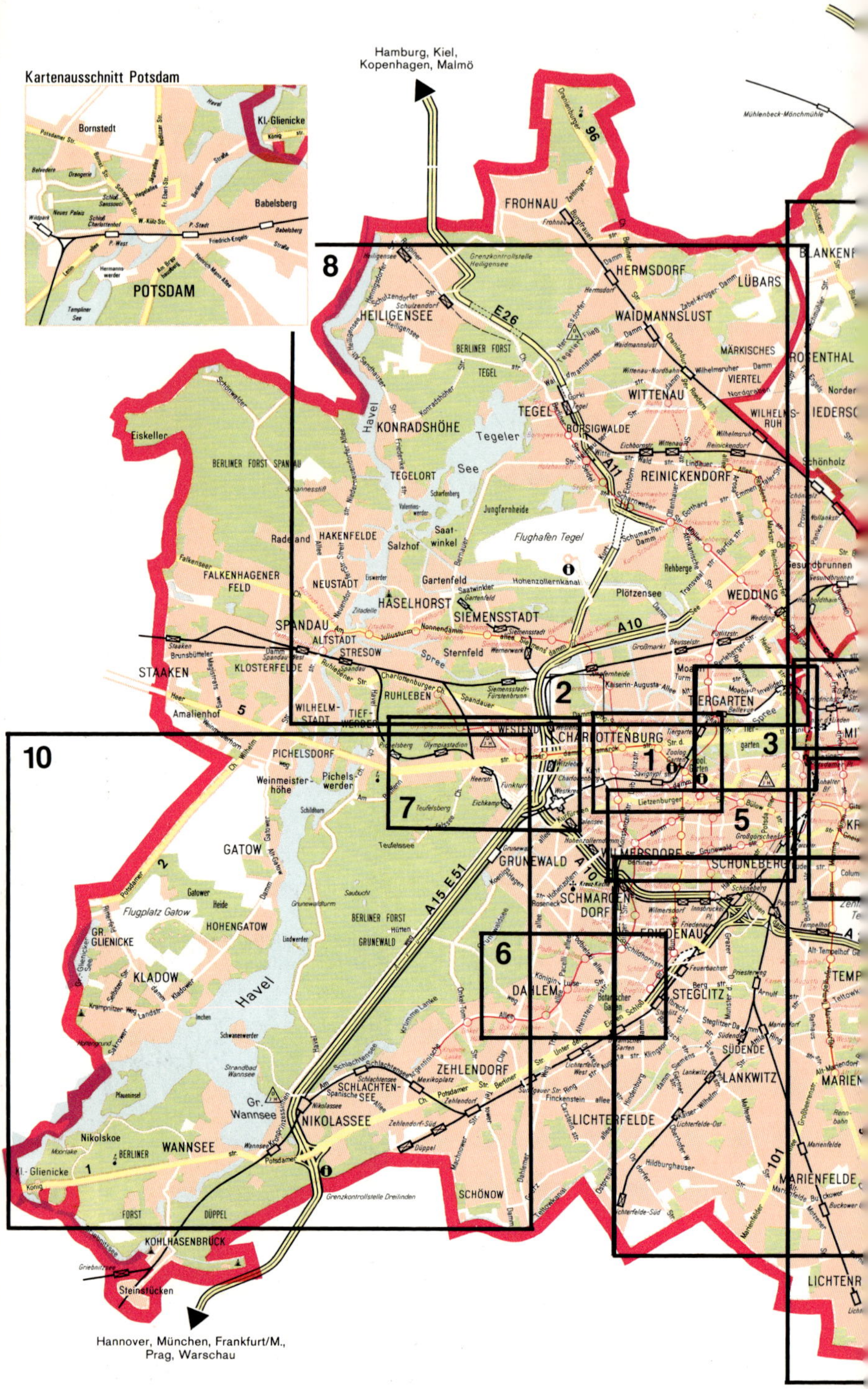


Übersichtskarte mit Planeinteilung:

1 Zentrum West-Berlin *Seite 18/19*
2 Charlottenburg: Schloß Park, Museen *35*
3 Alt-Moabit, Tiergarten, Kulturforum *50*
4 Kreuzberg, Neukölln, Tempelhof *70*
5 Schöneberg, Wilmersdorf *85*
6 Steglitz, Zehlendorf, Botanischer Garten, Dahlemer Museen *89*
7 Lietzensee, Congress-Centrum, Messe, Funkturm, Olympiastadion *103*

# Berlin

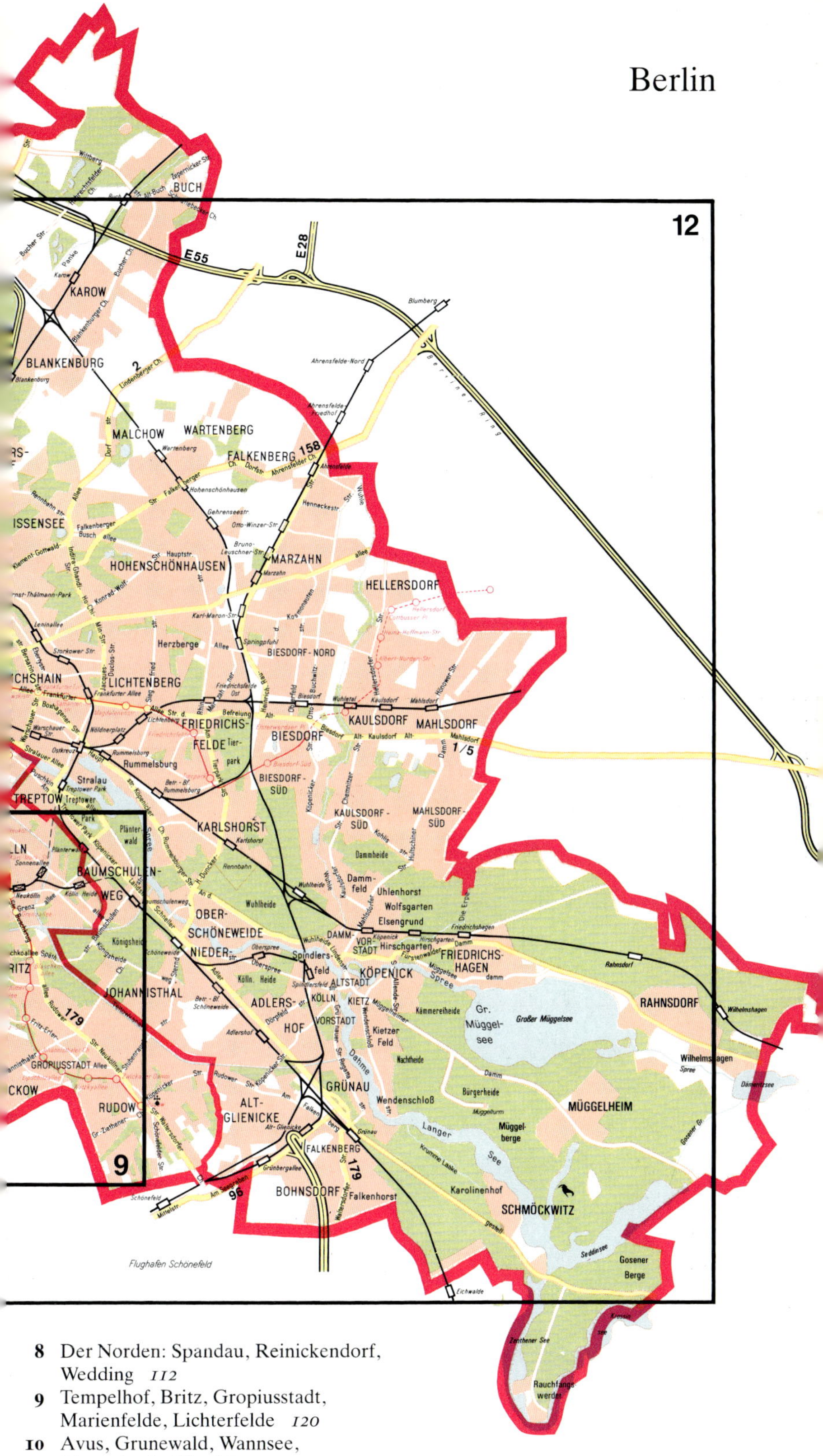
12
9
BUCH
KAROW
BLANKENBURG
MALCHOW
WARTENBERG
FALKENBERG
HOHENSCHÖNHAUSEN
MARZAHN
HELLERSDORF
LICHTENBERG
FRIEDRICHS-FELDE
BIESDORF
BIESDORF-NORD
BIESDORF-SÜD
KAULSDORF
MAHLSDORF
KAULSDORF-SÜD
MAHLSDORF-SÜD
KARLSHORST
BAUMSCHULENWEG
OBER-SCHÖNEWEIDE
NIEDER-SCHÖNEWEIDE
JOHANNISTHAL
ADLERSHOF
ALT-GLIENICKE
GRÜNAU
KÖPENICK
FRIEDRICHSHAGEN
RAHNSDORF
MÜGGELHEIM
SCHMÖCKWITZ
BOHNSDORF
RUDOW
GROPIUSSTADT
TREPTOW
Stralau
Rummelsburg
Herzberge
Wuhlheide
Gr. Müggelsee
Großer Müggelsee
Müggelberge
Langer See
Karolinenhof
Wendenschloß
Gosener Berge
Seddinsee
Zeuthener See
Rauchfangswerder
Flughafen Schönefeld
E55
E28
Berliner Ring
158
1/5
179
96
Eichwalde

Die Zeiten ändern sich,
der Anspruch bleibt.